Alois Uhl
Die Päpste und die Frauen

SERIE PIPER

Zu diesem Buch

Hat einmal eine Frau als Päpstin die Tiara getragen, oder ist die Erzählung von der »Päpstin Johanna« bloße Legende? Wie stark war der Einfluss der großen spirituellen Frauen der Kirchengeschichte auf die Päpste? Gab es andererseits im sinnenfrohen Rom der Renaissance Frauen, die trotz des Zölibats den Päpsten nahe standen, und welche Macht übten sie aus? Alois Uhl schlägt ein verborgenes Kapitel der Kirchengeschichte auf. In eindrucksvollen Lebensbildern aus Mittelalter, Renaissance und Gegenwart spürt er dem wechselvollen Verhältnis von Frauen und Päpsten nach und stellt uns Frauen vor, die als Mätressen, Töchter, Nichten und Ratgeberinnen in der Nähe der Päpste waren, etwa Lucrezia Borgia, Giulia Farnese, Christina von Schweden und Mutter Teresa. Diese Frauen haben alle eine beachtliche Rolle gespielt – eine Rolle, die von der Kirchengeschichte bislang eher schamhaft verschwiegen wurde.

Alois Uhl, geboren 1936, studierte Philosophie, Theologie und Pädagogik. Er war im Kirchen- und Staatsdienst tätig und lebt heute als freier Autor bei München. Er veröffentlichte zuletzt »Papstkinder«, »Die Päpste und die Frauen« und »Das Sterben der Päpste«.

Alois Uhl

Die Päpste und die Frauen

Mit 40 Abbildungen

Piper München Zürich

Für meine Ehefrau Christa

Dieses Taschenbuch wurde auf FSC-zertifiziertem Papier gedruckt. FSC (Forest Stewardship Council) ist eine nichtstaatliche, gemeinnützige Organisation, die sich für eine ökologische und sozialverantwortliche Nutzung der Wälder unserer Erde einsetzt (vgl. Logo auf der Umschlagrückseite).

Ungekürzte Taschenbuchausgabe
Piper Verlag GmbH, München
Juli 2007

Umschlag / Bildredaktion: Büro Hamburg
Heike Dehning, Charlotte Wippermann,
Alke Bücking, Daniel Barthmann
Umschlagabbildungen: akg-images
Autorenfoto: Patmos Archiv
Satz: fgb · freiburger graphische betriebe
Papier: Munken Print von Arctic Paper Munkedals AB, Schweden
Druck und Bindung: Clausen & Bosse, Leck
Printed in Germany ISBN 978-3-492-24890-7

www.piper.de

Inhalt

Einleitung

Eine Päpstin soll es ja auch gegeben haben – wer weiß, was da noch alles in den Archiven des Vatikan schlummert? Vielleicht kommen heimliche Geliebte und verborgene Kinder der Päpste ans Tageslicht, eines Tages, wenn alle Schleier gelüftet sind. Gewiss, noch sind in den Kellern des »Sanctum Officium« längst nicht alle Unterlagen bearbeitet, aber wesentliche Daten der Papstgeschichte sind bekannt, und seit 1882 ist auch das päpstliche Geheimarchiv für Forscher zugänglich. Manch interessantes Detail wurde da entdeckt, wie beispielsweise einige Briefe von Papst Alexander VI. an seine Geliebte Giulia Farnese und seine Tochter Lucrezia Borgia.

Welche Rolle spielten Frauen im Leben von Päpsten und welchen Einfluss übten sie aus?

Facetten einer Beziehung werden transparent, die unterschiedlicher nicht sein können, da gibt es von Frauen unterdrückte Päpste oder bei Frauen hilfesuchende Päpste oder einen Pontifex, der seine Tochter vergöttert. Dadurch ergibt sich eine Papstgeschichte der eigenen Art, die in einer undramatischen Weise interessante und spannende Gestalten lebendig werden lässt, ohne zu beklagen oder zu verurteilen.

Im Folgenden wird ein Thema behandelt, das in dieser Form bisher nicht bearbeitet wurde. Grundlage meiner Darstellung sind nicht Spekulationen, sondern ist die Auswertung der relevanten Quellen. Dabei wird eine Gesamtschau versucht, nicht aber akribische Vollständigkeit angestrebt, es geht also nicht um eine Auflistung aller Frauen, die in irgendeiner Art mit dem Papst zu tun hatten. An Hand von Lebensbildern sollen die wechselseitigen Beziehungen von Frauen zu Päpsten exemplarisch deutlich gemacht werden. Mancher Erkenntnis könnte man eine pikante Note verpassen, insgesamt ist man eher verwundert, wie direkt Frauen auf Päpste zugegangen sind. Fast zwanglos ergibt sich ein Reigen bunt schillernder Frauengestalten, und was auf den ersten Blick wie ein zufälliges Sammelsurium aussehen mag, ist ein Spiegelbild dessen, was die Papstgeschichte an Informationen bereithält. So findet sich die prophetische Katharina von Siena neben der extravaganten Christina von Schweden, die skandalumwitterte Lucrezia Borgia neben der frommen und selbstbewussten Maria Ward.

Das Buch will also keine abstrakte Reflexion bieten über die Stellung der Frauen in der Kirche, will nicht analysieren, was Päpste in ihren Enzykliken über die Frauen verkündet haben, will nicht generell untersuchen, ob Frauen in der Kirche gerecht behandelt wurden, ob sie als Geschiedene oder Mutter eines unehelichen Kindes unter Vorverurteilungen zu leiden hatten.

Wie die offizielle Kirche, Papst und Bischöfe mit den Frauen umging, kann nicht als Ruhmesblatt gesehen werden. Hören wir in der Anfangszeit der Kirche noch von der aktiven Rolle weiblicher Gemeindemitglieder, so entwerfen die Kirchenväter ein überwiegend negatives Frauenbild, das in den wesentlichen Zügen von den Päpsten übernommen wird, ebenso wie die Sichtweise des berühmten Thomas von Aquin (1225–1274), in dessen Hauptwerk zu lesen ist: »Von Natur ist die Frau dem Mann untergeben« (Naturaliter femina est subiecta viro). Nach Thomas ist »die Frau im Grunde ein verminderter Mann (mas occasionatus), ein Wesen, das des Mannes Eigenschaften in mangelhafter Form besitzt«[1]

Bei einer historischen Betrachtung, und um die geht es in diesem Buch, stellt sich zwangsläufig die Frage: Welches Frauenbild hatten die Päpste? Und ganz konkret: wie war ihr Umgang mit Frauen, wie haben sie Frauen behandelt und die wirklich spannende Frage: welche Frauen hatten Zugang zum Papst, welche fanden im Vatikan offene Türen, welche konnten sich Gehör verschaffen?

Päpste und Frauen: Niemand denkt dabei an Ehefrauen, aber die gab es auch. Der Zölibat ist keine Erfindung der ersten Stunde, einige

Bischöfe Roms waren in der Frühzeit der Kirche sicher verheiratet, leider sind keine Namen dieser »Papstfrauen« überliefert, wir haben sowieso nur sehr begrenzte Kenntnisse über diese Zeit. Ein paar Daten sind bekannt.

Dass ein Papstsohn direkt seinem Vater in das hohe Amt nachfolgte, ist nur einmal vorgekommen. Als Papst Athanasius im Jahre 401 starb, konnte sein Sohn als Innozenz I. wie in einer dynastischen Erbfolge auf dem Stuhl Petri Platz nehmen. Papst Silverius († 537) war ein Sohn von Papst Hormisdas, und der verwitwete Papst Felix II. (III.) wurde in einem Familiengrab mit seiner Frau und seinen beiden Kindern in der Paulsbasilika beigesetzt.

Man weiß aus der Geschichte, dass Einflüsterungen von Mätressen nicht ohne Gewicht waren, der französische Königshof ist ein Paradebeispiel dafür: Eine Audienz bei der gerade in Gunst stehenden Geliebten konnte einem Projekt zum Durchbruch verhelfen. Bei den amtierenden Päpsten spielte das Thema Mätressen keine Rolle. In das Papstamt kamen ältere und nicht selten gebrechliche Männer, wie weit aber *ehemalige* Geliebte eine Rolle spielten, wird zu zeigen sein. Betörenden weiblichen Reizen war der Papst nicht unmittelbar ausgesetzt, er lebte von Verführung abgeschirmt. Nur bei Papst Alexander VI. kam die schöne Giulia in das Appartamento Borgia.

Für den Blick zurück erweist sich die Renaissance als die spannendste Zeit. Nicht wenige Kardinäle haben Erfahrungen mit Frauen, einige leben über viele Jahre in eheähnlichen Beziehungen und haben Kinder. Kardinäle mit Geliebten und Kindern werden zu Päpsten, und die bisher verschlossene Männerdomäne Vatikan öffnet sich für Frauen, es werden Hochzeiten gefeiert, Kinder und Enkel bevölkern die edlen Räume, und ein Anflug von Familienleben erfüllt den Papstpalast. Verständlicherweise lassen sich hier die meisten Frauengestalten finden.

Ab dem 18. Jahrhundert ist wenig zu berichten, die Päpste werden moralischer, leben streng zurückgezogen und die spektakulären Ereignisse mit weiblicher Thematik versiegen. Manche Päpste gehen als große Marienverehrer in die Geschichte ein, aber eine echte Sensibilität für die Probleme der Frauen hat sich im päpstlichen Denken nicht entwickelt.

Bei dem Thema »Päpste und Frauen« kann ein bis heute unbegreifliches Phänomen nicht vergessen werden, nämlich die Stigmatisierung von Frauen als Hexen. Kulturgeschichtlich wird man manche Erklärungen bemühen, es bleibt ein Rätsel, wie Hexenverbrennungen und Folterungen in diesem Ausmaß möglich waren in einer an sich christlichen Gesellschaft, die aber offensichtlich durch Aberglauben und magische Vorstellungen geprägt war. Fanatische Frauenhasser waren am Werk, die von den Päpsten geduldet wurden. Die Hexenbulle von Papst Innozenz VIII. »Summis desiderantes affectibus« vom 5. Dezember 1484 wurde eine Legitimation für Fanatiker der Inquisition. Die Päpste selber sind nicht direkt als Hexenverfolger aufgetreten, aber sie haben die Basis geschaffen. Papst Paul III. hat mit dem »Sanctum Officium«, der heutigen Glaubenskongregation, eine zentrale Leitstelle für den Kampf gegen die Ketzer eingerichtet. Damit wurde die Inquisition gleichsam zur Chefsache und die bis heute gut organisierte Behörde hat mit Drohungen und Verurteilungen nicht gespart. Die Päpste selber blieben im Hintergrund.

»Es zeigt sich, dass die Päpste bei weitem nicht so radikale Hexenverfolger waren, wie es das Vorurteil behauptet, sondern andere Institutionen die Scharfmacher waren: lokale geistliche, noch mehr weltliche Richter, ganz abgesehen von der Masse der Bevölkerung, die Sündenböcke suchte.«[2]

Einfluss auf die päpstliche Politik haben Frauen auf vielerlei Weise erreicht. Die Senatrix Marozia gewinnt im hohen Mittelalter Macht über das Papsttum, das sie völlig beherrscht. »Weiberregiment« nennen die Historiker diese Phase der Papstgeschichte. Im Renaissancezeitalter hat Giulia Farnese als Geliebte Alexanders VI. ihrem Bruder den Kardinalshut verschafft, die Papsttöchter werden gelegentlich um ihre Fürsprache gebeten. Auch ohne offizielle Rolle oder Stellung haben Frauen immer wieder das Ohr des Pontifex gefunden, und sicherlich unbewusst sind Einflüsse wirksam geworden. Gab es auch eine weibliche »graue Eminenz« im Hintergrund?

Ganz massiv hat sich eine Katharina von Siena in die aktuelle Kirchenpolitik eingeschaltet und mit einem flammenden Appell den Papst zur Rückkehr nach Rom gerufen. Nicht wie eine demütig bittende Tochter tritt sie auf, sondern als prophetisch-mahnende Frau, beschämt von der Schwäche des Papsttums. Außer ihr werden auch Hildegard von Bingen und Birgitta von Schweden kirchenpolitisch aktiv. »Ihnen wächst sogar eine unerhörte charismatische Autorität zu.«[3]

Diese Frauen haben ihr Unbehagen artikuliert, Kritik geübt und Reformen eingefordert, und erstaunlicherweise haben ihnen die Päpste zugehört und sie ernst genommen. Dass auch das Volk Gottes Geistesgaben besitzen kann, diese Erkenntnis ist später in Rom verloren gegangen, kuriale Arroganz breitet sich aus.

Eine Männerkirche, was die Leitung angeht, eine Frauenkirche, was das gläubige Volk in seiner Mehrheit angeht, wo ist die Stimme der Frauen in einer komplett männlich verfassten Hierarchie? Sollen sie also weiterhin »Schafe« bleiben, empfängnisbereit, demütig, Magd in der Familie und stumm in der Kirche?

Wird der neue Papst Benedikt XVI. die Stimme der Christinnen hören? Wird er ihre Wünsche und Vorschläge nur gefiltert über Bischöfe und Kardinäle oder direkt als Mitverantwortliche in der Kirchenleitung wahrnehmen? Seine ersten Ansprachen verheißen Zuversicht. Wichtig ist aber auch der Ruf nach charismatischen Frauen, die prophetisch und visionär ihre Stimme erheben, die vielleicht nicht mehr wie im Mittelalter aus dem benediktinischen Europa kommen, sondern aus Lateinamerika und Afrika.

Nicht gerade Heerscharen von Frauen tauchen in der Papstgeschichte auf, und doch ist man erstaunt, dass Frauen auftreten, wo man sie nicht vermutet. Die Erscheinung singulärer Gestalten kann in ihrer Wirkung nicht überschätzt werden. Wenn Kirchengeschichte zur Papstgeschichte reduziert wird, entsteht ein schiefes Bild. Eine Kirche, nur durch Amtsträger dargestellt, wirkt wenig attraktiv. Frauen bringen Glanz, zeigen Ungewöhnliches, sie sprechen von Mystik und Erscheinungen und bringen Innovationen. Die Lebensbilder von einigen Frauen lassen eine Facette aufleuchten, deren Brisanz für heute sich erst langsam erschließt. Nicht von ungefähr ist eine Hildegard von Bingen derart in das Rampenlicht der Öffentlichkeit getreten und lesen Männer wie Frauen die fantastische Geschichte der Päpstin Johanna.

Päpste und Frauen: In den meisten Fällen, um die es hier geht, machen die Frauen die bessere Figur, leben christliche Existenz glaubwürdiger als die professionellen Glaubenshüter und Kirchenführer. Eine hoch motivierte Maria Ward erlebt einen hochmütigen Pontifex und eine engstirnig kleinliche Kurie, die über Jahrhunderte hinweg ihr Andenken verhindern will.

Die Selbständigkeit dieser Frau verblüffte und ihre Beharrlichkeit reizte zum Widerspruch.

Eine Spur von vermeintlichem Ungehorsam hat die Kurie mächtig erregt und durch die Inquisition zu ungewohnter Härte geführt.

Es macht wenig Sinn, den Päpsten der Gegenwart die Fehler der Vergangenheit unter die Nase zu halten. Dieses Amt neigt von Natur aus zur Selbstüberschätzung, im Umgang mit Frauen tat es sich immer schwer. Es ist nicht einfach, auf einem derart hohen Stuhl die Probleme der Katholikinnen zu sehen, der aufmüpfigen wie der demutsvollen.

Viel zu grobschlächtig wäre der Versuch, die Päpste in Gruppen einzuteilen, je nach ihrer Stellung zu Frauen. Sinnlos wäre eine simple Katalogisierung nach dem Schema Frauenhasser und Frauenliebhaber. Das Wort »Liebhaber« kann man bei einigen auch wörtlich nehmen, von mehreren Päpsten ist bekannt, dass sie in ihrer vorpäpstlichen Zeit selber sexuelle Erfahrungen gesammelt haben, bei anderen darf man es vermuten – als Kenner der Frauenseele muss man sie deshalb nicht apostrophieren. Ein direkter Frauenhasser wurde auf dem päpstlichen Stuhl nicht gesichtet.

Im Umfeld der Päpste tauchen Frauen auf: verruchte und heilige, geldgierige und asketische, machtvolle und attraktive, fast alle sind gewinnende Frauengestalten, die unserer Sympathie sicher sein können.

Erster Teil

Herrscherinnen, Heilige und Päpste

Die Zeit des Mittelalters

Erstes Kapitel

Machtbewusste Kaiserinnen

Pulcheria, Theodora, Königin Theodelinde

Das Papsttum ist nicht vom Himmel gefallen; langsam, aber stetig hat es seinen Führungsanspruch durchgesetzt. Der Stuhl Petri stand keineswegs von Anfang an unangefochten in der Brandung der theologischen Auseinandersetzungen, in denen harte Kämpfer aufeinander trafen. Mit Geduld und Zähigkeit gelingt es dem Bischof von Rom, seine Kompetenzen stetig auszudehnen, im Laufe der Jahrhunderte gewinnt sein Amt Konturen und eine überregionale Dimension. Aus dem lokalen Bischof von Rom wird der Papst als Oberhaupt der Kirche. Er steht in Kontakt oder im Kampf mit den weltlichen Herrschern in West und Ost, dabei treten vereinzelt einige Frauen als Herrscherinnen in Erscheinung. Ihre Verbindungen zum Bischof von Rom sind dokumentiert und erlauben Einblicke in die kirchenpolitischen Aktivitäten dieser bedeutenden Frauen. Am Übergang von der Spätantike zum Mittelalter hatten Frauen mehr Einfluss, als man gemeinhin vermutet. Sie blieben in der Regel im Hintergrund, waren aber nicht ohne Gestaltungsmöglichkeiten. Drei Frauen werden hier kurz skizziert, die in unterschiedlicher Weise zu den Päpsten ihrer Zeit in Beziehung standen.

Eine Frau auf dem Konzil: Kaiserin Pulcheria

Den seriösen, durchwegs älteren Konzilsvätern hätte das niemand zugetraut. Spontane Reaktionen sind nicht ihre Sache, aber jetzt hallen ihre Begeisterungsrufe laut durch die Kirche Sancta Eufemia in Chalkedon bei Konstantinopel, und sie gelten der Augusta Aelia Pulcheria, der Kaiserin, die den Ehrenvorsitz dieser feierlichen Versammlung von Bischöfen innehat. Es handelt sich um die größte Kirchenversammlung des christlichen Altertums, bei der vier päpstliche Legaten anwesend sind. Insgesamt zählt die Versammlung ungefähr vierhundertfünfzig Teilnehmer, darunter Pulcheria als einzige Frau.

Die byzantinische Herrscherin Pulcheria (399–453) sitzt neben ihrem Gemahl Markian auf einem Thronsessel im Chor der Basilika, deutlich sichtbar für alle, und es ist keine Frage, dass sie hierher gehört und vor allem auch etwas zu sagen hat. Sie hat in erster Linie dieses Konzil gewollt, der Papst im fernen Rom, Leo I., war eigentlich dagegen und hat sich dann von ihr umstimmen lassen. Wichtige Glaubensfragen werden zur Zeit in der oströmischen Hauptstadt Konstantinopel entschieden und nicht am Sitz des Papstes. Die Akklamationen in der Kirche rühmen Pulcheria als neue Helena, als Licht der Rechtgläubigkeit, als Beschützerin des Glaubens, »viele Jahre der Kaiserin!« so schallt es durch den Kirchenraum.

Die Konzilsversammlung am 25. Oktober 451 war ein Glanzpunkt im Leben der Kaiserin. Sie ist jetzt etwas über fünfzig Jahre alt, von jung an war sie mit politischen Fragen befasst. Geboren ist sie als Tochter des Kaisers Arkadius. Als dieser früh verstarb, wurde ihr siebenjähriger Bruder Theodosius im Jahr 408 zum Kaiser des oströmischen Reiches ausgerufen. Bald übernahm Pulcheria als ältere Schwester für einige Jahre die Regentschaft für ihn. Im Jahr 414 wurde sie von ihrem Bruder zur Augusta ernannt, ein Titel, der sie als Mitregentin bezeichnete.

Nach dem Tod ihres Bruders im Jahr 450 übernahm Pulcheria sofort die Regierung und wusste sich als Kaiserin des oströmischen Reiches zu behaupten. Als Frau allein auf sich gestellt, sah sie bald ihre Herrschaft gefährdet und entschloss sich zu einer Eheschließung. Sie wählte sich den Tribunen Markian aus, zu ihren Bedingungen. Sie heiratete ihn zur Stabilisierung ihrer Macht, er musste ihr Jungfräulichkeitsgelübde akzeptieren und sich auf eine so genannte Josephsehe einlassen. Sie bestimmte die politische Linie in Kirchenfragen. Mit Papst Leo dem Großen unterhielt sie einen regen Briefwechsel.

»In der Kirchenpolitik behielt Pulcheria die Zügel zeit ihres Lebens fest in der Hand. Treffend erfaßte Papst Leo daher ihre diesbezügliche Rolle, als er sich am 20. Juli 451 mit folgenden einleitenden Worten an die Kaiserin wandte: Ich danke Gott, weil ich Euch so sehr für die gesamte Kirche besorgt sehe«.[4]

Der Papst blieb in der Folgezeit nicht bloß bei allgemein höflichen Worten, sondern

»in Fällen, die besondere kirchenpolitische Führungsqualitäten erforderlich machten, wandte er sich stets nur an Pulcheria. Dieses Vertrauensverhältnis beruhte keineswegs auf einem Zufall, denn die Augusta handelte durchwegs im Sinne Leos.«[5]

Der Briefwechsel mit Papst Leo I. (Papst 440–461) zeugt von Achtung und dem Willen zur Kooperation. In theologischen Fragen ging es damals drunter und drüber. Mit einer Verbissenheit sondergleichen wurde um die richtigen Formulierungen gekämpft, was hier nicht weiter ausgeführt werden soll. Vereinfacht gesagt, es ging um die Frage, war Jesus Mensch und Gott und wie passte beides zusammen.

Der Papst war im Grunde froh, dass die mächtige Frau auf dem byzantinischen Thron seine Positionen teilte. Er musste sich in Italien der einfallenden Hunnen und der Vandalen erwehren. Über das Papstamt stammt von ihm die wichtige Bemerkung: »die Würde des Petrus geht auch in einem unwürdigen Erbe nicht verloren«[6]; vielleicht hat er vorausschauend geahnt, dass auch unfähige und unwürdige Vertreter des Petrusamtes ihm nachfolgen werden.

Im Jahr 453 starb Pulcheria. Ihre mildtätige Einstellung wurde gerühmt, vor allem ihre Großzügigkeit den Armen gegenüber, andererseits war ihr strenges, männlich geprägtes Auftreten gefürchtet. Von ihrem Volk wurde sie verehrt und bewundert, persönlich pflegte sie einen disziplinierten Lebensstil, in dem Frömmigkeitsübungen einen breiten Raum einnahmen. In der Person von Pulcheria hat sich eine Frau sehr positiv in die Kirchengeschichte eingeführt.

Als einzige Frau auf dem großen Konzil von Chalkedon war sie nicht nur eine anmutige Erscheinung, sie gab den anwesenden Bischöfen Sicherheit und Schutz, sie war die eigentliche Initiatorin dieser Kirchenversammlung und ihre Auffassung war verbindlich. Gegen sie war keine theologische Entscheidung möglich. Übrigens wurde auf dem Konzil von Chalkedon festgelegt, Maria »Gottesgebärerin« zu nennen, und auf diesem Konzil basiert die spätere Marienverehrung vieler Päpste. Eine einzige Frau dominierte das allgemeine Konzil der ganzen Christenheit und zwar in einem positiven Sinn. Der Vergleich mit dem letzten, dem Zweiten Vatikanischen Konzil, bei dem ein paar Frauen als Zuhörerinnen geladen waren, führt zu einer ernüchterten Erkenntnis.

Theodora, die Kaiserin, und die Päpste

Sie wurde verewigt – wenn das für jemand gilt, dann für sie, die seit über 1400 Jahren herabschaut auf die staunenden Besucher, die zu den berühmten Wandmosaiken in der Kirche San Vitale in Ravenna[7] kommen, ja manchmal regelrecht strömen. Vorne auf der Wand, rechts vom Altar erscheint Theodora und schreitet dem Betrachter entgegen, zu ihrer Rechten mit zwei Höflingen, vermutlich Eunuchen, und zur Linken mit einem Gefolge von sieben Frauen. Bekleidet mit einem Purpurmantel hält die Augusta einen kostbaren Kelch, gedacht wohl als Gabe an die Basilika. Die Gestalt strahlt Würde aus; manche Besucher werden nachdenklich erkennen, dass hier an der Kirchenwand nicht Demut und Bescheidenheit, sondern weibliche Macht und Herrschaft einen bildlichen Ausdruck gefunden haben.

Während man sonst an Kirchenwänden Heilige sieht, begegnet man hier einer Kaiserin, die sich gewiss nicht als Heilige empfunden hat. Ihr Leben hat bescheiden begonnen. Geboren wird sie ca. 497 als Tochter eines Bärenwärters im Zirkus von Konstantinopel und einer Schauspielerin. Nach dem frühen Tod des Vaters müssen die Frauen allein den Lebensunterhalt sichern; ihre Mutter, ihre beiden Schwestern und sie selbst steigen ein ins damalige Showgeschäft. Sie tritt als Tänzerin und Schauspielerin auf, dazu gehörten damals auch die Dienste einer Kurtisane. Und Theodora soll sich auf diesem Gebiet als besonders begabt und tüchtig erwiesen haben. Der zeitgenössische Geschichtsschreiber Prokop malt überdeutlich aus, übrigens nicht ohne Häme und Voyeurismus, welchen Erfolg die junge und strahlende Theodora mit ihren Verführungs- und Liebeskünsten hatte und wie sie zur Berühmtheit wurde.

Durch ein Empfehlungsschreiben einer Freundin erhält Theodora Zugang zu Justinian, dem Kaiserneffen und Thronfolger. Für ihn ist es Liebe auf den ersten Blick, was bei ihr vielleicht anfangs gekonnte und perfekte Verführung war. Justinian will Theodora nicht als Konkubine, sondern als Ehefrau und setzt dies gegen heftige Widerstände durch. Im April 525 wird die Vermählung gefeiert, und am 4. April 527 übernimmt Justinian als Kaiser die Herrschaft über das oströmische Reich, das unter ihm eine glanzvolle und ruhmreiche Zeit erlebt. Zusammen mit ihm wird Theodora zur Kaiserin gekrönt und als solche hat sie sich immer gefühlt. Als Mitregentin übt sie einen bedeutenden Einfluss auf Justinian aus.

Die Kaiserin greift massiv in die theologischen Auseinandersetzungen ein, betreibt eine gezielte Personalpolitik. Sie selber steht den Monophysiten nahe,[8] die auf dem Konzil von Chalkedon verurteilt wurden. Immer noch streitet man um die eine oder zwei Naturen des Erlösers, schwierige, heute kaum mehr nachvollziehbare christologische Kontroversthemen. Dementsprechend kompliziert sind auch die Beziehungen zum römischen Papst. Während Theodoras Herrschaft wechseln sich in Rom acht Pontifikate ab.

Papst Agapet I. macht sich in Friedensmission auf nach Konstantinopel. Von den Ostgoten, die Italien besetzt haben, wird er in die Kaiserstadt geschickt, er soll Justinians Truppen von Italien fern halten. Sicherlich führt er auch Gespräche mit Theodora, die ihn allerdings in die theologischen Kontroversen hineinzieht. Agapet stirbt im April 536, wird im Sarg nach Rom zurückgebracht und in St. Peter beigesetzt.

Die Kaiserin sieht jetzt die Chance, einen Mann ihres Vertrauens auf den Stuhl Petri zu bringen. Sie hat auch schon einen Kandidaten, nämlich Vigilius, den päpstlichen Gesandten beim Kaiserpaar. Er entstammt einer alten römischen Familie und brennt vor Ehrgeiz, den Papstthron zu besteigen. Hoffnungsvoll reist er nach Italien. In der Zwischenzeit haben die Goten in Rom Silverius zum Papst erhoben. Er ist der Sohn des Papstes Hormisdas und von Kindheit an mit dem

Papsttum vertraut. Justinians Truppen aber marschieren unter der Führung Belisars auf Rom zu, und Silverius muss ihnen wohl oder übel die Tore der Stadt öffnen lassen. Der Kaiser in Konstantinopel ist seinem großen Ziel, die Einheit des ursprünglichen Reiches wiederherzustellen, mit der Einnahme von Rom ein beträchtliches Stück näher gekommen und setzt den Krieg gegen die Ostgotenkönige, die ihm in Italien im Wege sind, mit unverminderter Härte fort.

»Theodoras Perspektive war anders. Das Ziel, das sie sich von ihrem Palast über dem Bosporus aus gesteckt hatte, war nicht der Schlüssel der Stadt Rom, sondern die politische Unterwerfung der Cathedra Petri.«[9]

Theodora ergriff die Initiative. In einem persönlichen Schreiben forderte sie Belisar auf, zur Absetzung von Silverius zu schreiten. Auch dessen Frau Antonina, die einen privaten Briefwechsel mit der Kaiserin unterhielt, wurde eingeschaltet. In Belisars Wohnung in Rom wurde schließlich Silverius seiner Würde entkleidet und zum Mönch degradiert, zugleich wurde Vigilius als Papst eingesetzt.

»Es war die weiblichste päpstliche Inthronisation der gesamten christlichen Geschichte.«[10]

Aber der Günstling, den Theodora auf den päpstlichen Stuhl gesetzt hatte, verhielt sich nicht im Sinne seiner Gönnerin. Er verfolgte die bisherige Linie seiner Vorgänger, Theodora sah sich getäuscht, und in ihrem Zorn griff sie zu einem extremen Mittel. Während Papst Vigilius in Santa Cecilia in Trastevere einen Gottesdienst feierte, sah er plötzlich Soldaten aufmarschieren, die ihn vom Altar weg auf ein Schiff nach Konstantinopel brachten. Der Raub des Papstes war für die Römer ein richtiger Schock, und sie sandten nicht wenige Flüche gegen Theodora. Im Januar 547 erreichte Vigilius Konstantinopel; er wurde halbwegs freundlich empfangen, aber er war nicht bereit, seinen Kurs zu ändern.

»Die Augusta rächte sich an ihm. Obwohl physisch erschöpft, war sie weder nachgiebig im Streit gegen den Feind, noch versöhnlich gegenüber Verrätern. Und Vigilius hatte seine Gönnerin mehr als zehn Jahre lang betrogen, nämlich seit dem Frühling 537. Trotz seiner Versprechungen hatte er nie den Monophysiten Anthimus rehabilitiert.«[11]

Schließlich wurde Vigilius unter Hausarrest gestellt. Nach wie vor wurde heftig um unterschiedliche Glaubensfragen gestritten. Die tieferen Hintergründe sind heute kaum mehr zu begreifen. Auf der Rückreise nach Rom starb der Papst in Syrakus im Jahre 555.

Am 28. Juni 548 bereits war auch Theodora verstorben, nach einer steilen Karriere bis hinauf zum Glanz des kaiserlichen Thrones. Bei dem so genannten Nika-Aufstand, der von den Zirkusparteien angeführten bedrohlichen Erhebung der Hauptstadtbevölkerung, hatte sie durch ihr entschiedenes und kraftvolles Auftreten ihrem Mann den Thron gerettet. In Erinnerung an ihre Jugend gründete sie ein Kloster für ausstiegswillige Prostituierte. Sie blieb bis zum Tode unversöhnt gegenüber »ihrem Papst«. Theodora hatte zwar einen Papst absetzen und einen Nachfolger ihrer Wahl einsetzen lassen, aber die Herrschaft über das Papsttum zu erringen, blieb ihr verwehrt

Theodelinde, die Langobardenkönigin, und Papst Gregor der Große

Eine Prinzessin aus dem Haus der Agilolfinger verlässt ihre bayerische Heimat und reist in den Süden, über die Alpen, nicht in ein gelobtes Land, wohl aber zu einem Mann, der sie gerne als Ehefrau haben wollte, es ist der Langobardenkönig Authari. Von Osten her kommend, hatten die Langobarden weite Teile Oberitaliens erobert und sich dort als neues Herrschervolk niedergelassen. War es Justinian ein halbes Jahrhundert zuvor noch gelungen, Italien den Ostgoten zu entreißen, so waren seine Nachfolger mit dem Krieg gegen die neuen germanischen Eroberer überfordert. Das ausgehende sechste Jahrhundert war überschattet durch fast ständige Kämpfe zwischen den Langobarden und der immer schwächer werdenden byzantinischen Militärmacht und durch Streitigkeiten unter den einzelnen Langobardenfürsten. Nach kurzer Ehe bereits fiel Authari einem Mordkomplott zum Opfer.

Theodelinde – sie lebte von ca. 570–628 – blieb als Königin unangefochten, aber es gab für sie auf Dauer nur eine Lösung, nämlich ein zweites Mal zu heiraten und sie tat dies noch im gleichen Jahr, vermählte sich im November 590 mit dem Langobardenherzog Agilulf von Turin, der sich damit den Weg zur Königswahl ebnete. Diese Ehe, begonnen aus einem nüchternen politischen Kalkül, entwickelte sich bald zu einer auf Zuneigung gegründeten Gemeinschaft.

Zu den politischen Rivalitäten in Oberitalien kam noch der religiöse Gegensatz; manche Langobarden waren noch Heiden, manche Arianer.[12] Theodelinde wie die eingesessene Bevölkerung vertraten das Christentum, das von Rom her geprägt und bestimmt war, das »katholische Christentum«.

Im Jahr 590 fand in Rom ein wichtiges Ereignis statt. Gregor I. (590–604) bestieg den päpstlichen Stuhl, von da ab kam ein frischer Wind in das bisher meist blasse und wenig eindrucksvolle Papsttum. Ursprünglich hatte Gregor das hohe Amt eines römischen Stadtpräfekten versehen, zog sich dann in ein Kloster zurück und wollte als Mönch in Frieden und Ruhe leben. Gegen seinen erklärten Willen wurde er zum Papst erhoben und beugte sich nur widerwillig dem eindeutigen Votum von Klerus und Volk. Er wusste warum. Die Rolle des Pontifex in diesen Zeiten war äußerst kompliziert, die Papstwürde ein Posten, den niemand haben wollte. Gregor selbst sah sich an einer Epochengrenze, der Grenzscheide von Spätantike und frühem Mittelalter, voll Pessimismus hielt er eine Leichenpredigt auf Rom und sprach von einer »vergreisenden Welt«.[13]

Viele seiner Schriften sind überliefert: Predigtsammlungen, Bibelkommentare und über achthundert Briefe. »Servus servorum Dei« (Diener der Diener Gottes), damit begann er seine Schreiben und dieser sein klassischer Briefanfang, bei ihm wohl ehrlich gemeint, wurde von seinen Nachfolgern übernommen und war bei den meisten eher eine Demutsfloskel, mit der sie kokettiert haben.

Der Papst setzte große Hoffnungen auf die langobardische Königin, und zwischen beiden entstand ein erstaunlich offenes Vertrauensverhältnis, beispielsweise widmete er ihr seine Schrift »Dialogi«.

Von dem Briefwechsel zwischen Papst und Königin sind vier Briefe erhalten. Der Papst brachte ihr viel Sympathie entgegen, wenn er z. B. schreibt:

»Da Ihr also die Unverfälschtheit unseres Glaubens erkennt, so bleibt nur zu wünschen, daß Ihr Euch selbst nie von der Gemeinschaft der katholischen Kirche trennt, damit nicht Eure vielen Tränen, Eure großen und guten Werke verlorengehen.«[14]

In den religiösen Wirren war die entschiedene Haltung Theodelindes für das katholische Bekenntnis in Oberitalien ein wichtiger Faktor, und der Papst hatte an ihr eine weibliche Verbündete mit Tatkraft und Profil. Als die Langobarden 593 die Ewige Stadt belagerten in der Absicht, ihr Herrschaftsgebiet immer weiter auszudehnen, schaltete sich Theodelinde als Friedensvermittlerin ein und konnte ihren Gemahl zum Abzug bewegen. Ein freundlicher Dankesbrief erreicht die Königin:

»Wir wußten, daß wir von Eurem christlichen Sinn erwarten durften, daß Ihr Euer Bemühen und Eure Güte der Sache des Friedens mit allen Mitteln widmen würdet … Denke nicht, erlauchte Tochter, daß es ein geringer Lohn ist, den du erhalten wirst, weil du das Blutvergießen auf beiden Seiten zum Stillstand gebracht hast.«[15]

Gregor bittet sie auch, auf ihren arianisch gebliebenen Gemahl weiterhin Einfluss auszuüben und schickt ihr Grüße mit »väterlicher Liebe«.

Als Theodelinde nach zwölfjähriger Ehe einen Sohn gebar, wurde dieser im neu erbauten Dom zu Monza nach katholischem Ritus auf den Namen Adaloald getauft. Der Papst, hoch erfreut, schickt ein Glückwunschschreiben an die Mutter und für den Sohn ein kostbares Kreuz, das noch heute im berühmten Theodelinden-Schatz im Dom zu Monza zu besichtigen ist.

Nach dem Tod von König Agilulf um 615 übernahm Theodelinde die Regentschaft für ihren unmündigen Sohn, der sich keineswegs nach ihren Vorstellungen entwickelte. Schließlich wurde er von den langobardischen Herzögen abgesetzt. Für die Königin war es schwer, die Unfähigkeit ihres Sohnes zu erkennen, der vermutlich an einer Geisteskrankheit litt. In ihren letzten Jahren zog sich die entmachtete Königin in ein Kastell oberhalb von Varenna am Comer See zurück. Dort starb sie am 22. Januar 628 (oder 627).

Theodelinde trat klar für die Sache des Papstes ein, war eine verlässliche und einflussreiche Partnerin in einer politisch wie religiös unruhigen Zeit. Gregor der Große wusste dies zu schätzen, zeigte sich dankbar und sparte nicht mit Lob und Zuneigung für die Langobardenkönigin.

Zweites Kapitel

Die Frau unter der Tiara

Päpstin Johanna – Legende oder Wirklichkeit?

»Ihr Leben hat die Farben eines Romans«

Der Roman »Die Päpstin« von Donna Cross hat das Augenmerk einer zahlreichen Leserschaft auf eine Zeit gelenkt, die bisher in der Papstgeschichte kaum interessiert hat. Wer wollte schon etwas über die Päpste des 9. Jahrhunderts wissen? Sehr viel Spannendes hat diese Zeit nicht zu bieten, aber eine Päpstin, eine Frau auf dem Papstthron, das klingt attraktiv. Was auf dem legalen Weg unmöglich erschien, soll einer Frau in geschickter Verkleidung gelungen sein. Das Leben dieser »Päpstin« hat, um ein berühmtes Schiller-Zitat abzuwandeln, die »Farben eines Romans«, und es waren bevorzugt Dichter und Schriftsteller, die sich in Romanen dem Schicksal der Päpstin Johanna zuwandten, vor Donna Cross der Romantiker Achim von Arnim (1846), der griechische Antiklerikale Emmanuil Roidis (1866) und der französische Avantgardist Alfred Jarry (1908, postum erschienen).

In vielen Varianten ist diese Geschichte erzählt worden, im Folgenden wird versucht, in einer knappen Analyse dem Geheimnis einer mysteriösen Frau auf die Spur zu kommen.

Johanna, nicht Konkubine, nicht Ehefrau, sondern selber Päpstin, Papissa, und sofort ist die Frage da: Gab es sie wirklich, ist es wahr? Warum eigentlich sollte es eine Päpstin nicht gegeben haben, wieso sollte man das einer Frau nicht zutrauen?

Die Päpstin Johanna in einem Holzschnitt der Reformationszeit (16. Jahrhundert).

Aufgeklärte Theologen antworten lässig, milde lächelnd: alles Legende und längst erwiesen. Aber so einfach ist die Sache nicht. Die Päpstin Johanna hat Furore gemacht, obwohl der berühmte Theologe Ignaz von Döllinger[16] sie endgültig in das Reich der Fabeln versetzt hatte. Dort schlummerte sie lange als Fabelwesen, für die Historiker schien der Fall endgültig geklärt. Dann schreibt eine Frau einen Roman,[17] in dem sie frei gestalten und erzählen kann und damit wird das Thema erneut nach oben gespült und in Folge wird die Päpstin noch einmal historisch aufgearbeitet; neben die Geschichte tritt die »wahre Geschichte« und damit ist das Rätsel keineswegs gelöst.

Die ersten Chronisten

Der erste literarische Niederschlag findet sich in der Metzer Weltchronik des Johann von Mailly um 1250. Er ist Dominikaner, also kein Kirchenhasser, und schildert die Johanna-Geschichte ohne Verurteilung und ohne Häme. Sein Text verrät auch keinerlei Entsetzen. Er spricht von einem Papst oder genauer einer *papissa,* die nicht im Verzeichnis der Päpste geführt werde. Sie sei Notarin gewesen und zum Papst erhoben worden. Beim Reiten sei sie durch eine Kindsgeburt überrascht worden und ihr Geschlecht wurde öffentlich. Nach römischem Recht wurde sie mit den Füßen an den Schwanz des Pferdes gebunden, durch die Stadt geschleift und am Ende vom Volk gesteinigt.

Ungefähr dreißig Jahre später schreibt der Dominikaner und Chronist Martin von Troppau, auch Martinus Polonus genannt, erneut die Geschichte mit Johanna auf und zwar in der dritten Bearbeitung seiner Papst- und Kaiserchronik von 1278. Nach ihm hat als Nachfolger von Papst Leo IV. im Jahr 855 ein gewisser Johannes Anglicus sein Pontifikat begonnen und dieses dauerte zwei Jahre, sieben Monate und vier Tage.

»Wie man versichere, sei dieser (Papst) eine Frau gewesen, die als junges Mädchen von ihrem Liebhaber in männlicher Kleidung nach Athen geführt worden sei und dort in verschiedenen Wissenschaften solche Fortschritte gemacht habe, daß niemand ihr gleichkam. Später habe sie in Rom das Trivium[18] gelehrt und berühmte Lehrer als Schüler und Hörer gehabt. Da sie in der Stadt Rom wegen ihrer Lebensführung und Gelehrsamkeit großes Ansehen genossen habe, sei sie einstimmig zum Papst gewählt, aber während ihres Papsttums von ihrem Vertrauten geschwängert worden, und da sie die Zeit der Geburt nicht gewußt habe, sei sie auf dem Weg von St. Peter zum Lateran zwischen Kolosseum und Clemenskirche von den Wehen überrascht worden und habe ein Kind geboren. An der gleichen Stelle sei sie gestorben und wie man sage, auch begraben worden. Da der Papst aber diesen Weg immer meide, würde man glauben, daß dies aus Abscheu vor dem Ereignis geschehe.«[19]

Mit diesem Text wird Martin von Troppau der Hauptlieferant für alle nachfolgenden Berichte über die Päpstin Johanna. Dabei entstehen schnell verschiedene Varianten, die um die Kerngeschichte herum eigene Interpretationen bringen. Eine sehr freundliche Variante lässt das Ende so aussehen: Mutter und Kind überleben, die Päpstin wird abgesetzt und zieht sich in ein Kloster zurück, ihr Sohn wird Bischof von Ostia und in seiner Bischofskirche wird seine Mutter später beerdigt, wobei an ihrem Grab künftig Wunder geschehen.

Andere Texte gehen mit der Päpstin nicht so human um, sie wird dämonisiert, erzählt wird eine Teufelsbeschwörung. Nur mit dem Teufel verbündet, konnte sie ihre Wahl zum Papst erreichen.

Die Johanna-Geschichte als historisches Gemeingut

Die Päpstin-Geschichte ist bald weit verbreitet und wird zum historischen Gemeingut, auch bei Humanisten und Protestanten. Im Dom zu Siena war Anfang des 15. Jahrhunderts unter den anderen Päpsten auch eine Büste von ihr zu sehen mit der Aufschrift: »Johannes VIII., femina ex anglia«.

Man kann mit Recht vermuten, dass nicht wenige Päpste die Johanna-Geschichte als glaubhaft ansahen und darin keinen Skandal erblickten. Als man dann auf protestantischer Seite begann, diese Geschichte auszuschlachten, um die Verderbnis des Papsttums aufzuzeigen, formierte sich Widerstand und viele Apologeten traten auf den Plan. Und in diesem ganzen Gezänk um den weiblichen Papst werden überschäumende Emotionen frei. Viele Autoren gießen ihre frauenfeindlichen Ansichten und ihre Verachtung aller Weiblichkeit auf die darniederliegende Johanna aus. Sie wird gleichsam zu einer Spottfigur der Frau insgesamt. In den Johanna-Texten tritt das offizielle Frauenbild der Scholastik zu Tage, thematisiert wird das Verhältnis von Frau und Kirche.

»Es geht auch um das Kapitel ›Angst vor der Frau‹, das sich in vielen Texten der Päpstin-Rezeption spiegelt. Denn im Grunde ist die Päpstin das Schreckbild der Kirchenmänner, gleich ob von ihrer Existenz oder Nicht-Existenz überzeugt.«[20]

Für die Theologen dieser Zeit steht natürlich fest, dass Johanna gar keine richtige Päpstin gewesen sein kann. Nach der Lehre des berühmten Thomas von Aquin kann die Frau wegen des so genannten »defectus naturae«[21] die Priesterweihe nicht empfangen, die Weihehandlung gleitet ohne Wirkung an ihr ab und so konnte Johanna auch keine gültigen Amtshandlungen vornehmen. Eine Frau kann eben ein Männer-Amt nicht ausüben. Und wer ein solches Amt erschleicht, findet keine Gnade.

Interpretation eines Phänomens

Die heutige wissenschaftliche Forschung sieht in der Päpstin Johanna mit hoher Wahrscheinlichkeit eine legendenhafte Gestalt, aber die Frage nach der historischen Wirklichkeit ist nach meiner Meinung gar nicht so sehr von Bedeutung. Wenn sich eine Frau in das höchste Kirchenamt eingeschmuggelt hat, ist das 1150 Jahre später keine Schande für das Papsttum und kann kaum zur Kritik dienen. In den folgenden Kapiteln werden nicht wenige Heilige Väter auftreten, deren Fehler und Sünden bis heute bekannt geblieben sind und die ihre Kirche nicht zu Grunde gerichtet haben.

Die Päpstin Johanna ist eine faszinierende und auch sehr anrührende Gestalt, aber keineswegs wichtig für die Ahnenreihe der Päpste. Wichtig ist ihre Aussagekraft. Immer müssen Frauen demütig zu dem Mann auf dem Papstthron aufschauen, einmal wenigstens saß eine von ihnen selber auf dem Thron. Dass sich die Geschichte so hartnäckig behauptet hat, kann auch daran liegen, dass in ihr eine weibliche Ursehnsucht zum Ausdruck kam, dass die Distanz zwischen Frau und Papst einmal aufgehoben war. Eine junge Frau will sich nicht aussperren lassen, sie zieht Männerkleidung an, um an Bildung teilhaben zu können. Eine Frau, die Grenzen überschreitet, wer wollte sie nicht sympathisch finden? Man geht nicht fehl, in der Päpstin eine Wunsch-Gestalt zu sehen, die in der Zeit emanzipierter Frauen besondere Beachtung findet.

Die Publicity um die Päpstin Johanna muss den Dialog zwischen Papst und Frauen, der noch gar nicht begonnen hat, keinesfalls stören, sondern kann eher zum Nachdenken anregen.

Drittes Kapitel

Starke Frauen – schwache Päpste

Theodora und Marozia, Beherrscherinnen des Papsttums

»Die Frau, Marozia genannt,[22] war zu fürchten, ihre Kraft fast unbegrenzt; dreimal war sie verheiratet, fünf Kinder hat sie geboren, eine Stadt beherrscht, den Papst am Zügel geführt, einen abgesetzt und ihren eigenen Sohn eingesetzt. In einem politischen und religiösen Chaos sondergleichen herrscht eine Frau mit starker Hand.«

Papst-Horror

Die Päpste des 10. Jahrhunderts haben nicht ausgeteilt, sie mussten einstecken, wurden tief gedemütigt, längst nicht allen war ein friedliches Ende vergönnt. Einige wurden im Gefängnis erdrosselt, einer wurde mit dem Kopfkissen erstickt, einem wurden Nase und Zunge abgeschnitten, einer wurde im Ehebett seiner Geliebten erschlagen. Alles, was einen Krimi interessant macht, bietet die Papstgeschichte jenes »dunklen Jahrhunderts«. Schon an der Schwelle dieses Saeculums steht ein wahres Horrorszenario, die berüchtigte »Leichensynode«: Papst Stephan VI. ließ 897 den Leichnam seines Vorgängers und Widersachers Formosus schmachvoll aus dem Grabe zerren, vor ein geistliches Gericht stellen und nach einer brutalen Schändung durch das Volk in den Tiber werfen. Wenige Monate später wurde Stephan selbst durch die Anhänger des Formosus gestürzt und im Kerker erdrosselt. Würde man alle finsteren Mordtaten und Verschwörungen dieser Epoche im Detail ausmalen,[23] würde man erschüttert und fassungslos in unbegreifliche Abgründe eintauchen. In diesem Szenarium einer chaotischen Kirchenregierung spielen zwei Frauen, Theodora und ihre Tochter Marozia, eine entscheidende Rolle. Einmal in der Kirchengeschichte haben Frauen Oberwasser und geben den Ton an, beide sind mit Leidenschaft Geliebte eines Papstes und beide treten jeweils als Herrin über Päpste auf. Ohne Zweifel eine spannende Phase im Verhältnis von Päpsten und Frauen.

Päpste am Gängelband

Schon länger war das Papsttum bedeutungslos und zum Spielball der mächtigen römischen Familien geworden. Die Grafen von Tusculum, die ihren Stammsitz in den Albaner Bergen hatten, tauchen fast unvermittelt im Rom des 10. Jahrhunderts auf und kommen schnell zu Macht und Einfluss. Ihr berühmter Vertreter ist Theophylakt, der sich unter den rivalisierenden Adelscliquen durchzusetzen vermag. Vermutlich ist er verwandt mit Papst Sergius III.

Theophylakt kann seine Stellung immer mehr ausbauen, er wird »Vestarar«, also Verwalter der päpstlichen Finanzen und »Magister militum«, Kommandant der päpstlichen Truppen. Mit diesen beiden Schlüsselpositionen verfügt er über die entscheidende Machtbasis. Im Grunde ist er eine Art »Angestellter« der Kurie, aber er dreht den Spieß um, übernimmt auch die weltliche Macht in Rom und beherrscht die nachfolgenden Päpste. Verheiratet ist er mit Theodora, ihre beiden Töchter heißen Marozia und Theodora.

Päpste kommen und gehen am laufenden Band. Bei der Geburt Marozias im Jahr 890 sitzt Stephan V. auf dem päpstlichen Thron, bei ihrem Tod um 932 ist es Johannes XI. Dazwischen erscheinen vielerlei Gestalten mit zum Teil kurzen Pontifikaten, über die man fast nichts weiß; insgesamt siebzehn Namen weist die Papstliste auf in dieser Zeitspanne (890–936). Zu einigen dieser Päpste hatte Marozia eine besondere Beziehung: Sergius III. (904–911) war Marozias Geliebter; Johannes X. (914–928) wurde von Marozia abgesetzt; Johannes XI. (931–936) war Marozias Sohn; Johannes XII. (955–964) war Marozias Enkel.

Niemals vorher oder nachher hat eine Frau derart souverän über das Papsttum verfügt. Als *senatrix* von Rom hat sie Päpste eingesetzt und abgesetzt, und der Heilige Stuhl erschien eher als eine Familieneinrichtung als ein universales Amt. Wie kam diese Frau zu dieser Machtfülle?

Die jugendliche Geliebte

Theophylakt, ihr Vater, hatte selbst dem Papst, es ist Sergius III., das Angebot unterbreitet und zwar in verschlüsselten Worten, er solle doch Freude am Leben haben und auch ein Heiliger Vater müsse irdischen Genüssen nicht ganz entsagen, und dabei hatte er auch die Vorzüge seiner Tochter Marozia eher beiläufig ins Spiel gebracht. Einige Tage später erhält Marozia eine Einladung in den Papstpalast, den Lateran. Ihre Mutter Theodora geleitet die Fünfzehnjährige dorthin und erklärte ihr dezent umschreibend, welche Spiele die junge Frau (ein Mädchen von fünfzehn Jahren galt im hohen Mittelalter als durchaus liebes- und heiratsfähige Frau) mit dem Papst erleben dürfe.

Theophylakts Tochter Marozia ist bald die feste Konkubine von Sergius, geht im Lateran ein und aus und hat vertrauten Umgang mit dem Pontifex. Dabei ist ihr Vater auch besorgt um ihre Bildung; Marozia kann lesen und schreiben und beherrscht Latein. Eines Tages erklärt Theophylakt dem Papst, was eigentlich vorhersehbar war. Heiliger Vater, sagt er, durch Euer Verdienst wird Marozia Mutter sein. Die Antwort von Sergius ist klar und deutlich: Mein Name darf nicht genannt werden. Das Kind soll also nicht als Papstkind[24] geboren werden, nach außen soll Diskretion gewahrt bleiben. In der Zwischenzeit hatte Marozia auch geheiratet, und ihr Gemahl Herzog Alberich I. von Spoleto störte sich nicht an dem Kind. Er residierte die meiste Zeit in Spoleto und kam nur zu gelegentlichen Besuchen nach Rom. Seine Frau mit einem prominenten Liebhaber zu teilen, erschien ihm nicht ungewöhnlich. Etwas später hatte Marozia auch von Alberich die drei Söhne Alberich, Sergius, Konstantin und eine Tochter.

Papst Sergius III., der dem römischen Adel entstammte, war sechs Jahre aus Rom verbannt, hatte Zuflucht gefunden in Spoleto, und Herzog Alberich brachte ihn nach Rom zurück und sorgte für seine

Wahl zum Oberhaupt der Christenheit. Mit einem Paukenschlag begann Sergius sein Pontifikat. Seine beiden inhaftierten Vorgänger Leo V. und Christophorus ließ er hinrichten, angeblich weil ihm die Gefangenen in ihrem bedauernswerten Zustand leid taten. Sergius kümmerte sich um die Erneuerung der Lateranbasilika, die durch ein Erdbeben beschädigt worden war. Das ist fast das einzig Positive, das von ihm überliefert ist.

Nach Sergius Tod im Jahre 911 rückt für einige Zeit Marozias Mutter Theodora in den Mittelpunkt. Die beiden folgenden Päpste: Anastasius III. (911–913) und Lando (913–914) müssen sich nach ihren Wünschen und Anordnungen richten.

»An der Herrschaft über Rom hatte neben Theophylakt seine Gemahlin Theodora starken Anteil, die einmal als vestaratrice bezeichnet wird. Sie war eine willensstarke Frau, die sehr wohl zu regieren verstand, deren Privatleben sich aber durch die Schranken des Sittengesetzes nicht hemmen ließ.«[25]

Theodora wird beschrieben als »donna belissima« mit schwarzen Haaren und großen dunklen Augen. Eines Tages verliebt sie sich in einen gewissen Johannes, Diakon in Ravenna, der für einige Zeit in Rom lebt. Sie sorgt für seine weitere Karriere, lässt ihn zum Erzbischof von Ravenna ernennen und weil sie ihn in ihrer Nähe haben will, erreicht sie auch seine Wahl zum Papst.

»Einem mächtigen Weibe verdankte er den apostolischen Stuhl.«[26]

»Doch diese Nachricht hat sich dank neuerer Studien, die die kraftvolle Gestalt und das unermüdliche Wirken von Johannes X. rehabilitiert haben, als historisch nicht begründet erwiesen.«[27]

Die Liebschaft mit Johannes erscheint als zweifelhaft, die machtvolle Stellung Theodoras steht außer Frage. Papst Johannes X. kann für die damalige Zeit erstaunlich lange amtieren, nämlich vierzehn Jahre, von 914–928. Kaum ist er an der Regierung, wird Rom von den einfallenden Sarazenen bedroht. Johannes gelingt es, eine breite Allianz zur Verteidigung zusammenzubringen und im August 915 siegt das vom Papst persönlich angeführte Heer am Garigliano in Kampanien. Im gleichen Jahr krönt er den Herzog von Friaul, Berengar I., zum Kaiser. Die kirchenpolitischen Entscheidungen von Johannes X.

sind nicht zu kritisieren, zeigen vielmehr sein »universales Amtsverständnis« (Rudolf Schieffer); er unterstützte die wichtige Reichssynode von Hohenaltheim, stellte die erste Papsturkunde für Cluny aus und vermittelte in diversen Streitigkeiten. Nicht alles war dunkel im dunklen Jahrhundert.

Marozia die Papstmacherin

Aus machtpolitischen Gründen zog Johannes X. sich die Feindschaft von Marozia zu, die nach dem Tod ihrer Eltern allein die Herrschaft über Rom ausübte und damit faktisch auch über das Papsttum. Sie führt die Titel *senatrix* und *patricia.* Seit 924 Witwe, findet sie in Wido von Tuszien einen neuen Ehemann.

Sie stachelt die Römer gegen den Papst auf und vor allem gegen dessen Bruder Petrus, der ihr als Markgraf von Spoleto zu mächtig geworden ist. Unter dem Vorwand, Petrus habe die Ungarn zum Einfall in Italien angestiftet, wird der Markgraf gefangen genommen und vor den Augen seines Bruders von einer aufgebrachten Volksmenge im Lateran erschlagen. Auch der Papst, offensichtlich ohne eigene Streitmacht, wird im Juni 928 bei einem Gottesdienst überfallen, in der Engelsburg inhaftiert und dort im Jahre 929 mit einem Kopfkissen erstickt.

Wen Marozia jetzt auf dem Papstthron sehen wollte, war allen Eingeweihten klar. Sie war fest entschlossen, ihren Sohn Johannes, den aller Wahrscheinlichkeit nach Papst Sergius III. gezeugt hatte, auf den Heiligen Stuhl zu befördern. Weil ihr Giovanni noch sehr jung war, begann sie gleichsam Platzhalter einzusetzen, um die Zeit zu überbrücken. Der nächste Pontifex Leo VI. verstand sich selber als Lückenbüßer, war schon alt und regierte nur ein halbes Jahr. Stephan VII. folgte, der ein gebürtiger Römer war und eine Marionette in Marozias Hand. Im Februar 931 machte er den päpstlichen Stuhl wieder frei, man muss dabei nicht an Gift denken, kann es aber auch nicht ausschließen.

Des Papstes mächtige Mutter

Wenn vor hundert Jahren ein frischgeweihter Priester zu seiner ersten Messe an den reich geschmückten Altar schritt, stand seine Mutter mit stolz geschwellter Brust in der ersten Bankreihe. Ihr Gesicht strahlte, wenn auch mit Tränen in den Augen, Priestermutter – auf dem Lande ein Ehrenbegriff sondergleichen.

Vor über tausend Jahren, im März 931, blickt auch eine Mutter mit Stolz auf ihren Sohn, sie hat sich vorne im Altarraum einen prächtigen Sitz herrichten lassen, sie beherrscht hier die Szene. Marozia sieht ihren Sohn Giovanni, einen jungen Mann von ungefähr zwanzig Jahren, wie er die Stufen zu einem Thron emporsteigt. Es ist ein altehrwürdiger Thron aus Marmor und steht in einer der größten Kirchen der Christenheit, nämlich in der von Konstantin erbauten Peterskirche. Hier nimmt der junge Mann auf seinem Thron Platz. Johannes XI. nennt er sich und soll ab jetzt die Christenheit leiten, und mit seinen jungen Augen sieht er hinüber zu seiner Mutter, die hoch erhobenen Hauptes die Zeremonie verfolgt, die Inthronisation eines neuen Papstes, ihres Papstes. Sein Blick schweift hinunter in das Kirchenschiff und wieder zur Mutter, suchend, als fragte er, was soll ich hier oben und was soll das Ganze, ist es ein Spiel oder ist es wahr. Marozia aber weiß, was sie will. Sie hat ein wichtiges Ziel erreicht, ihr Sohn ist ihr ergeben, sie wird die Bischöfe ernennen, die Ablässe gewähren, ihre Vertrauten an die richtigen Stellen setzen. Eigentlich müsste sie auf dem Papstthron sitzen, sie regiert, ihr Sohn führt nur aus, was sie angeordnet hat.

Papstmutter ist sie nun – welch ein Gefühl, die Mutterrolle ins Unermessliche gesteigert zu haben. Eine singuläre Erhöhung. Ob sie Gott dafür dankt? Kein Mann vor ihr und nach ihr hat jemals seinen Sohn als Papst eingesetzt, nur ihr als Frau ist diese einmalige Leistung gelungen.

Marozias Sohn, der jugendlich schöne Papst, beginnt mit Eifer und Elan, aber ohne eigene Autorität. Zuerst muss er seiner Mutter gehorchen, dann hält sein Bruder Alberich ihn gut bewacht im Lateranpalast. Das wenige, das von diesem Papst überliefert ist, hört sich gut an: Er unterstützte das Reformkloster von Cluny und förderte die Erneuerung von Abteien. Wenn schon nicht in Rom, sollte doch in den Klöstern Zucht und Disziplin einziehen.

Im Januar 936 stirbt der fünfundzwanzigjährige Papst, viel zu jung für einen natürlichen Tod. Eine geheimnisvolle Krankheit setzt seinem Leben ein Ende, woran vielleicht sein Bruder nicht unbeteiligt war.

Glanz und Ende der Senatrix

Marozia war nun die absolute Herrscherin Roms, aber sie war auch wieder Witwe und spürte, dass sie als allein stehende Frau diese Rolle nicht allzu lange durchhalten kann. Die Suche nach einem Mann an ihrer Seite erwies sich als nicht schwierig. Hugo von Arles, der ehrgeizige König von Burgund und Italien, war ohne Zweifel ein prominenter Heiratskandidat, zurzeit Witwer und ebenfalls auf Suche. Die Aussicht, auf diese Weise mit einem Stiefsohn als Papst die Kaiserkrone zu erlangen, förderte seinen Ehewillen.

Es konnte also nur Gewinner bei dieser Verbindung geben und die »Braut«, eine reife Frau um die Vierzig, kann noch als eine attraktive Erscheinung bezeichnet werden.

Mitte März 932 wird in der Engelsburg geheiratet, einem etwas ungewöhnlichen Hochzeitsort. Der Papst selbst zelebriert die Feier zur Vermählung, zu der die geistlichen und weltlichen Großen der Ewigen Stadt geladen sind. Der päpstliche Sohn segnet den Ehebund seiner Mutter, mit welcher Frömmigkeit sei dahingestellt, Segen soll man nicht auf Effizienz hin beurteilen. Die Kinder der Eheleute stehen in der ersten Reihe, angeführt von Lothar und Alberich. Dass der letztere ein finsteres Gesicht macht, ist nicht weiter aufgefallen. Alberich ist gegen diese Ehe und hasst seinen Stiefvater, in dem er einen Rivalen sehen muss. Hugo könnte ihn um sein Erbe bringen, denn er hat schon die Grafschaft Spoleto, die Alberichs Vater als Stammgut besaß, an sich gerissen, hat Tuszien erobert und seinen Halbbruder Lambert geblendet. Die Antipathie Alberichs gegen den neuen Ehemann der Mutter wird sich bald entladen. Marozia ist bemüht, die Machtstrukturen und die Zuständigkeiten in Rom zu regeln. Aber die Macht zwischen diesen beiden Männern im Gleichgewicht zu halten, kann nicht gelingen.

Im April treffen sich alle zu einem Festbankett in der Engelsburg wieder. Auf Wunsch der Mutter – so erzählt die Chronik – soll Alberich seinen neuen Stiefvater bei Tisch wie ein Knappe bedienen.

Als Alberich ein Becken mit Wasser brachte und versehentlich auf die Kleidung Hugos schüttete, gab ihm dieser eine Ohrfeige, welche nun eine ungeahnte Kettenreaktion auslöste. Alberich rannte davon, rief auf zu einer Revolte, traf sich mit römischen Adligen, mit denen er schon länger konspiriert hatte, und bald war ein Aufstand angezettelt. Alberich erzählte den Römern von der Schmach, die ihm angetan worden war; Rom dürfe sich diesem Fremden nicht unterwerfen. Man möge Rom von den Barbaren befreien. Die Situation wurde gefährlich für den frisch vermählten Ehemann. Da dieser nur wenige Kriegsleute bei sich hatte, entschloss er sich zur Flucht und konnte gerade noch rechtzeitig aus der Stadt entrinnen, seine neue Gemahlin ließ er zurück. Er traute ihr sicher zu, dass sie auf ihren Sohn mäßigend einwirken konnte, sodass sich die Lage über kurz oder lang wieder entspannen würde. Aber es kam anders.

Alberich nahm seine Mutter und seinen Bruder, Papst Johannes XI., gefangen. Diesen ließ er bald wieder in den Lateranpalast zurückkehren, stellte ihn dort unter Hausarrest und überwachte seine Aktivitäten. Der Papst hatte nicht mehr viel zu sagen.

Die Mutter Marozia versinkt nach dem verhängnisvollen Festbankett gleichsam im Dunkel. Sie führt ein Leben wie eine Gefangene, und es ist nichts mehr von ihr zu hören. Schlagartig ist es mit ihrem Einfluss vorbei. Es hat noch einige heftige Dispute mit ihrem Sohn gegeben, aber ihre Rufe, »ich bin die Mutter, ich bin die senatrix«, konnten ihren Sohn nicht beeindrucken. Und ihr »Papst-Sohn« Johannes musste hilflos zusehen. Das Volk von Rom vermisste sie nicht, niemand hat versucht, sie zu befreien. Marozias Herrschaft beruhte auf Gewalt, nicht auf Sympathie. Vermutlich ist sie bald nach ihrer Inhaftierung gestorben.[28]

Im Jahr 936 belagerte Hugo von Arles die Stadt Rom erneut, konnte sie aber nicht einnehmen. Als Hugo mit Alberich II. Frieden schloss und dieser als Unterpfand die Tochter des Königs heiratete, wird Marozia nicht mehr erwähnt.

Mit ihrer Hochzeit schien Marozia auf den Gipfel ihrer Macht angekommen. Die Kaiserkrönung war greifbar nahe, und sie wäre zur Kaiserin aufgestiegen, ohne Zweifel eine faszinierende Vorstellung. Alle konnte sie niederhalten, Stadtadel wie Papst gehorchten ihr, sie beherrschte und beschützte Rom, Männer hatten Respekt vor ihr; aber Gefahr kam für sie von dort, wo sie diese nie erwartete, einem war sie nicht gewachsen, ihr eigener Sohn stellte sich gegen sie. Den Stolz des jungen Römers hat sie unterschätzt. Und so findet die mächtige Senatrix ein ruhmloses Ende, ihre Spur verliert sich im Unbekannten.

Johannes XII., Marozias sittenloser Enkel

Alberich II., der »princeps Romanorum«, gebietet zweiundzwanzig Jahre über die Päpste seiner Zeit, die ein unterwürfiges Dasein zu führen haben. Kurz vor seinem Tod versammelte er im Jahr 954 den Stadtadel Roms am Petrusgrab und ließ ihn schwören, bei der nächsten Vakanz seinen Sohn Oktavian zum Papst zu wählen. Schon ein Jahr später war es soweit, und am 16. Dezember 955 bestieg Oktavian, Marozias Enkel, den Stuhl Petri; der junge Mann von knapp achtzehn Jahren war unreif für dieses verantwortungsvolle Amt, aber auch unmotiviert zu einem klerikalen Leben. Er legte sich einen neuen Namen zu, gleichsam einen Amtsnamen, und nannte sich Johannes XII.; damit begründete er einen Brauch, der bis heute gilt. Der neue Papst wollte vor allem das Leben genießen, feierte mit anderen jungen Adligen ausgelassene Feste und ließ wahre Orgien mit Frauen veranstalten.

Politisch agierte Johannes mit wechselndem Glück. Folgenreichstes Ereignis seines Pontifikats war sein Bündnis mit dem deutschen König Otto I., um dessen Waffenhilfe er in bedrängter Lage gebeten hatte und den er am 2. Februar 962 in Rom zum Kaiser krönte, wodurch die Kaiserkrone auf Jahrhunderte mit dem deutschen Königtum verbunden blieb. Das gute Einvernehmen zwischen Papst und Kaiser hielt freilich nicht lange an. Das despotische Auftreten des Kaisers hatte Roms Aristokratie verärgert. Kaum war Otto abgezogen, verhandelte der Papst mit Berengar, dem Feind des Kaisers. Dieser kehrte 963 wütend zurück und hielt im Petersdom eine Synode ab, bei der gegen Johannes XII. schwere Anklagen erhoben wurden.

Man warf ihm vor, er habe den Lateran zu einem Bordell gemacht, habe Pilgerinnen geschändet, die am Petrusgrab beten wollten, er soll auch Diakone in einem Pferdestall geweiht und bei einem Würfelspiel heidnische Götter angerufen haben. Johannes, der aus der Stadt geflohen war, wurde abgesetzt, und der Kaiser ließ einen Laien, dem an einem Tag alle erforderlichen Weihen auf einmal erteilt wurden, als Leo VIII. auf den Papstthron erheben. Otto glaubte vielleicht, er habe alles zum Besten geordnet und reiste wieder ab. Bald darauf kehrte Johannes mit einer Schar Anhänger nach Rom zurück, verjagte Papst Leo VIII. und setzte sich selber wieder auf den Heiligen Stuhl. Und er nahm fürchterliche Rache. »Dem Kardinal Johann ließ er Nase, Zunge und zwei Finger abschneiden, dem Protoscriniar Azzo eine Hand abhauen. Den Bischof Otger von Speyer ließ er geißeln, aber er zähmte doch seine Rachlust soweit, daß er ihn dann zum Kaiser sandte.«[29]

Otto hielt sich in Camerino auf und zog erneut nach Rom. Als er die Stadt erreichte, wurde ihm der Tod des Papstes gemeldet. Und wie Johannes gelebt hat, so ist er auch gestorben: Mit der Ehefrau eines anderen im Bett liegend, erlitt der Pontifex am 14. Mai 964 einen tödlichen Schlaganfall; nach einer anderen Version soll ihn der betrogene Ehemann gar mit einem Prügel erschlagen haben. Der Enkel Marozias fand so ein unrühmliches Ende, sein Verhalten Frauen gegenüber war schlimmer gewesen, als man je vermutet hätte. Eine krassere Fehlbesetzung auf dem päpstlichen Stuhl war schlechthin nicht vorstellbar.

Saeculum obscurum

Wenn man von Höhen und Tiefen in der Ahnengalerie des Papsttums spricht, dann ist im 10. Jahrhundert der absolute Tiefpunkt erreicht. Schlimmer ging es nicht mehr, auch nicht in der Renaissance, auch nicht bei Alexander VI. Auf der Suche nach einer griffigen Bezeichnung kamen die Historiker auf das »finstere Jahrhundert«, eine eher bescheidene Formulierung für diesen Zeitabschnitt. Andere wurden deutlicher und sprachen von »Pornokratie«, Hurenregiment, oder schlicht von »Weiberherrschaft«, wobei mit diesen Begriffen die Frauen als typisch für diese Zeit erscheinen; am Ende wird die ganze Misere den Frauen angelastet und man sieht mit Mitleid, wie die armen Päpste von Frauen gedemütigt und beherrscht werden! Die Kritik schießt sich vor allem auf Marozia ein, die den Bogen überspannt und so skrupellos wie ein Mann gehandelt hat. Herrscher haben Rivalen beseitigt, missliebige Gegner abgesetzt und inhaftiert, Päpste wie Sergius haben ihre Vorgänger erdrosseln lassen. Aber wenn eine Frau das Gleiche tut, wirkt es erst richtig abscheulich.

Auch der Historiker Ferdinand Gregorovius betont immer wieder seine Entrüstung und spricht davon, dass in der Papstgeschichte die Gestalten »ränkevoller und üppiger Weiber« auftreten.

»Die unleugbare Tatsache, daß eine Weile Frauen die Papstkrone verliehen und Rom beherrschten, ist sehr entwürdigend für die damaligen Römer.«[30]

Und Gregorovius sieht mit Bedauern, daß es einfach an herausragenden Frauengestalten fehlte, »im ganzen siebten, achten und neunten Jahrhundert steht kein römisches Weib als eine auch nur flüchtiger Teilnahme werte Persönlichkeit da.« Und deshalb ist es schon ein erstaunliches Phänomen, dass im 10. Jahrhundert einige vornehme Frauen durch Schönheit und Macht hervortreten. Theodora und Morazia sind die beiden herausragenden Frauengestalten dieses Jahrhunderts. Mit ihnen hatte niemand gerechnet und die Römer konnten sich nur verwundert die Augen reiben.

Gerechtigkeit für Marozia?

Die Päpste dieser Zeit haben wenige Spuren hinterlassen, herausragende Amtshandlungen sind kaum bekannt geworden, vieles bleibt unscharf und in einem Dunstschleier.

Senatrix Marozia und Papst Johannes XI. – Mutter und Sohn, eine in der Kirchengeschichte einmalige Konstellation, gerne würde man auch Persönliches über beide erfahren, auch über ihr alltägliches Leben, was sie gedacht und gefühlt haben. Die Quellen bringen nur einige wenige Daten, die man in letzter Zeit auch kritischer sieht. Die zeitgenössischen Autoren haben in manchem übertrieben.

Der wichtigste Zeuge ist der polemische Bischof Liutprand von Cremona (922–971) mit seinem Werk »Antapodosis«. Seppelt nennt ihn den »schmähsüchtigen Liutprand«[31] und Haller beurteilt ihn ähnlich als »klatschsüchtigen Bischof«.[32]

Mit wahrer Begeisterung legt Liutprand los, um die katastrophalen Zustände zu schildern, und mit voller Absicht will er vor allem die

Frauen in ein schiefes Licht rücken. Deshalb betont er genüsslich ihre schamlosen Liebschaften. Wenn Frauen nur von Männern beschrieben werden, sind objektive Urteile nicht immer zu erwarten. Die zeitgenössischen Geschichtsschreiber und alle späteren waren ohne Ausnahme Männer, die für diese phänomenale Frau nur giftige Urteile fanden. Männern wird vieles zugestanden. Wenn aber eine Frau auf der Bühne der Macht mit Gewalt auftritt, wirken die Historiker verstört.

Hier soll keine Verteidigung oder Rechtfertigung vorgebracht werden, aber ein klares Urteil ist doch wünschenswert. Marozia hat mit den Mitteln der damaligen Zeit Macht ausgeübt. Vor ihr und nach ihr war das Papsttum verwahrlost und verkommen. Die Verderbnis auf dem Heiligen Stuhl ist nicht einer Frau anzulasten, sondern den Inhabern des Amtes, und man kann nachträglich fragen, gab es niemand, der ihnen eine Bußpredigt gehalten hat oder hätte nicht schon damals ein Martin Luther auftreten müssen.

Marozia hat sich am Papsttum vergriffen, das höchste Kirchenamt ihrem Familienclan zugeschanzt und am Ende ihren Machtkampf verloren. Wie in vielen Familien ging es bald bergab, und der Enkel, mit pontifikalen Gewändern auf dem Papstthron sitzend, macht leider einen degenerierten Eindruck. Marozia selbst hat aber ohne Zweifel eine Faszination ausgeübt, und vielleicht war es einmal höchste Zeit, dass eine Frau das Ruder in die Hand nahm und als senatrix und patricia Rom regierte, den Papst beherrschte und damit kurzzeitig die eigentliche Herrin der Christenheit war, eine Mutter »Päpstin« mit einem Sohn als Papst.

Wenn die Kirche an nicht wenigen Stellen ihrer Geschichte mit Scham schlimme Zustände zu bedenken hat, dann nicht wegen einer Frau, sondern wegen ihrer unfähigen und unmöglichen Amtsträger, und der Betrachter des »saeculum obscurum« bleibt ratlos zurück vor dem Ausmaß an Grausamkeit, Schamlosigkeit und Egoismus. Wenn man einige negative Fakten außer Acht lässt, haben Frauen mit Tatkraft und Energie wie Marozia der Kirche im Lauf ihrer Geschichte gefehlt. Marozia war eine starke Frau in der Phase eines ohnmächtigen und teilweise verkommenen Papsttums.

Viertes Kapitel

Die Herrin von Canossa

Mathilde von Tuszien zwischen Papst und Kaiser

Zustände, Missstände

Zwei Interessensphären prallen im 11. Jahrhundert mit voller Wucht aufeinander. Papst und Kaiser kämpfen um die richtige Rangordnung. Als Zankapfel erweist sich das Amt des Bischofs, der in der Reichskirche geistliche und weltliche Aufgaben in sich vereinigt. Und so bricht der Streit um die so genannte Laieninvestitur aus. In einer wichtigen Phase der Kirchengeschichte gerät eine Frau in den Mittelpunkt des Geschehens. Der Papst sucht Zuflucht bei Mathilde von Canossa, und der König erscheint vor ihrer Burg. Ein Drama bahnt sich an.

Um dieses spannende Szenario zu begreifen, müssen einige Hintergründe und zeitgeschichtliche Gegebenheiten dargestellt werden. Wieso geraten die Protagonisten des Abendlandes derart aneinander?

Im Lauf der Zeit entwickeln sich die Bischöfe zu einer verlässlichen Stütze des deutschen Königtums. Der König beruft Männer seines Vertrauens auf die Bischofsstühle und setzt sie in ihr Amt ein, indem er ihnen den Bischofsstab überreicht. Der Fachbegriff *Investitur* bezeichnet diesen Vorgang. Was dabei zu kurz kommt, ist die geistliche Dimension dieses Amtes, ein Bischof soll in erster Linie ein Mann Gottes sein und nicht des Königs. Das »Reichskirchensystem« der Ottonen und Salier verband jedoch das Hirtenamt mit der Ausübung weltlicher Macht. Für die Kirche war die Abhängigkeit ihrer Bischöfe von den weltlichen Machtinhabern auf die Dauer nicht tragbar. Sie hatte auch sonst mit Missständen zu kämpfen, geistliche Ämter wurden regelrecht gekauft (*Simonie*), Schmiergelder ebneten den Weg zu hohen Pfründen, und die meisten Priester lebten mit Frauen zusammen, was von den religiösen Eiferern als himmelschreiendes Ärgernis verurteilt wurde. Das teilweise harte Vorgehen traf vor allem die Frauen, die aus dem Haus gejagt und als »Dirnen« der Schande preisgegeben wurden. Die geächteten Priesterfrauen erwartete ein trauriges Los, das aber weiter niemand interessierte.

Aus den Klagen über die schlimmen Zustände entstand der Ruf nach Reform, ausgehend von den Klöstern, insbesondere von der berühmten Abtei Cluny. Und diesen Ruf mussten die Päpste aufgreifen. Aber mit ihnen stand es auch nicht zum besten.

Während der Lebenszeit Mathildes von Canossa werden allein zwölf Päpste gezählt und dazu noch sechs Gegenpäpste. Zwischen den verfeindeten Seelenhirten flammen heftige Auseinandersetzungen auf. Schmähschriften kursieren, es wird gebannt und verketzert, verurteilt und verdammt, belagert und geplündert, wenig Friede herrscht auf der obersten Ebene der Christenheit.

Weder Papst noch Klerus sind so edel, wie die majestätischen Kirchenbauten der Zeit, ihre kunstvollen Buchmalereien und kostbaren Reliquienschreine vermuten lassen.

Anfang des Jahrhunderts war das Papsttum fest in der Hand römischer Adelsfamilien, dann war der Kaiser am Zug und betätigte sich als Papstmacher, davon zeugen eine Reihe deutscher Päpste, bis dann formal das Kardinalskollegium sich als Wahlgremium etablierte, durch das so genannte Papstwahldekret von 1059, erlassen von Nikolaus II.

Auch die mächtigen Herren von Canossa hatten kräftig bei den Streitereien um die Besetzung des Heiligen Stuhls mitgemischt. Für Mathilde von Canossa war von Anfang an das Wort »Papst« kein Fremdwort, sondern etwas Vertrautes. Als sie elf Jahre alt war, wurde ihr Onkel als Stefan IX. zum Papst eingesetzt, ihr Stiefvater, Herzog Gottfried der Bärtige von Lothringen, hat seinen Bruder für dieses Amt bestimmt. Auch der Nachfolger, Nikolaus II., wurde von Mathildes Stiefvater unterstützt und mit Militär an der Macht gehalten.

Der Machtspruch des Papstes

Während die Begräbniszeremonien für den verstorbenen Alexander II. sich dem Ende nähern, werden vereinzelt Rufe hörbar, die anwesenden Kardinalbischöfe stimmen mit ein, Sprechchöre formieren sich und unisono schallt es laut und unüberhörbar durch den Kirchenraum »Hildebrand Papst«, und damit ist ein neuer Pontifex gewählt, am 22. April 1073. Zwar sträubt er sich, wird aber noch am gleichen Tag inthronisiert und nennt sich fortan Gregor VII. Das Volk hatte gesprochen und per Akklamation gewählt. Ohne Zweifel eine schnelle Papstwahl, die aber nicht mehr den neuen Richtlinien entsprach.

Der neue Oberhirte war auffallend klein, eine asketische Gestalt, glaubwürdig und sehr dynamisch. Der Mönch Hildebrand, Archidiakon der römischen Kirche, hatte schon bisher im Hintergrund die Fäden gezogen, jetzt war er selber an der Macht und gedachte, sie zu gebrauchen. Ungefähr fünfzig Jahre ist er alt, kein verbrauchter Greis, sondern ein Mann in den besten Jahren. Er stammte wohl nicht aus einer adligen Familie, kam nicht durch Privilegien nach oben, sondern musste sich selber hocharbeiten. Als bescheidener Kaplan ging er mit Papst Gregor VI. nach Köln ins Exil, nach dessen frühem Tod trat er als Mönch in das Kloster Cluny ein, das damals weithin als Reformkloster berühmt war. Mit Papst Leo IX. kehrt Hildebrand nach Rom zurück und erhält die Leitung der Abtei St. Paul vor den Mauern, zugleich übernimmt er eine wichtige Rolle im Beraterstab des Papstes.

Und als er dann selber auf dem Thron Petri sitzt, zögert er nicht lange. Längst aufgestauter Eifer lässt ihn schnell mit der tatkräftigen Neuordnung der Kirche beginnen. Ein Augiasstall soll ausgemistet werden!

In einem kühnen Manifest, dem »Dictatus Papae«, verkündet der neue Papst im März 1075 seine Grundprinzipien. Es ist ein Diktat des päpstlichen Machtwillens. Noch nie wurde so klar und radikal das Papstamt definiert, die siebenundzwanzig knappen Sätze klingen frostig und hart und lesen sich wie eine Kampfansage, gerichtet an den römisch-deutschen König. Hier wird nicht in verbindlichen Worten um Verständnis geworben, sondern mit Schroffheit werden messerscharfe Thesen formuliert:

Der Papst allein kann Bischöfe absetzen oder begnadigen.
Nur der Papst verfügt über die kaiserlichen Insignien.

Nur dem Papst kommt es zu, Kaiser abzusetzen.
Über den Papst hat niemand richterliche Gewalt.[33]

Diese Kampfschrift zeigt deutlich: Die beiden führenden Männer des Abendlandes, Papst Gregor VII. und König Heinrich IV., haben sich in einen Prinzipienstreit verkeilt, es geht um die Grundfesten der jeweiligen Macht, und deshalb wird auch derart erbittert und schonungslos gekämpft. Der Streit entzündet sich an einem konkreten Fall: Heinrich setzt ohne Einwilligung des Papstes einen neuen Erzbischof in Mailand ein. Gregor reagiert darauf mit einem scharfen Brief und droht bei künftigen Fällen den Bann an. Heinrich beruft die Reichsbischöfe im Januar 1076 nach Worms zu einer Synode. Auch den Bischöfen gefällt das strenge Regiment ihres Kirchenoberhauptes keineswegs, sie sind wohlhabende und mächtige Reichsfürsten, die diesen Status nicht gegen die Abhängigkeit von Rom eintauschen wollen. Alle fünfundzwanzig in Worms versammelten Bischöfe stellen sich hinter König Heinrich, und in einem Schreiben vom 24. Januar 1076 kündigen sie dem Papst den Gehorsam und fordern ihn auf, von seinem Amt zurückzutreten. Auf diese Attacke reagiert das Kirchenoberhaupt mit seiner schärfsten Waffe, es verhängt den Kirchenbann über Heinrich und entbindet seine Untertanen vom Treueid. Ich untersage »dem König Heinrich, der sich gegen Deine Kirche mit unerhörtem Hochmut erhoben hat, die Herrschaft über das gesamte Reich der Deutschen und Italiens und löse alle Christen von dem Bande des Eides, den sie ihm geleistet haben und ich verbiete jedem, ihm als König zu dienen.«[34]

Die Reaktion des Königs lässt nicht lange auf sich warten, im März 1076 schickt er dem Papst gleichsam brieflich seine Absetzung:

»Heinrich, nicht durch Anmaßung, sondern durch Gottes weise Verordnung König, an Hildebrand, nicht mehr den Papst, sondern den falschen Mönch. Solchen Gruß hast Du verdient zu Deiner Schmach … Du also verlaß den Apostolischen Stuhl!

Denn ich, Heinrich von Gottes Gnaden und alle meine Bischöfe, wir sprechen zu Dir: Steige herab, steige herab, Du ewig zu Verdammender!«[35]

Mathilde, die reiche Erbin

Geboren ist sie vermutlich 1046 in Mantua, dem Herrschaftssitz ihrer Eltern. Ihre Mutter Beatrix (*1015?) soll eine schöne Frau gewesen sein; sie kam aus Lothringen und wurde 1037 verheiratet mit dem Markgrafen Bonifaz, der über ein beachtliches Herrschaftsgebiet gebot. Er gehörte dem Haus von Canossa an, einer der mächtigsten Adelsfamilien dieser Zeit, regierte als Markgraf von Tuszien weite Teile Oberitaliens und zählte zu den einflussreichsten Gefolgsleuten Kaiser Heinrichs III., mit dem er allerdings gegen Ende seines Lebens mehr und mehr in Konflikt geriet. Bonifaz kontrollierte die Toscana und die südliche Po-Ebene, am besten können bekannte Städte sein Herrschaftsgebiet umschreiben wie Mantua, Parma, Ferrara, Lucca, Pisa und Florenz. Seine Markgrafschaft glich fast schon einem Königreich, besaß ein Netz von Burgen als wichtigsten Stützpunkten der markgräflichen Verwaltung und war reich an aufstrebenden Städten, die aber danach trachten, die Herrschaft des Markgrafen und des Bischofs abzuschütteln, um zu selbständigen »Kommunen« zu werden.

Mathildes strenger und gefürchteter Vater Bonifaz wurde 1052 auf der Jagd mit vergifteten Pfeilen ermordet, vermutlich ein Racheakt. Die Mutter Beatrix vermählte sich 1054 gegen den Willen des Kaisers mit Gottfried dem Bärtigen, dem Herzog von Niederlothringen (dieses Herzogtum entsprach ungefähr dem heutigen Nordostfrankreich und Teilen Belgiens), wodurch ihr gemeinsames Herrschaftsgebiet gewaltige Ausmaße erreichte. Der Lothringer bringt einen Sohn mit in die Ehe, Gottfried den Buckligen, der sehr bald zum Ehemann für die junge Mathilde, die einzige überlebende Tochter und Erbin, bestimmt wird.

Gottfried der Bärtige stand in heftiger Opposition zu Kaiser Heinrich III., der ihn aus seinem Herzogtum verjagte. Als Beatrix mit ihrer Tochter nach Florenz zum Kaiser eilt und um Versöhnung anhält, werden beide kurzerhand in Gewahrsam genommen und müssen mit dem Kaiser nach Deutschland ins Exil. Der frühe Tod Heinrichs erweist sich für sie als Segen, Mutter und Tochter können 1057 in ihre Stammlande zurückkehren. In dieser Zeit hat die heranwachsende Markgrafentochter Mathilde Deutsch gelernt und »es besteht kein Zweifel, daß sie im Unterschied zu den meisten adligen Frauen ihrer Zeit lesen und schreiben konnte, perfekt Lateinisch verstand und auch die Sprache der Langobarden beherrschte.«[36]

Ehe wider Willen

Als Gottfried der Bärtige im Jahr 1069 erkrankte, kehrte er auf Rat seiner Ärzte mit Frau und Stieftochter in seine Heimat Lothringen zurück. Er starb am 24. Dezember 1069 in Verdun und wurde wie seine Vorgänger in der dortigen Kathedrale begraben. Kurz vorher fand die Hochzeit Mathildes statt. Vom ersten Tag an zeigte Mathilde Widerwillen gegen ihren wenig anziehenden Mann. An einem Zusammenleben mit Gottfried hatte sie auch später kein Interesse, im Gegensatz zu ihrem Gemahl, der Papst Gregor brieflich bat, ihm bei seinen Eheproblemen zu helfen. Dieser schrieb auch zwei Briefe an die Gräfin. Er sah in dem Lothringer damals noch einen wichtigen Verbündeten.

»Deshalb übte er auf die junge Markgräfin Druck aus. Aber Mathilde blieb unbeugsam. Die kaum Dreißigjährige zeigte sich ihrem Mann gegenüber abweisend und kalt.«[37]

Mathildes Haltung war für manche ein Beweis, dass sie sich zum Klosterleben berufen fühlte und enthaltsam leben wollte. Jedenfalls hat sich das Verhältnis zwischen den Eheleuten stetig verschlechtert. Auch »die Geburt eines Sohnes, der nur wenige Wochen lang lebte, konnte die von Anfang an zerrüttete Ehe nicht retten; gegen Ende des Jahres 1071 floh Mathilde zu ihrer Mutter nach Italien.«[38]

Mathildes Ehemann ging auch politisch eigene Wege, die von der papsttreuen Haltung seiner Vorfahren abwichen, er unterstützte Heinrich IV. und wurde ein erklärter Feind Papst Gregors. Die Eheleute trennte jetzt auch ein klarer politischer Dissens.

Im Januar 1076 findet sich Gottfried in Worms unter den Reichsfürsten, die Gregor für abgesetzt erklärten und ihn sogar einer Liebesbeziehung mit der Markgräfin Mathilde verdächtigten: Mit dieser

»Frau eines anderen« habe der Papst »näheren Umgang und wohne mit ihr in größerer Vertrautheit zusammen, als es sich geziemt hätte.«[39] Damit wird auch Gregors Privatleben unter die Lupe genommen und seine Beziehung zur Markgräfin in ein übles Licht gerückt.

Zwei Frauen auf Canossa

In ihrer Markgrafschaft regierte Beatrix unangefochten zusammen mit ihrer Tochter, die sie frühzeitig auf ihre spätere Aufgabe vorbereitete. Papst Gregor bezeugte ihnen seine Verbundenheit und Verehrung, dabei klang manches missverständlich und konnte übel ausgelegt werden.

Ein »Brief des Papstes an die Gräfinnen von Canossa verrät aber auch, daß diese mit Gregors ihrer Ansicht nach mildem Regiment sehr unzufrieden waren. Gregor schrieb, er glaube, daß Beatrix und Mathilde aus Liebe und Ehrfurcht vor der heiligen Kirche gegen ihn gemurrt hätten, doch sei er nach dem Beispiel des Petrus bereit, Rechenschaft abzulegen.«[40]

Beide Frauen spielten immer wieder – ob ernsthaft oder nur kurzzeitig – mit dem Gedanken, in ein Kloster einzutreten. Aber Gregor untersagte es ihnen strikt, sie waren seine wichtigsten Bundesgenossen – in der Welt.

»Beatrix wurde während ihrer Witwenzeit zur unentbehrlichen Helferin der Päpste, zumal sie ihre politischen und familiären Beziehungen in den Dienst der Kurie stellte und wiederholt zwischen Gregor VII. und Heinrich IV. zu vermitteln suchte. Mathilde sollte nach 1076 die Hauptstütze der Päpste im Investiturstreit werden.«[41]

»Im Auftrag Gregors VII. ging Beatrix Ende des Jahres 1074 nach Deutschland, um persönlich mit Heinrich IV. zu verhandeln.«[42]

Mutter und Tochter engagierten sich voll für die Sache des Papstes, der es als einen großen Verlust empfand, als Beatrix am 18. April 1076 in Pisa starb.

Ein heimtückischer Mord

Ein Schrei zerreißt die Nacht, er schreckt die Dienerschaft auf, einige rennen bestürzt zum Abtritt der Burg. Dort bietet sich ihnen ein Bild des Grauens, ihr Herzog windet sich in fürchterlichen Qualen, in seinem After steckt ein Schwert, das ein brutaler Mörder von unten in seinen Leib gerammt hat. Gottfried der Bucklige siechte noch eine Woche dahin, im Hader mit dieser ehrlosen Tat, und starb am 27. Februar 1076 in Antwerpen. In einer Schlacht zu fallen, damit musste man immer rechnen, aber an diesem Ort einen derart unehrenhaften Tod zu finden, das beschäftigte die Zeitgenossen, und es begann ein allgemeines Rätselraten um den heimtückischen Mörder und seine eventuellen Hintermänner.

In einen gewissen Verdacht geriet auch Mathilde, die Ehefrau. Große Trauer war ihr nicht anzumerken und für das Seelenheil ihres verstorbenen Gatten machte sie keine Stiftungen, wie es damals üblich war. Gottfrieds Tod brachte Mathilde nur Vorteile, sie hatte wieder die vollen Herrschaftsrechte, und niemand konnte ihr hineinreden. Aber als Auftraggeberin für einen derart abscheulichen Mord kommt Mathilde nicht in Frage. Die Geschichtsschreiber gaben Gottfried den wenig schmeichelhaften Namen »der Bucklige« oder der »Höckrige«. Gewiss, er war keine Schönheit, war kleinwüchsig, hatte eine etwas verschobene Körperform, aber er war durchaus tüchtig und in seinen politischen Entscheidungen ernst zu nehmen.

König Heinrich IV. vor Canossa

Wer hat nicht Mitleid mit diesem Mann, der da am 25. Januar des Jahres 1077 barfuß in Sandalen in einem Burghof steht, bekleidet mit einem rauen, derben Überwurf, schlotternd vor Kälte und um Gnade flehend? Der junge, 27jährige Büßer spielt perfekt seine Rolle in einer filmreifen Szene von welthistorischer Bedeutung. Mit verbissener Zähigkeit hat er diesen Ort erreicht, um durch seinen mitleiderregenden Auftritt den Papst zu beeindrucken und zum Nachgeben zu nötigen. Echte Reue oder ein geschickter Schachzug: der demütige König, scheinbar an der Grenze zur Selbstaufgabe? Weihnachten 1076 hat er mit seiner Familie noch in Burgund gefeiert und hat sich dann in dem strengen Winter aufgemacht, um mit letzter Kraft die Alpen zu überqueren und das mitten im Januar. Seit Menschengedenken war kein Winter so schneereich und frostig, der Po war zugefroren, die Menschen litten unter der furchtbaren Kälte. Heinrichs Ehefrau Bertha ist mit dem zweijährigen Sohn Konrad bei der strapaziösen Reise dabei, um zu zeigen, dass der deutsche König alles auf eine Karte setzt. Dieser erreicht den 2000 Meter hohen Mont Cenis und kommt glücklich hinunter ins Tal, die Königin und ihr Gefolge setzt man auf Rinderhäute und lässt sie hinabgleiten, die Pferde werden mit zusammengebundenen Beinen hinuntergerollt und die Menschen gleiten auf allen Vieren, kriechend und rutschend, aber das halsbrecherische Abenteuer gelingt.

Unten in der Lombardei wird der König freudig begrüßt, und nicht wenige Gefolgsleute sammeln sich um ihn. Er hätte genügend Ritter um sich, um eine Schlacht zu wagen. Aber er wählt einen anderen Weg. Die deutschen Fürsten haben ihm ein Ultimatum gestellt. Wenn er nicht binnen eines Jahres vom päpstlichen Bann befreit ist, wählen sie einen neuen König, und der Rivale steht schon bereit.

Auf einem Fürstentag in Augsburg am 2. Februar 1077 soll über Heinrichs Schicksal entschieden werden, und Papst Gregor wollte persönlich anwesend sein und das Urteil sprechen. Also hat er im November Rom verlassen und sich auf den Weg nach Deutschland gemacht. In Mantua angekommen, hört er vom überraschenden Erscheinen des deutschen Königs in der Lombardei, er bekommt es mit der Angst zu tun und flüchtet sich auf die Burg Canossa der Markgräfin Mathilde, symbolisch könnte man sagen, in die Arme der Markgräfin. Diese übernimmt nun in dem Konflikt eine entscheidende Rolle.

Die Vermittlerin

Schon am 20. Januar hatte sich Heinrich mit Mathilde und Hugo von Cluny in der Nähe von Canossa getroffen, gleichsam zu einer Art Vorgespräch. Vermutlich wurde hier das weitere Vorgehen diskutiert und überlegt, wie die Absolution des Papstes am besten zu erhalten sei. Vielleicht hat auch Mathilde die Büßerszene vorgeschlagen.

Jedenfalls steht Heinrich an diesem kalten Januartag im äußeren Burghof von Canossa und fleht inständig um Erbarmen; er kommt am nächsten Tag wieder und noch einmal und er weiß, das Spiel braucht Zeit, aber er wird den Widerstand des Papstes überwinden. Als Mann der Kirche muss Gregor den Büßenden freisprechen, er hat keine andere Wahl.

Dem Papst gefällt der Bußgang des jungen Königs keineswegs, er will hier oben in den Bergen keine Entscheidung treffen, er will sich nicht vorführen lassen, er ahnt den Trick des listenreichen jungen Mannes. Also reagiert er zunächst gar nicht, aber am dritten Tag greift Mathilde ein. Heinrich ist ihr Vetter, sie leistet Fürsprache und bewegt den Pontifex zum Einlenken, mit dabei auf der Burg sind Abt Hugo von Cluny, der Taufpate Heinrichs, und des Königs Schwiegermutter Adelheid. Aber den entscheidenden Einfluss auf Gregor hat die Markgräfin, sie bringt den Durchbruch. Am Morgen des 28. Januar erscheint sie auf der Mauer, um Heinrich zu verkünden, dass der Papst ihn empfangen wird und sofort lässt sie das Tor der Burg öffnen.

Drinnen im Festsaal sitzt der Papst auf einem Thron, zu seiner Linken Mathilde. Heinrich wirft sich mit weit ausgebreiteten Armen in Kreuzesform dem Papst zu Füßen, dieser hebt die Hand zum Segen und spricht den Sünder los vom Kirchenbann, nimmt ihn wieder in die Gemeinschaft der Kirche auf. Ob er weiterhin König sein kann, will der Papst hier nicht klären.

Alle ziehen dann in einer Prozession zur Kirche Sant'Apollonio auf dem Burggelände, der Pontifex zelebriert eine feierliche Messe und reicht dem König die Kommunion, zum Zeichen der Versöhnung. Anschließend lädt die Burgherrin zu einem Bankett, das die Versöhnung vertiefen soll. Heinrich, obwohl ausgehungert, zeigt sich wenig freundlich, nichts von Dankbarkeit ist ihm anzumerken, er redet kaum ein Wort, schaut streng vor sich hin und rührt die Speisen kaum an. Er wirkt trotzig, keineswegs wie ein erleichterter Büßer.

Canossa – ein Reizwort bis heute

Canossagang – selten gibt es in der Geschichte eine derartig griffige und schillernde Bezeichnung. Von der einst so stolzen und mächtigen Burg ist nur eine bescheidene Ruine übrig geblieben. Hier oben spielte sich das dramatische Ereignis ab, das bis heute unterschiedlich interpretiert wird.

Der junge König inszeniert ein Schauspiel, das sich schnell in aller Welt verbreitet. In der Pose eines Büßers überrumpelt er den Papst, einen ansonsten gewieften Politiker. Der Versuch, durch die Verhängung des päpstlichen Bannes die Absetzung des Königs zu erreichen, ist gescheitert. Die Frage nach dem Sieger ist gleichwohl müßig; ungefähr fünfzig Jahre später – lange nach dem Tode Gregors VII. und Heinrichs IV. – finden die Kontrahenten König und Papst mit dem Wormser Konkordat einen Weg, miteinander zu leben, ein fader Kompromiss, der vor allem das Grundproblem ausklammerte, die Frage nach dem richtigen Verständnis eines kirchlichen Amtes. Die Chance einer echten Reform war vertan, der Kampf Gregors und seiner Anhängerin Mathilde von Tuszien hatte keinen wirklichen Erfolg gebracht.

Immer wieder spukte Canossa auch in die hohe Politik hinein. Otto von Bismarcks markanter Spruch, »Nach Canossa, meine Herren, gehen wir nicht – weder körperlich noch geistig«, am 14. Mai 1872 im Reichstag hallte noch lange nach. Oft genug hat man den Gang nach Canossa nationalistisch als Erniedrigung eines deutschen Königs interpretiert, eine sehr einseitige und kurzsichtige Deutung.

Die Burgruine von Canossa.

Gregor und Mathilde

Fahl vor Missgunst, o Hildebrand,
Eines stinkenden Drachen Sohn,
stiegst du gierig auf Petri Thron,
listig täuschend alle im Land.

Stinkendes Aas, schämst du dich nicht,
mit Mathilde zu leben im Bund,
zu unterdrücken das Erdenrund
mit deines üblen Geldes Gewicht.

Die Listen sind dir nicht mehr nütze,
die Fallen, die du gelegt hast,
vergebens die Hoffnung, die du gehegt hast
auf Mathilde, die letzte Stütze.[43]

Eines der nicht wenigen Spottlieder auf Gregor VII. nimmt Bezug auf die Beziehung des Papstes zur Markgräfin. Von Jugend an kennt Mathilde den Mönch Hildebrand als Berater der Päpste. Er hat ihr immer imponiert und als sie nach dem Tod ihres Vaters mit ihrer Mutter die Herrschaft ausübt, steht sie in ständigem Kontakt mit Gregor.

Am 26. Mai 1073 lud Gregor Beatrix und Mathilde nach Rom ein, um an seiner Bischofsweihe teilzunehmen. Anfang März 1074 sind die Herrinnen von Canossa wieder in Rom auf der Fastensynode. Schon zu Beginn seines Pontifikates dachte Gregor an einen Kreuzzug und hoffte dabei auf die Unterstützung der Marchesa. Er spricht in einem Brief vom Oktober 1074 von seiner Sehnsucht, in See zu stechen und fährt dann fort:

»Aber dir gegenüber, teuerste, geliebte Tochter, zögere ich nicht, all das auszusprechen, was auch du sagen könntest, wenn ich deine Gefühle richtig deuten kann. Wenn du die Briefe, die ich deswegen über die Alpen sende, gelesen hast, laß mich deinen Rat wissen, wenn du kannst.«[44]

Zeit ihres Lebens hält die Markgräfin an der Unterstützung des Reformpapsttums fest, und als sie selber bedroht ist, schickt sie doch eine beträchtliche Menge an Gold und Edelsteinen nach Rom zur Anwerbung und Ausrüstung von Truppen.

»Der häufige vertraute Umgang der Markgräfin mit dem Papst, vor allem in seinen ersten Pontifikatsjahren bis zum langen Aufenthalt Gregors VII. in den Territorien Mathildes im ersten Halbjahr 1077, gab der üblen Nachrede ihrer Gegner Nahrung, die es außerdem nicht ertragen konnten, dass eine Frau eine so wichtige politische Rolle spielte.«[45]

Schon in einem Brief vom Oktober 1074 spielte Gregor auf die Verdächtigungen an, beide wussten um diese Anklagen, trotzdem bleibt er bei einem vertrauten Ton, nennt sie »carissima filia«. Was beide verband, kann man wohl Freundschaft nennen. Der Papst, der ein rigoroser Eiferer war, scheute sich nicht, einer Frau seine besondere Sympathie zu zeigen. Gerüchte, sie sei »l'amante del papa« machten die Runde, und die Gegner sprachen von moralisch unerlaubten Beziehungen und klagten, dass die Kirche von einer Frau regiert werde. Es ist aber sicherlich abwegig, beiden ein Liebesverhältnis zu unterstellen.

Nach dem Bußgang Heinrichs im Januar blieb der Papst über ein halbes Jahr in der Nähe von Mathilde. Sie ist jetzt eine Frau um die Dreißig, vielleicht auch eine schöne Frau, unternehmungslustig, sportlich, sie kann gut und ausdauernd reiten und versteht sich auf die Jagd. Im August 1077 geleitet die Markgräfin mit ihren Truppen den Papst nach Rom zurück. Es war übrigens nicht das einzige Mal, dass sie Gregor auf seinen Reisen Schutz gewährt hat. In den Lateranpalast, die damalige päpstliche Residenz, geht sie nicht, vor den Toren Roms verabschiedet sich Mathilde von »ihrem« Papst, den sie verehrt und zugleich beschützt.

Mathilde in der Reichsacht

Heinrich IV., der sein Königtum nach Canossa erfolgreich verteidigte, war durch die enge Verbindung Mathildes mit dem Papst aufs Äußerste erzürnt. Im Sommer 1081 klagte er sie in Lucca des Majestätsverbrechens an und verhängte die Reichsacht über sie. Mathilde floh aus der Toscana und zog sich zurück in ihre Burgen im Apennin. Hilflos musste sie zusehen, wie Heinrichs Truppen ihre Ländereien plünderten. In dieser schwierigen Phase kam ihr die Idee, ihre Güter

Mathilde auf dem Thron, zu ihren Füßen Heinrich IV. mit den königlichen Insignien, der Krone auf dem Haupt und dem Reichsapfel in der Hand, er kniet in der Haltung eines Bittenden, im Hintergrund ist Abt Hugo von Cluny zu sehen mit dem Stab als Zeichen seiner Würde. Mit der rechten Hand zeigt dieser auf die Markgräfin.[46]

der Kirche zu vermachen, um sie vor dem Zugriff des Königs zu schützen. Diese Verfügung erfolgte allerdings heimlich! Sie ermöglichte der Markgräfin die Nutzung ihrer Güter, so lange sie lebte, und sie regierte daher in ihrem Herrschaftsgebiet wie bisher.

Gregor wurde derweil vom Kaiser und seinen Anhängern aufs härteste bedrängt. Dreizehn Kardinäle sagten sich von ihm los und erwählten den Gegenpapst Clemens III., der an der Seite Heinrichs mit deutschen und italienischen Bischöfen in Rom einzog. Gregor verschanzte sich vor seinem Todfeind in der Engelsburg. Am 31. März 1084 vollzog der Gegenpapst in St. Peter die Kaiserkrönung. Lange allerdings währte der Triumph des frischgekrönten Kaisers nicht. Da die Macht Mathildes nicht mehr ausreichte, Gregor zu schützen, rief dieser die süditalienischen Normannen unter Robert Guiscard zu Hilfe. Die Normannen trieben den Kaiser zwar in die Flucht, hausten aber derart schlimm in der Stadt, dass die Römer sich gegen ihren Papst auflehnten und dieser unter dem Schutz der Normannen ins Exil ging. In Salerno machte der todkranke Papst Halt. Seine letzten Worte sind voll Bitterkeit und zugleich Sendungsbewusstsein:

»Ich habe die Gerechtigkeit geliebt und das Unrecht gehasst, deshalb sterbe ich in der Verbannung.«

Gregor VII., der am 25. Mai 1085 in Salerno starb, wird mit Recht als einer der bedeutendsten Päpste angesehen, der die dringend notwendige Kirchenreform tatkräftig in Angriff nahm. Die Kirche verehrt ihn als Heiligen.

Mathildes späte Jahre

Mit Gregor VII. hatte Mathilde ihren wichtigsten Freund und Beistand verloren; 1086 verstarb auch ihr persönlicher Berater Bischof Anselm von Lucca. Vermutlich aus einem Gefühl der Einsamkeit heraus suchte die Markgräfin Unterstützung und fand sie bei dem bayerischen Herzog Welf IV., der ihr seinen Sohn Welf V. 1089 als Gemahl gab. Sie war 42, er 17 Jahre alt! Diese ungleiche Heirat, eine rein politische Ehe, wurde vom neuen Papst Urban II. sehr begrüßt. Zwei Feinde des Kaisers – die Herrin von Canossa und der Erbe des Welfenhauses – schließen sich zusammen und das zum Vorteil des Papstes.

Der junge Welfe konnte aber nicht verhindern, dass Heinrich IV. wieder in Oberitalien einfiel und Mathilde in jahrelangen Kriegen an den Rand des Ruins brachte. Mathilde leistete erbitterten Widerstand und hat persönlich an einigen Schlachten teilgenommen, an ihrer Seite eine Schar treuer Vasallen und Soldaten.

»Mathilde selbst bereitet ihre Truppen auf den Krieg vor und steht an ihrer Spitze. Die Nächte und die Kälte ermüden sie nicht, sie lässt ihre Männer nicht im Stich.«[47] So schreibt ihr Zeitgenosse Rangerio.

Welf V., der Gemahl der Marchesa, dem immer deutlicher wurde, dass diese Ehe ihm mehr Nach- als Vorteile brachte (zumal Mathilde ihre Güter, wie er wohl erfuhr, heimlich den Päpsten vermacht hatte), trennte sich 1095 von ihr und suchte die Annäherung an Heinrich IV.

Andererseits schaffte es Mathilde, den Prinzen Konrad, den Sohn und designierten Thronfolger ihres Erzfeindes, unter ihren Einfluss zu bringen. Konrad, der auf Geheiß des Vaters in Turin lebte, lief auf Betreiben Mathildes und sehr zum Ärger Heinrichs IV. ins päpstliche Lager über, wurde 1093 zum König von Italien gekrönt und sollte von Papst Urban II. gar die Kaiserkrone und zudem die Hand der Tochter Rogers von Sizilien erhalten. Aber diese Episode – gleichsam ein Vorgriff auf die normannisch-staufische Heirat Heinrichs VI. ein Jahrhundert später – blieb eben eine Episode, der aufmüpfige Kaisersohn wurde rasch kaltgestellt und starb schon 1101.

»Ihn als törichtes Opfer der Weiberlist der Markgräfin Mathilde hinzustellen, wie es der anonyme Verfasser der Vita Heinrici IV. Imperatoris tut, reicht wohl nicht aus. Es können durchaus realpolitische Überlegungen den jungen König zu dieser Tat getrieben haben.«[48]

Ein weiterer Triumph der Marchesa: Im Jahr 1094 floh die zweite Gemahlin Heinrichs, Adelheid, zu Mathilde, was den alternden Kaiser persönlich sehr verletzte.

Noch ein letztes Mal hat die Marchesa große Politik gemacht, da war ihr Widersacher Heinrich IV. aber schon einige Jahre tot, er war 1106 vereinsamt in Lüttich gestorben. 1110 zog sein Sohn Heinrich V., der die väterliche Politik mit unbeugsamer Härte fortsetzte, nach Italien. Am 12. Februar 1111 sollte in St. Peter die Kaiserkrönung durch den neuen Papst Paschalis II. stattfinden, doch die feierliche Zeremonie endete mit einem fürchterlichen Eklat. Lautstark forderte der Kaiser die alten Rechte seiner Vorfahren auf die Investitur der Bischöfe, der Papst lehnte entschieden ab. Heftige Tumulte brachen aus, Chaos herrschte im Chor der Peterskirche. Der Kaiser überlegte nicht lange und ließ an diesem ehrwürdigen Ort das Kirchenoberhaupt gefangen nehmen, zugleich mit den Bischöfen von Parma und Reggio Emilia. Die Römer jedoch verjagten Heinrich aus der Stadt.

In diese verworrene Situation schaltete sich die Markgräfin ein. Durch Gesandte an Heinrich V. erreichte sie die Freilassung der beiden Bischöfe; der Papst übrigens blieb sechzig Tage in Haft. Für ihn hat sich Mathilde nicht eingesetzt. Schließlich musste Paschalis II. nachgeben, kam in Freiheit und vollzog am 13. April 1111 die Kaiserkrönung Heinrichs, der sofort nach Deutschland abreiste. Auf dem Rückweg machte er Station bei Mathilde auf der Burg Bianello, wo er drei Tage verweilte. Ihre Parteiergreifung für den Kaiser bedeutete zugleich eine Distanz zum Papst.

»Mathilde war sich dieses Kurswechsels bewußt, aber sie war es leid, sich weiterhin für die päpstliche Sache einzusetzen. Ihre schönsten Jahre hatte sie dafür geopfert. (...) Jetzt war für sie der Zeitpunkt für etwas Frieden gekommen und Heinrich V. bot ihr dafür die Gelegenheit.«[49]

Sie wurde vom Kaiser aus der Reichsacht gelöst und wieder in ihre Lehen investiert, und um sie besonders zu ehren, nannte er sie seine Mutter. Mathilde war nun über sechzig Jahre alt und des Kämpfens müde. Die Anforderungen ihrer heterogenen Markgrafschaft gingen langsam über ihre Kräfte, und deshalb hat sie sich mit dem Kaiser arrangiert; dieser hatte seinerseits Interesse an der Wiederherstellung eines guten Verhältnisses, wollte er doch nach Mathildes Tod ihre immensen Güter, soweit als möglich, an sich ziehen.

Die Markgräfin – ein Leben in Bewegung

Mathilde musste fast ständig kämpfen, um sich gegen Anfeindungen und Widersacher zu behaupten. Trotzdem ist es zu einseitig, sie als männlich-kriegerische Frau zu sehen, sie war auch empfindsam und sensibel. Sie konnte nur ihre Weiblichkeit zu wenig zur Geltung bringen, Bewunderung und Respekt fand sie durch männlich-kraftvolles Auftreten.

Die Marchesa war eine reisende Herrscherin, ständig war sie unterwegs in der nebligen Poebene wie im unwegsamen Apennin; häufig zeigte sie sich in ihren großen Städten wie Florenz und Pisa. Man braucht nicht viel Fantasie, um sich die Beschwerden dieser vielen Ortswechsel zu jeder Jahreszeit vorzustellen.

Mit den Männern hatte die Comtessa kein Glück. Der Mann, der ihr am meisten bedeutete, dem durfte sie nicht zu nahe kommen, nämlich Gregor VII. Für ihre beiden Ehemänner konnte sie keine Zuneigung empfinden, sie waren für sie eine Enttäuschung. In ihren letzten Lebensjahren widmete sich die Markgräfin der Frömmigkeit und religiösen Übungen, ihre zahllosen Schenkungen an Klöster sicherten ihr Fürbittgebet und dankbares Gedenken.

Am 24. Juli 1115 starb Mathilde von Tuszien in Bondeno di Roncore, eine »figlia digna Petri«, wie sie ihr Biograf Donizo nannte.

Als mächtigste Feudalherrin Italiens hatte sie eine Schlüsselrolle inne. Mit dem Kaiser verwandt, mit dem Papst befreundet und selbst über Macht verfügend, war sie die ideale Vermittlerin in einer ausweglosen Situation. Und mit Canossa ist sie berühmt geblieben bis heute.

Eine Frau in der Peterskirche

Am liebsten hätte er sie heilig gesprochen. Papst Urban VIII. (1623–1644) ist schon als Kardinal in Verehrung für Mathilde entflammt. Mathilde – eine Heilige? Mit dieser Vorstellung tat man sich etwas schwer, sie war zwar eine fromme und gläubige Frau, aber auch eine Machtinhaberin, die vor Gewalt nicht zurückschreckte. Über fünfhundert Jahre ruhten ihre Gebeine in San Benedetto Po, einem von ihr reich beschenkten Kloster. Der Papst aber wollte sie in seiner Nähe haben und ließ ihre Gebeine nach Rom bringen, in die Peterskirche. Dort sind nicht viele Frauen zu finden und wenn, dann als Beigaben, gleichsam als Dekoration bei Papstgrabmälern. Auch der für Mathilde begeisterte Urban gab schon zu seinen Lebzeiten sein imposantes Grabmal in Auftrag: Er, das Kirchenoberhaupt großmächtig in der Mitte und links und rechts jeweils eine Frauengestalt, aus feinem weißen Marmor gemeißelt, die Gerechtigkeit und die Caritas, also allegorische Figuren. Frauen als Sinnbilder und als Statisten zu Füßen der hohen Herren, das hat den Päpsten gefallen, aber Hinweise auf reale Frauen finden sich wenige in der Papstkirche.

Insofern war es schon eine Sensation, als der Barberini-Papst am 10. März 1634 den Leichnam Mathildes nach St. Peter übertragen ließ. Bei dieser Gelegenheit wurde der Sarg geöffnet, und ein Zeuge schreibt voll Verwunderung:

»Ich erblickte den Körper und auf dem Kopf waren die blonden Haare, die ins Rötliche spielten, die Zähne groß und ebenmäßig, auch die Füße noch mit Fleisch bedeckt.«[50]

Mathilde hält Einzug in die Peterskirche. An einem Pfeiler des rechten Seitenschiffes wurde für sie ein Grabmal nach dem Entwurf von Lorenzo Bernini errichtet. Der Sarkophag steht in einer Nische, verziert mit einem Relief, das die Szene in Canossa zeigt. Darüber erhebt sich das Standbild Mathildes in einer eigenartigen Pose, in der rechten Hand hält sie das Szepter, in der linken die Tiara, die päpstliche Krone und die zwei Schlüssel Petri. Eine Frau – mit der Tiara in der Hand, fast könnte man sie Päpstin nennen. So nahe stand Mathilde den Petrusnachfolgern, dass sie ihr Herrschaftszeichen in der Hand hält. Das ganze Arrangement verdeutlicht eine Inschrift, die besagt, dass Urban VIII., »von Dankbarkeit getrieben, das Denkmal gesetzt habe, das diese Vorkämpferin des Apostolischen Stuhles, eine Frau von männlichem Geist, hervorragender Frömmigkeit und berühmter Freigebigkeit verdient habe.«[51]

Nicht von ungefähr, und das ist typisch für das Frauenbild der Päpste, wird ihr »männlicher Geist« hervorgehoben, deshalb imponiert sie. Das spezifisch Weibliche findet keine Beachtung und wegen femininer Tugenden erhält niemand ein Grab im Petersdom.

Fünftes Kapitel

Posaune Gottes

Hildegard von Bingen und die Päpste

Sie ist sehr in Mode gekommen; vor fünfzig Jahren war sie nur den Theologen bekannt, heute übt diese Gestalt des Mittelalters eine erstaunliche Faszination aus. Für viele Bereiche gilt Hildegard von Bingen (1098–1179) als kompetent: für Kräuter und richtige Ernährung, für Naturmedizin, für Musik und Visionen. Aber ist sie nicht zuerst und vor allem eine Frau der Kirche, eine Nonne, eine Prophetin, zuständig für religiöse Fragestellungen? Es waren Visionen, die das Leben Hildegards bestimmten und sie zum schöpferischen Denken und Handeln drängten. Noch heute bewundert man ihre außerordentlichen Fähigkeiten und Interessen. In einer Klosterzelle lebend war sie doch in einer breiten Öffentlichkeit präsent. Persönlich hat sie keinen Papst kennen gelernt, aber an vier Päpste hat sie Briefe geschrieben.

Papstbesuch in Deutschland

Still wird es in dem großem Raum, als er anfängt zu lesen. Er sitzt vorne auf einem Thron, an welch anderem Platz sollte er wohl sitzen, er ist der Pontifex und heißt Eugen III. Er hat keine mächtige Stimme wie sein wortgewaltiger Lehrer Bernhard, der berühmte Abt von Clairvaux, der hier als Zuhörer dabei ist. Eugen ist ein gütiger, weichherziger Mensch, etwas zu wenig robust für die harte Aufgabe als Leiter der Kirche. Eigentlich ist er Mönch, Zisterzienser und seine asketische Gestalt lässt erkennen, dass er kein üppiges Ordensleben geführt hat, auch nicht als Abt und Kardinal. Im Februar 1145 wird er überraschend zum Papst gewählt und hat von Anfang an wenig Freude daran. Die Römer rebellieren, Aufstände toben, die Stadt will Republik werden und verjagt den Papst, der sich nach Viterbo zurückzieht. Bernhard von Clairvaux findet dafür blumige Worte: »der Hirte in Rom weide nicht Petri Schafe, sondern Wölfe, Drachen und Skorpione.« Die meiste Zeit seines Pontifikates verbringt Eugen außerhalb Roms. Anfang 1147 reist er nach Frankreich, am 29. November 1147 hält er einen pompösen Einzug in Trier, begleitet von achtzehn Kardinälen und einer bunten Schar von Bischöfen. Sie halten eine Reformsynode und irgendwie kommt das Gespräch auf eine bis vor kurzem unbekannte Nonne, die durch ihre Visionen Aufsehen erregt hat.

Eugen schickt eine Kommission in Hildegards Kloster, um die Sache zu prüfen, ob alles mit rechten Dingen zugeht oder ob Ketzerei im Spiel ist. Misstrauen Frauen gegenüber scheint angebracht. Aber die ausgesandten Prüfer finden nichts Anstößiges. Sie befragen die seherische Nonne intensiv und kommen voll des Lobes über sie zurück und bringen eine Schrift von ihr mit, ihr Erstlingswerk, das den seltsamen Namen »Scivias« trägt.

Päpstliche Akzeptanz

Und aus diesem »Scivias-Buch« liest der Papst höchst persönlich vor, und seine Zuhörer im Dom zu Trier beginnen zu staunen. Der oberste Kirchenherr liest die Texte einer Frau, einer begnadeten Seherin, wann je in der langen Kirchengeschichte konnte man so etwas erleben? Und mit einem Schlag steht Hildegard, die Äbtissin vom Disibodenberg, im Rampenlicht und wird europaweit berühmt und bekannt.

Das Wort des Papstes hat Gewicht. Sein positives Urteil über ihre Schrift ermuntert sie, weiter zu schreiben. Er macht ihr Mut, bejaht ihre Rolle, und dies ist zugleich eine Sternstunde für Frauen in der Kirche. Hildegards Gesichte, ihre Visionen sind nicht Teufelswerk, sondern Gottes Stimme. Des Papstes Akzeptanz wird wie eine Blankovollmacht für die Zukunft. Gleichsam ungefiltert kann göttliche Botschaft durch eine Frau hörbar werden, das rüttelt an der Kompetenz der Kirche und ihrer Diener.

»Die in mehreren Quellen berichteten Vorgänge auf der Trierer Synode 1147/48 markieren einen der wichtigsten Einschnitte in Hildegards Leben. Denn dadurch, dass man ihre Sehergabe überprüfen ließ und sie durch die positive päpstliche Entscheidung mit der gesamten Resonanz hierauf zu einer abendländischen Berühmtheit wurde, wurde sie von verschiedensten Seiten um Rat gebeten und konnte auch gegenüber dem Oberhirten ihrer Diözese eine andere Autorität beanspruchen als zuvor.«[52]

Papst Eugens Lob für Hildegard auf der Synode von Trier entfachte natürlich ein nicht geringes Aufsehen. Viele Menschen aus allen Schichten kamen, um die Visionärin zu sehen und um ihren Rat einzuholen. Zugleich entwickelte sich ein reger Briefverkehr. In der eigens eingerichteten Schreibstube auf dem Rupertsberg herrschte nicht selten Hochbetrieb. Über dreihundert Briefe Hildegards sind erhalten und zwar in verschiedenen Handschriften.

Die Prophetin schreibt den Päpsten

»Wurde in den letzten Jahrzehnten gerade der Briefwechsel Hildegards mit den Päpsten von der Forschung einer scharfen Kritik unterzogen und in Frage gestellt, so konnten in jüngster Zeit durch die Untersuchung gerade dieser Handschrift[53] nicht nur sieben Schreiben Hildegards an Päpste als echt erwiesen werden, sondern darüber hinaus – und dies war geradezu Aufsehen erregend – wurde ein echter Papstbrief entdeckt: ein Brief Eugens III. an die Meisterin vom Rupertsberg. Dieser Brief, der in seiner lateinischen Fassung alle Regeln der päpstlichen Kanzleischreiben aufweist, beleuchtet als Dokument von höchster kirchlicher Warte Hildegards Ruhm im christlichen Abendland.«[54]

Ohne Zweifel, Hildegard steht mit den Päpsten in Rom in Briefkontakt, sie wird von ihnen respektiert und beachtet. Dabei soll man sich vor Übertreibungen hüten. Die Magistra war keine heimliche Ratgeberin der Kurie. Der Schriftverkehr verlief relativ einseitig;[55] die Äbtissin wandte sich an die kirchlichen Oberhäupter und erhielt selten eine Antwort. Hildegard wendet sich meistens mit konkreten Anliegen nach Rom und immer sagt sie klar, entschieden und offen ihre Meinung.

Vier Briefe Hildegards an Papst Eugen III. (1145–1153) sind überliefert. Sie zeugen von ihrer großen Dankbarkeit und dem Vertrauen zu diesem Papst. Nachdem Hildegard den zweiten Teil von »Scivias« vollendet hat, teilt sie dies Eugen mit.

»O milder Vater, ich armseliges Gebilde habe dir dies geschrieben in wahrhaftiger Schau, im geheimnisvollen Hauch, so wie Gott es mich lehren wollte. O strahlender Vater, als Papst kamst du in unser Land, wie Gott es vorherbestimmt hat, und nahmst Einsicht in die Schriften, wie das lebendige Licht sie mich gelehrt. Du hörtest sie und nahmst sie auf in dein Herz. Nun ist dieser Teil der Schrift beendet. Doch hat das lebendige Licht mich nicht verlassen. Es brennt in meiner Seele, so wie ich es von Kindheit an gehabt. Daher sende ich dir jetzt diesen Brief auf die wahrhaftige Ermahnung Gottes hin. Und meine Seele wünscht: das Licht vom Lichte leuchte in dir.«[56]

Der vollständige Briefwechsel ist nicht mehr erhalten, ein Papstbrief vom Jahr 1152, der in einem sehr freundlichen Ton gehalten ist, hat die Zeiten überdauert.

Papst Eugen III. an Hildegard

»Eugen, Bischof, Knecht der Knechte Gottes, entbietet der in Christus geliebten Tochter, der Vorsteherin von Sankt Rupert, Gruß und apostolischen Segen.

Wir freuen uns, Tochter, und jubeln im Herrn, weil dein ehrenvoller Ruf sich so in die Weite und Breite ergießt, daß du für viele ein ›Wohlgeruch des Lebens zum Leben‹ bist und die Schar der gläubigen Völker voll des Lobes über dich ausruft: ›Wer ist die, die da aus der Wüste gleich einer Rauchsäule aufsteigt?‹ Wir sind daher der Überzeugung, deine Seele erglüht so sehr vom Feuer der göttlichen Liebe, daß du keines Anspornes zum Guten bedarfst. Deshalb erachten wir es für überflüssig, dir noch viele ermahnende Worte zu sagen und deinen Geist, der sich ja ganz auf die göttliche Kraft stützt, durch ermunternde Worte zu festigen.«[57]

Mahnende Worte fand Hildegard dagegen für Eugens Nachfolger Anastasius IV. (1153–1154). Die lasche Kirchenleitung des achtzigjährigen Pontifex, der zu müde für einen kämpferischen Einsatz war, veranlasste Hildegard zu einem Schreiben an den Papst. In ihrer Rolle als »prophetissa« fordert Hildegard den Pontifex auf, sein Amt strenger zu verwalten. In der Belehrung des Papstes könnte man eine Anmaßung sehen, aber der Seherin geht es um die Kirche, beispielsweise schreibt sie in ihrer betont bilderreichen Sprache:

»O Mensch, das Auge deines Erkennens läßt nach und du bist müde geworden, die stolzen Prahlereien der Menschen zu zügeln, die deinem Herzen anvertraut sind …

Und warum schneidest du die Wurzel des Bösen nicht ab, die die guten, nützlichen, die wohlschmeckenden, süßduftenden Kräuter erstickt? …

Daher, o Mensch, der du auf dem päpstlichen Throne sitzest, verachtest du Gott, wenn du das Böse nicht von dir schleuderst, vielmehr es küssend umfängst, da du es bei verdorbenen Menschen stillschweigend duldest. Und du, o Rom, liegst wie in den letzten Zügen.«[58]

Mit diesen deutlichen Ermahnungen mischt sich Hildegard ein in den Bereich der päpstlichen Amtsführung, der bisher eine Frau nichts anging. Insofern ist ihr Schreiben als sensationell anzusehen. Wir haben keine Ahnung, wie die Kurie diesen Brief aufnahm, auf den keine Antwort erfolgte. Der heutige Betrachter würde eher vermuten, dass die heilkundige Äbtissin dem Papst in seinem hohen Alter etwas Medizinisches schickt und Ratschläge gibt für seine Gesundheit, nicht aber für sein päpstliches Wirken.

Auch der aus England stammende Hadrian IV., der am 5. Dezember 1154 als Nachfolger Anastasius' IV. inthronisiert worden war, hatte sich in den politischen Auseinandersetzungen mit Kaiser Friedrich Barbarossa, die sich immer mehr verschärften, zu behaupten. Ein kurzer Brief Hildegards ist erhalten. Er soll Tröstliches vermitteln für den schwer bedrängten Pontifex .

»Denn bis zur Erschöpfung bis du all denen preisgegeben, die gegen dich anrennen. Du hast aber einen einsichtigen Verstand gegen die wilden Sitten der Menschen … Gott wird dich nicht verlassen, vielmehr wirst du in seinem Licht (das Licht) schauen.«[59]

Am 7. September 1159 war Orlando Bandinelli aus Siena zum Nachfolger Hadrians gewählt worden; er nannte sich als Papst Alexander III. Auch mit ihm korrespondierte Hildegard. Diesmal ging es um eine Angelegenheit ihres Nonnenklosters Rupertsberg, die Bestellung eines neuen Seelsorgers und Beichtvaters; um diese Personalfrage hatte es Streit mit dem Abt des Männerklosters Disibodenberg, aus dem der Beichtvater kam, gegeben. Hildegard sah sich durch den Abt in der freien Wahl ihres Seelsorgers beeinträchtigt. Ausführlich hat sie in einem langen Brief dem Pontifex ihr Problem geschildert und hinzugefügt, dass sie die Knie vor seiner väterlichen Güte beuge mit der Bitte, er möge auf die Dürftigkeit ihrer armseligen Gestalt schauen:

»Denn wir sind jetzt in großer Trauer, weil der Abt vom Disibodenberg und seine Brüder den Privilegien zuwider, gegen unsere Wahl, die uns immer zustand, Einspruch erheben. In bezug auf dieses Recht müssen wir aber stets sorgsam auf der Hut sein, daß es uns nicht irgendwie genommen wird.«[60] Der Pontifex schlichtete den Konflikt im Sinne Hildegards und ihrer Nonnen, indem er einen ihnen genehmen Mediator, den Propst Wezelin, mit der Angelegenheit betraute.

Posaune Gottes

In ihrer Klosterzelle pflegt die Äbtissin vom Rupertsberg vielerlei Kontakte, auch zu Kaiser Friedrich Barbarossa,[61] aber es drängt sie auch hinaus zu den Menschen, in den öffentlichen Raum. Sie verlässt ihre Klostermauern, an die sie eigentlich streng gebunden ist, und begibt sich im Jahr 1158 auf die erste ihrer wohl vier Predigtreisen.

»Nie zuvor hatte eine Frau, eine Nonne und Äbtissin, in aller Öffentlichkeit das Wort ergriffen. Hildegards Predigten vor Klerus und Volk in den Städten Köln, Trier, Metz, Würzburg und Bamberg sind ein einmaliges Phänomen in der Geschichte des Abendlandes.«[62]

In Köln lässt der Erzbischof für sie ein hölzernes Podest errichten, das vor dem Südportal des alten Domes aufgeschlagen wird. Nicht wenige Menschen haben sich versammelt, um die »Prophetissa teutonica« zu hören, vorne das Domkapitel, die geistliche Prominenz, Mönche, Priester und weiter hinten wie immer das Volk. Auf dem Podest erscheint die schmale, asketische Gestalt der fünfundsechzigjährigen Äbtissin. Sie spricht klar und deutlich, nichts Neues oder Revolutionäres, sie fordert nicht Frauenrechte ein, sie prangert Missstände an, und ihre Kritik gilt vor allem dem Klerus. Die ganz vorne stehen, sind in vielem ein Ärgernis, sie sind wie eine Nacht, die Finsternis ausatmet: »Ihr liegt am Boden und seid kein Halt für die Kirche, sondern ihr flieht in die Höhle eurer Lust.« ruft sie mit lauter Stimme. Aber »Ihr solltet eine Feuersäule sein, den Menschen vorausziehen und sie aufrufen, gute Werke zu tun.«

Die Bischöfe dulden die Predigt einer Frau, und auch aus Rom kommen keine Verbote. Die Päpste haben Hildegard viel Raum gelassen. Die übliche Praxis der Kirche folgte dagegen dem Pauluswort, das jegliche Lehre durch Frauen verbot.[63] Insofern wurde Hildegard gleichsam als päpstlich approbierter Prophetin eine Ausnahme zugestanden. Sie wurde ernst genommen als geistbegabte Seherin, wurde auch ohne Amt zu einer religiösen Instanz.

Hildegard – eine Heilige, das klingt so plausibel, dass fast niemand sich klar macht, dass es nie zu einer förmlichen Heiligsprechung gekommen ist. Als die Magistra vom Rupertsberg am 17. September 1179 in einem wahrlich gesegneten Alter starb, sahen schon viele Zeitgenossen in ihr eine Heilige. Ihr Konvent wandte sich in dieser Sache nach Rom.

Papst Gregor IX., durchaus frauenfreundlich eingestellt, war für eine Heiligsprechung der Äbtissin aufgeschlossen. Im Januar 1227 eröffnete Gregor den so genannten Informativprozess, in dem Zeugnisse über erhörte Gebete, Wundererscheinungen und andere Zeichen der Heiligkeit gesammelt wurden. Er beauftragte drei Mainzer Kleriker mit den erforderlichen Nachforschungen, die in Mainz aber nur sehr schleppend durchgeführt wurden und auch in späteren Jahrzehnten nie recht vorankamen.

Offensichtlich hatte das Mainzer Domkapitel kein Interesse an einer Kanonisierung Hildegards. Bei den Domherren war sie nie beliebt gewesen, und die Akte Hildegards verstaubte schließlich in den vatikanischen Archiven. Im Lauf der Zeit entwickelte sich eine regionale Verehrung, im Jahr 1940 wurde ihr Fest für Deutschland genehmigt und ihr Gedenktag auf den 17. September festgelegt.

Papst Eugen III., ohne dessen positive Haltung Hildegard sicher eine Unbekannte geblieben wäre, ist längst vergessen, aber ihr Stern stahlt heller denn je. Und zugleich ist sie ein Zeichen für ein Papsttum, das einer Frau Freiheit und Entfaltung gelassen hat.

Die Bewunderung gilt einer Frau, die immer kränklich und leidend eine fast unbegreifbare Fülle von Aktivitäten entfaltet hat, »eine Posaune Gottes«, wie sich Hildegard selbst bezeichnet hat.

Sechstes Kapitel

Göttliche Eingebungen

Klara von Assisi, Birgitta von Schweden, Katharina von Siena und die Päpste des späten Mittelalters

In der Zeit nach Hildegard von Bingen ragen drei andere Frauen des Mittelalters heraus: Klara, Birgitta, Katharina. Es sind ungewöhnliche Frauengestalten, die in Kontakt zu den Päpsten standen, die aber an Popularität und Sympathiewerten heute alle Päpste ihrer Zeit übertreffen. Nicht immer sind es die Amtsträger und die Mächtigen, die sich in das Gedächtnis der Geschichte einprägen.

Keine der Frauen wurde vom Papst mit einer Aufgabe beauftragt, sie erhalten ihre Legitimation nicht vom kirchlichen Amt, sondern berufen sich auf göttliche Eingebungen. Und hier beginnt man zu staunen. Die Eingebungen, Visionen und Gesichte werden nicht einer peniblen kirchlichen Prüfung unterzogen, die Päpste lassen die visionären und prophetischen Frauen gewähren, sie lassen ihnen Raum, sie ertragen die teilweise massive Kritik.

Die drei Frauen standen schon zu Lebzeiten im Rufe der Heiligkeit; Klara wird schon zwei Jahre nach ihrem Tod zur Ehre der Altäre erhoben. Damit wird gleichsam eine Lebensform als Königsweg zum Himmel angepriesen, mit der Sogwirkung, dass Selbstkasteiung und mystische Erlebnisse zwangsläufig zur Heiligkeit führen, eine verengte und gefährliche Sichtweise. Bei den genannten Frauen soll im Folgenden nicht das Heiligmäßige ihrer Existenz beschrieben werden, hier geht es um die Beziehung zu den jeweiligen Päpsten.

An Dokumenten über diese großen Frauen besteht kein Mangel. Sie haben selber viele Briefe geschrieben. Alle drei leben vom Mysterium einer inneren Gottesnähe, die hier nicht weiter analysiert werden soll. Aber nur aus dieser Sicht ist ihr Leben begreifbar.

Die Mystik und damit die Faszination einer neuen Spiritualität führte zu einem religiösen Aufbruch und zu einer mächtigen Frauenbewegung.

»Mystisch begabten Frauen boten sich in der westlichen Christenheit Möglichkeiten, die weit über das hinausgingen, was allen anderen Frauen in Hinsicht auf einen Einfluss in Kirche und Staat offen stand, vielleicht mit Ausnahme einiger regierenden Königinnen und Fürstinnen.«[64]

Die drei Frauen, Mystikerinnen und Prophetinnen, leben nach klösterlichen Regeln, begnügen sich nicht mit den üblichen weiblichen Aufgaben wie Krankenpflege und Armenfürsorge, sie schreiben Briefe, finden Beachtung, erlangen Öffentlichkeit. Alle zeichnet aus, dass sie weithin bekannte Frauen waren und als Gesprächspartnerinnen für Päpste ernst genommen wurden. Dass sie den Oberhirten der Christenheit überlegen waren an Frömmigkeit und persönlicher Glaubenserfahrung, wundert nicht.

Klara von Assisi

»Eines fehlt dir noch: Verkauf alles, was du hast, verteil das Geld an die Armen und du wirst einen bleibenden Schatz im Himmel haben; dann komm und folge mir nach!« Lk. 18,22

Flucht aus dem Elternhaus

Sie ist einfach auf und davon; ihre Mutter Ortulana sucht sie wütend im ganzen Haus, aber die Tochter Chiara ist nirgends zu finden. Mitten in der Nacht hat sie den prächtigen Stadtpalast der Eltern heimlich verlassen und zusammen mit einer Freundin Zuflucht in der Kapelle San Damiano gesucht. Und was wie eine überstürzte Flucht aussah, findet hier eine Erklärung. In der Kirche wartet schon Franziskus, es ist die Nacht vom Palmsonntag auf Montag und zwar am 18. März 1212. Am

Klara von Assisi. Fresko von Simone Martini.

Vormittag hatte der Bischof im Dom Klara einen Palmzweig überreicht, für die Achtzehnjährige war es wie ein Zeichen zum Aufbruch.

Dieser Francesco verkörpert ihr Ideal. Als Sohn eines begüterten Tuchhändlers hat er spontan sein Elternhaus verlassen und seine Enterbung durch den Vater provoziert. In einer schlichten Kutte zieht der *Poverello* bettelnd und predigend durch die Lande, als ein echter Aussteiger, einer, der mit der bürgerlichen Welt radikal bricht. Er ist kein Theologe, eher ein Dichter, Sänger, vielleicht auch ein Träumer, aber ein Mann, der seinen Weg gefunden hat und dabei Fröhlichkeit ausstrahlt.

Ohne eigentliche Legitimation macht Francesco aus der für einen standesgemäßen Bräutigam bestimmten Tochter eines adligen Elternhauses eine Klosterfrau. Noch in der Nacht schneidet er ihr die Haare ab; sie legt damit die Schönheit dieser Welt ab, zieht ein grobes Kleid über und umgürtet sich mit einem Strick, ein weißes Tuch auf den Kopf.

Franziskus übernimmt nun die Verantwortung für sie. Weil er noch kein Kloster für sie hat, schickt er sie zu den Benediktinerinnen von San Paolo. Vergebens versuchen die Eltern, ihre Tochter aus dem Kloster herauszuholen, Klara flieht zum Kloster Sant'Angelo di Panso. Kurze Zeit später kommt Klaras Schwester Agnes dazu und beide kehren nach San Damiano zurück, und hier entsteht das erste franziskanische Frauenkloster.

Klaras Mutter Ortulana wird später ebenfalls der Ordensgemeinschaft beitreten, übrigens eine bemerkenswerte Frau, die gerne auf

Reisen ging. Natürlich gab es für Frauen noch keine Studienreisen, das Zauberwort für Mobilität hieß Wallfahren und mit Erstaunen erfährt man, dass verheiratete Frauen wie Ortulana mit Freundinnen auf Pilgerreise gingen, 1192 war sie beispielsweise in Jerusalem. Die biedere, nur im Haus zurückgezogen lebende Ehefrau ergibt nicht das komplette Frauenbild des Mittelalters.

Aufbruch in die Armut

Franziskus, der noch keine genauen Vorstellungen hat, wie einmal die Lebensweise dieser Gruppe aussehen soll, zwingt Klara, die benediktinische Regel anzunehmen und bestimmt sie zur Äbtissin, eine Bezeichnung, die ihr nicht gefällt und die eher für machtbewusste und herrschaftlich auftretende Frauen passt. Auf jeden Fall soll hier ein neuer Ordenszweig entstehen, die weibliche Form der Armutsbewegung. Das Zusammenleben der Frauen muss Richtlinien haben, und so wendet sich Klara als Leiterin von San Damiano an Papst Innozenz III.

Im Frühjahr 1216 macht sich Klara mit einer Schwester auf nach Perugia, wo der Papst zur Zeit residiert. In ihrer rauen Kutte kniet sie vor dem großen Innozenz, eine junge Frau mit zweiundzwanzig Jahren, ohne Lebenserfahrung, aber fest entschlossen zu einem Leben des Verzichts und der Askese. Weil sie die Armut in einer radikalen Weise leben möchte, bittet sie ihn um eine päpstlich anerkannte Ordensregel. Sie will sich gleichsam das Recht auf Armut vom Oberhaupt der Kirche verbriefen lassen, und Innozenz III. geht auf ihre Wünsche ein. Der Text des Papstes lautet:

»Wie ihr gebeten habt, bekräftigen wir euer Vorhaben der allerhöchsten Armut mit apostolischer Gunst und gewähren euch mit der Autorität dieses Briefes, dass ihr von niemandem gezwungen werden könnt, Besitztümer anzunehmen.«[65]

In diesem sogenannten »Privilegium Paupertatis«, über dessen Echtheit heute heftig diskutiert wird[66], sieht Klara den Kernpunkt ihrer Gemeinschaft.

Die radikale Armut des *Poverello* wirkte wie ein Fanal, auch viele Frauen ließen sich inspirieren zu einer Armutsbegeisterung. Im Jahr 1238 gehören zu Klaras Konvent sechzig Schwestern, ihr gesamter

Orden »der armen Damen von San Damiano«, sie nennen sich auch »sorores minores«, umfasst jetzt etwa sechzig Klöster. Wie leicht könnte die Bewegung aus dem Ruder laufen und zu einer kirchenkritischen, häretischen Strömung werden! Um die Armutsbewegung zu kanalisieren, wird Kardinal Hugolin als Aufpasser eingesetzt. Ab 1220 ist er offizieller Kardinalprotektor. Seine Eignung dafür musste er nicht unter Beweis stellen.

Hugolin stammt aus dem Geschlecht der Grafen von Segni, vermutlich war Innozenz III. sein Onkel und von daher kam der Kardinalshut wie von selbst auf ihn zu. Er war ein sehr gebildeter Mann, schwärmerisch begeistert für die Armutsbewegung, andererseits war er berüchtigt wegen seiner grenzenlosen Prunksucht, häufte Schulden an und genoss seinen Reichtum. Das also war der päpstlich Beauftragte für die freiwillig Armen. Er nahm seine Aufgabe ernst, besuchte im Jahr 1220 die Schwesternschaft von San Damiano und verbrachte dort die Karwoche und Ostern. Sein anschließender Brief ist erhalten.

»In seinem Brief zeigt sich Hugolin tief beeindruckt vom Leben der Frauen in San Damiano und zwar so sehr, daß ihm sein eigenes dagegen schmerzhaft defizitär erscheint. So erhofft er sich von Klara Fürbitte, ja Rettung aus seinem sündigen Dasein: Darum vertraue ich Dir meine Seele an und empfehle Dir meinen Geist.«[67]

Gregor IX. und Klara: der Papst und die unzufriedene Nonne

Am 19. März 1227 wird Hugolin zum Papst gewählt und nennt sich Gregor IX., ohne Zweifel ein Freund der franziskanischen Bewegung und Klara von Assisi wohlgesonnen. Für Klaras Schwestern sieht er die Regel von Benedikt vor, sie aber will eine original franziskanische Ordensregel. Nicht nur die einzelne Nonne soll arm sein, die ganze Gemeinschaft soll kein Vermögen besitzen.

Gregor schickt ihr eine Regel, die Klara heftig erbost. Er kann und will nicht verstehen, was ihr ureigenstes Anliegen ist, sie will keine materielle Absicherung. In persönlichen Gesprächen verhandelt sie mit Gregor. Sie reist dazu nicht nach Rom, vielmehr kam der Papst einige Male nach Assisi und hat sie besucht.

Franziskus von Assisi. Fresko von Cimabue.

»Es ist anzunehmen, dass einer der vielen Besuche des Papstes, die die Quellen bezeugen, zeitlich im Zusammenhang mit der Heiligsprechung des heiligen Franz zu sehen ist. Es ist kaum denkbar, daß er sich diese Gelegenheit entgehen läßt, da er doch von Klara so beeindruckt ist und in ihr den kontemplativen Hintergrund für seine Tätigkeit sieht.«[68]

Die Heiligsprechung des 1226 verstorbenen Franziskus findet am 16. Juli 1228 in Assisi statt. Ein weiterer Papstbesuch bei Klara erfolgt im Jahr 1239.

Der Papst betont die strikte Klausur, die eigentlich ein Werk der patriarchalen Kirche für die Frauen darstellt. Klara will andere Akzente setzen, sie widerspricht Gregor, sie wirkt rebellisch und ist zu keinem Kompromiss bereit, auch wenn er ihr Besitzungen zur Absicherung zukommen lassen will.

Innozenz IV., der Bewunderer von Klara

Am 25. Juni 1243 wird Innozenz IV. zum Papst gewählt, sein Vorgänger Cölestin IV., der nur siebzehn Tage amtiert hatte, war im November 1241 gestorben. Volle anderthalb Jahre gab es keinen Papst und man könnte fortfahren, die Kirche ist bei diesem Vakuum nicht untergegangen. Innozenz war eine Kämpfernatur und trug einen heftigen Streit mit dem Staufer Friedrich II. aus. Er übermittelte Klara eine neue Ordensregel, die ihr Armutsideal wiederum nicht gebührend ernst nahm. Hier half nur mehr Eigeninitiative. Sie entwarf selber ein Konzept und formulierte die erste Regel, die von einer Frau geschrieben wurde. Alles bisherige war Männerwerk. Innozenz war Klara sehr freundlich gesonnen.

»Wir wissen aus der Biographie des Papstes selbst, dass Innozenz IV. zweimal am Krankenbett Klaras erscheint. Was muss das für eine Frau gewesen sein, die den Papst dazu bewegte und nicht nur er, sondern auch Kardinäle und Prälaten kamen recht häufig.«[69]

Der erste Besuch war Anfang Mai 1253 und der zweite Besuch Anfang August, und bei dieser Gelegenheit bittet die todkranke Klara den Papst um die Bestätigung der von ihr verfassten Regel. Und dann geht alles sehr schnell; am 10. August überbringt ein Franziskanerbruder die päpstliche Bestätigung, eine Bulle, wie sie genannt wird und es heißt, Klara habe immer wieder mit Begeisterung dieses Pergament geküsst. Sie hat sich durchgesetzt, im Ringen mit dem Oberhaupt der Kirche hat sie sich behauptet. Am nächsten Tag stirbt Klara von Assisi.

Und schlagartig gilt sie als Heilige. Ihre Heimatstadt lässt Soldaten aufmarschieren, damit der Leichnam nicht entführt wird oder sich Reliquiensammler an ihm vergreifen. Die päpstliche Bulle hat man Klara mit ins Grab gegeben, dort wurde sie Ende des 19. Jahrhunderts entdeckt.

Santa Chiara

Am 15. August 1255 wurde Klara in der Kathedrale von Anagni von Papst Alexander IV. zur Heiligen erklärt, zwei Jahre nach ihrem Tod. Der Eifer und die Schnelligkeit der Päpste, eine Frau zu ehren, ist erstaunlich. Zehn Jahre später wird die machtvolle gotische Kirche in Assisi vollendet, die den Namen Santa Chiara trägt und in der sie ihre viel besuchte Grabstätte gefunden hat. Ähnlich wie Elisabeth von Thüringen wird auch Klara der ganzen Christenheit beispielhaft vor Augen geführt. Der Zugang und das Verständnis für Elisabeth fällt leichter. Wer sich um Arme kümmert und ihnen hilft, braucht keine Erklärungsversuche. Klara ging in eine andere Richtung, sie lebte Armut in einer radikalen Weise.

Klara von Assisi (1193/94–1253) gehörte zu den großen Frauengestalten des Mittelalters. Sie lebte im Schatten von Franziskus, aber doch mit einem eigenen Profil. Anfangs wäre sie lieber Wanderpredigerin geworden, was Frauen verwehrt war. Sie wurde eine wichtige Gestalt der weiblichen Armutsbewegung.

Klara hat drei Päpste persönlich kennen gelernt, die durch ihre persönliche Ausstrahlung sehr beeindruckt waren. Die Ordensfrau von Assisi findet bei den Päpsten Sympathie und persönliches Wohlwollen, aber wegen der Ordensregel liegt sie ständig im Hader mit ihnen.

Der Umgang der Päpste mit Klara und der franziskanischen Bewegung hatte keinerlei Rückwirkung auf ihre eigene Amts- und Lebensführung. Armut war für die »Heiligen Väter« und die Kardinäle in Rom ein Thema, mit dem sie sich beruflich zu befassen hatten, das sie aber persönlich nicht sonderlich berührte.

Was ist das für ein Leben und welchen Sinn hat die ganze Büßerei? Eingesperrt, hungernd, betend, büßend, warum und wofür? Wir heutigen Menschen, geborgen in einem Wohlstandsbett, vertraut mit Kosten- und Nutzenanalysen, stehen ratlos vor dem Mysterium eines Frauenlebens, das einen Aspekt des Evangeliums in einer reinen und konsequenten Form verwirklichte, in einer fast erzwungenen Heiligkeit. Klara von Assisi ist ein wichtiges Zeichen für veräußerlichte Päpste und ihre Untertanen, gelebte Kirchenkritik ohne viele Worte.

Birgitta von Schweden

In der männlich dominierten Welt des Mittelalters erheben Birgitta von Schweden und Katharina von Siena ihre Stimme und mischen sich ohne öffentliches Amt und ohne Legitimation in die große Politik ein. Ungewöhnlich deutlich äußern sie herbe Kritik am Zustand der Kirche und ihrer Amtsträger und wenden sich direkt an den Papst. Als bereits berühmte Frauen können sie Einfluss ausüben. Der Papst hört nur Stimmen, die Gewicht haben, eine unbekannte Klosterfrau wird kaum das päpstliche Ohr erreichen.

Birgitta von Schweden. Stich des 19. Jh.

Die Päpste in Avignon

Im Jahr 1304 floh Papst Benedikt XI. aus Rom, in dem heftige Kämpfe tobten, nach Perugia. Nach seinem baldigen Tod einigten sich die Kardinäle nach einem Gefeilsche von elf Monaten auf den Erzbischof von Bordeaux, der sich als Papst Clemens V. in Lyon krönen ließ und 1309 seine Residenz nach Avignon verlegte. Fast siebzig Jahre blieben die Päpste, sämtliche waren Franzosen, dort und dieser romferne Papstaufenthalt ging mit dem Begriff »Babylonische Gefangenschaft« in die Geschichte ein.

Mitte des Jahrhunderts entstand der Papstpalast, der zur fürstlichen Residenz ausgebaut wurde, passend für einen luxuriösen Lebensstil. Ein flottes Hofleben störte niemand und vor allem die Kardinäle konnten locker leben und ihren Wohlstand genießen. Sehnsucht nach dem Stammsitz in Rom kam da nicht auf. Im Jahr 1350 durften die Römer ein Heiliges Jahr feiern, aber das ging auch ohne Papst, nicht einmal besuchsweise schaute er vorbei. Während Scharen von Pilgern zu den Apostelgräbern strömten, hielt sich der Nachfolger Petri bewusst davon fern.

Schwedin aus hohem Adel

Von Langeweile keine Spur, viele Facetten eines modernen Frauenlebens finden sich bei Birgitta von Schweden. Sie ist verheiratet und vermutlich sogar glücklich, bringt acht Kinder zur Welt, und als ihre jüngste Tochter ein Jahr alt ist, folgt sie einem Ruf in die Hauptstadt, lebt in der Welt der Reichen und Mächtigen, kann als Aristokratin und elegante Dame an rauschenden Festen teilnehmen. Und sie geht gern auf Reisen, beispielsweise von Stockholm aus in das berühmte Santiago de Compostela. Wieder in Schweden zurück, wählt sie bald darauf Rom als ihren Aufenthaltsort. Inzwischen ist sie eine Berühmtheit geworden, die Gehör findet bei Bischöfen und Päpsten, die sich ihre Mahnungen anhören, ohne je ernsthaft auf sie zu hören.

Birgitta entstammt dem Hochadel und ist durch ihre Mutter mit dem schwedischen Königshaus verwandt. Ihr Vater Birger ist Lagmann von Uppland. Geboren wurde Birgitta Birgersdotter im Jahr 1303 in Finsta bei Uppland, das genaue Geburtsdatum ist nicht bekannt. Für ein Mädchen der damaligen Zeit ist die Jugend kurz, im September 1316 wird die Dreizehnjährige verheiratet mit Ulf Gudmarsson, der achtzehn Jahre zählt. Mit ihm hat sie acht Kinder. Im Jahr 1335 folgt sie einem Ruf des Königs nach Stockholm und wird dort Oberhofmeisterin der Königin Blanka und Erzieherin am königlichen Hof. Den achtjährigen Sohn Gudmar nimmt sie mit, die anderen Kinder bleiben unter der Obhut von Klosterfrauen zurück. Kindererziehung war damals nicht unbedingt die vordringlichste Aufgabe der Eltern.

Zu ihrer Silberhochzeit im Jahr 1341 lässt sich das Ehepaar etwas Besonderes einfallen, eine Pilgerreise nach Santiago de Compostela. Wer da an eine zweite Hochzeitsreise denkt, muss sich die Gegebenheiten vor Augen halten. Die beiden gingen zu Fuß, arm gekleidet, mit bescheidener Verpflegung in einer größeren Pilgergruppe. Trotz der körperlichen Strapazen empfand Birgitta die Reise als eine glückliche Zeit. Nach der Rückkehr trat ihr Mann Ulf als Mönch in das Zisterzienserkloster Alvastra ein, wo er allerdings im Februar 1344 verstarb.

Die Witwe lebt einige Jahre im Gästehaus des Klosters, legt ihren Schmuck ab, auch ihren Ehering, zieht ein grobes und graues Bußkleid an und beginnt ein asketisches Leben. Sie schläft auf dem Fußboden und fastet die meisten Tage. Ihre intensive Religiosität steigert sich zu mystischem Erleben. In der klösterlichen Einsamkeit erfährt sie Offenbarungen, Schauungen, ekstatische Visionen und hört die Stimme »ihres himmlischen Bräutigams«.

Die Seherin

Im Frühjahr 1346 erfährt ihr Leben eine radikale Neuorientierung, in Visionen empfängt sie konkrete Aufträge, die weit über ihren privaten Bereich hinausgehen. Zwei wesentliche Themen werden zum Inhalt ihrer Erscheinungen:

Die Gründung eines neuen Ordens und Reformen der Kirche, insbesondere die Rückkehr der Päpste nach Rom. Damit wächst in Birgitta ein Sendungsbewusstsein und ein Gefühl der Verantwortung für die Befindlichkeit der gesamten Kirche. Zugleich macht sie ihre Erscheinungen nach außen publik und wächst langsam hinein in die Rolle einer Prophetin. Auch am schwedischen Königshof tritt sie als Bußpredigerin und Mahnerin auf und verweist auf ihre göttliche Sendung. Für ihr neues Kloster, in das sie selber aber nicht eintreten wird, erhält sie vom König als wirtschaftliche Basis ein Schloss in Vadstena geschenkt.

Briefe an den Papst in Avignon

Eine Offenbarung enthält klare Mahnungen und Drohungen an Papst Clemens VI. in Avignon:

»Der Sohn sprach zur Braut (Birgitta): Schreibe von meiner Seite an den Papst Clemens diese Worte: Ich habe dich erhöht und dich über alle Stufen der Ehre hinaufsteigen lassen. Erhebe dich also, um Frieden zu stiften zwischen den Königen Frankreichs und Englands! Komm sodann nach Italien, verkündige dort das Wort!

Denk auch aufmerksam an die vorausgehenden Zeiten, in denen du Mich frevlerisch zum Zorn gereizt hast. Ich fordere von Dir Verantwortung für die Vernachlässigung und den Frevel deiner Zeit. Du wirst über andere Stufen geistlicher Weise hinabsteigen, wenn du Meinen Worten nicht gehorchst. Deine großsprecherische Zunge wird schweigen, dein Name wird vor Meinem und Meiner Heiligen Antlitz in Vergessenheit und Schmach geraten. Erhebe dich daher, bevor deine letzte Stunde naht.«[70]

Auch die persönliche Lebensführung wird in dieser Offenbarung angesprochen und Clemens wird ein »amator carnis«, Liebhaber des Fleisches, genannt.

Wie aber soll eine schwedische Gräfin ihre Botschaft an den Papst bekannt machen? Es geht eigentlich nur über Beziehungen. Und die Seherin ist längst nicht mehr allein, sie hat Beichtväter, die ihr beistehen. Zu ihrem Freundeskreis gehört auch der finnische Bischof Hemming, der von seiner Studienzeit in Paris her mit dem Papst gut bekannt ist. Er macht sich auf nach Avignon, begleitet von P. Petrus Olafsson von Alvastra, Birgittas Sekretär, um dem Papst persönlich den Brief in die Hand zu drücken. Eine Reaktion ist nicht überliefert, das wenig schmeichlerische Schreiben hat ihn kaum erschüttert.

Zu der Zeit war im Leben der Visionärin vieles unbestimmt, als sie in einer Erscheinung eine klare Direktive erhielt: »Gehe nach Rom und bleibe daselbst, bis du den Papst und den Kaiser gesehen hast und rede mit ihnen jene Worte, die Ich dir eingeben werde.«

Rom – verlassene Stadt

Im Herbst 1349 macht sich Birgitta auf den Weg, zu ihrer Reisebegleitung gehören ihr Sekretär P. Petrus Olafsson, ihr Beichtvater, ein weiterer Priester und eine Frau. Die Gruppe zog durch Deutschland, in dem die Pest wütete, ganze Dörfer waren ausgestorben, Not und Elend unübersehbar. In den Kirchen war kein Glockengeläut zu hören, weil der Kaiser gebannt und über das Land das Interdikt verhängt war.

In Genua bestieg die fromme Reisegruppe ein Schiff nach Ostia, von dort zogen sie singend und betend nach Rom und nahmen Quartier im Albergo del Orso, im »Gasthof zum Bären«. Anschließend wohnten sie vier Jahre im Haus eines Kardinals bei San Lorenzo in Damaso, dann erhielt die Seherin ein Haus an der heutigen Piazza Farnese, in dem sie bis zu ihrem Tod lebte. Sie trat in keinen Orden ein, war also weder Nonne noch Äbtissin, sondern lebte in einem Privathaus als Prophetin mit einer kleinen Hausgemeinschaft.

1350 strömten riesige Pilgerscharen nach Rom, um das vom Papst verkündete Heilige Jahr zu feiern. Rom war eine unbedeutende Provinzstadt geworden und eine schäbige dazu. Eine miserable Sicherheitslage herrschte, Banden streiften umher, nicht wenige Pilger wurden ausgeraubt. Auch der Legat, Kardinal Annibaldo, ging nur mehr mit einem Panzerhemd unter seinem Ornat auf die Straße, nachdem sein roter Hut beim Kirchgang von einem Pfeil durchbohrt worden war. Schon nach außen machte die Stadt einen verkommenen Eindruck, nicht wenige Kirchen waren verfallen und beschädigt, sogar die Lateranbasilika war ohne Dach.

Die schwedische Aristokratin kümmerte sich um die Pilger aus den nordischen Ländern. Sie engagierte sich für Arme und nahm sich besonders der Prostituierten an. Auch mischte sie sich unter die heischenden Bettler, wenn sie selber nichts mehr zu beißen hatte. Ihre Tochter Katharina war auch nach Rom gekommen, nachdem ihr Ehemann 1351 verstorben war.

Zu ihrer Hausgemeinschaft gesellte sich 1368 auch Bischof Alfonso, der auf seine spanische Diözese Jaén verzichtet hatte und ursprünglich als Eremit hatte leben wollen. Alfonso wurde ein wichtiger Berater und Mitarbeiter Birgittas. Durch ihre Ausstrahlung bildete sich um sie ein Verehrerkreis, der sie in allem unterstützte. Von anderen wurde sie dagegen als »die schwedische Hexe« mit üblen Schimpfwörtern bedacht.

Drastische Kirchenkritik

Ihre provozierende Kirchenkritik konnte in der Tat nicht jedem gefallen. In einem langen Brief, vielleicht an den Bischof von Orvieto, beklagt die Seherin die üblen Zustände in Rom, den Zerfall der Kirche. Heftige Kritik übt sie am Lebensstil der Kleriker, die ihre Nächte mit Dirnen verbringen, und manche freuen sich, »daß ihre Huren mit geschwollenen Bäuchen schwanger unter anderen Frauen dahinwandeln«. Die Zustände in vielen Klöstern sind katastrophal, zu den Gottesdienstzeiten sieht man wenige oder überhaupt keine Mönche, die Klosterpforte bleibt nachts offen, »darum sind solche Gebäude heute öffentlichen Freudenhäusern ähnlicher als heiligen Klöstern«. Und mit Geld lässt sich in der Beichte leichter eine Lossprechung erreichen:

»Während der Beichtvater mit dem Mund die Absolution ausspricht, scheut er sich nicht, mit seinen Händen das Geld in den Beutel zu stecken.«[71]

Immer wieder besuchte sie die Wallfahrtsorte in Italien, z. B. das Nikolaus-Grab in Bari, 1352 reiste sie nach Assisi. Im Advent 1366 kam sie nach Neapel und blieb dort einige Monate. Sie hatte Kontakt zum Erzbischof und auch die Königin Johanna hörte sich die Ermahnungen Birgittas an.

Der Papst in Rom

Der Stadt Rom stand eine große Überraschung bevor. Im April 1367 hatte der neue Papst Urban V. Avignon verlassen, betrat im Juni den Kirchenstaat und hielt am 16. Oktober 1367 seinen spektakulären Einzug in der Ewigen Stadt. Pauken und Trompeten kündigten den Nachfolger Petri an. Der Anblick der langen Reihen gepanzerter Reiter erweckte nicht gerade den Eindruck einer kirchlichen Prozession.

»Der Statthalter Christi zog in die heilige Stadt wie ein zu Kampf und Krieg gerüsteter General oder ein erobernder König an der Spitze einer Armee.«[72]

Urban ritt auf einem weißen Zelter, in seiner Begleitung elf Kardinäle, die finster und argwöhnisch in die Runde schauten, eher einen Fluch als einen Segen auf den Lippen. Der Papst bezog als Wohnung den Vatikan, der notdürftig hergerichtet wurde.

Birgitta stand in der Peterskirche, und für sie ereignete sich ein göttliches Wunder, als sie den Papst vorne am Altar sah.

Im Sommer 1368 verlegte Urban seine Residenz aufs Land und residierte in Montefiascone, im Oktober des gleichen Jahres zogen Papst und Kaiser Karl IV. in die Peterskirche ein, für die ganze Christenheit ein hoffnungsvolles Schauspiel. Im Frühsommer 1369 hielt sich Urban V. wieder in Montefiascone auf, Birgitta reiste ihm nach und blieb drei Monate dort, um endlich ihre Ordensregel genehmigt zu bekommen. In einer Audienz begegnete ihr der Papst freundlich und mit Hochachtung, ihr Ruf als Seherin war schon weit verbreitet. Mit dabei waren zwei hochrangige Begleiter, Bischof Alfonso und Niccolò Orsini, der Graf von Nola. Um die Ordensregel für das Kloster in Vadstena entwickelte sich ein längeres Tauziehen. Birgitta wollte ein so genanntes Doppelkloster gründen, bestehend aus einem Männer- und Frauenkonvent, wobei die Frauen das zahlenmäßige Übergewicht haben sollten. Die Gesamtleitung sollte eine Äbtissin wahrnehmen, also eine Frau auch als Leiterin der Männer. Diese Ordensform war aber längst verboten, und neue Orden wollte die Kurie sowieso nicht. Bei allem Wohlwollen war Urban nicht bereit, einfach einen Text Birgittas zu unterschreiben, und es blieb bei einem nur vorläufigen päpstlichen Bescheid, an sich ein enttäuschendes Ergebnis ihrer persönlichen Gespräche mit dem Papst.

Im Herbst 1369 wurde ihr eine besondere Freude zuteil, Urban empfing in Rom sie und ihre beiden Söhne Karl und Birger.

Rückzug des Papstes

Die Sicherheitslage in Rom verschlechterte sich zusehends, der Papst wollte nicht riskieren, in die Gefangenschaft von geldgierigen Söldnerbanden zu geraten. Am 17. April 1370 verließ Urban V. die unwirtliche und unsichere Papststadt und zog sich zurück nach Montefiascone. Man muss dem Pontifex nicht bloße Feigheit unterstellen, nur mit einem starken Heer hätte er sich halten können. Birgitta war entsetzt und enttäuscht und erlebte eine Marienerscheinung, die sie in deutlichen Worten schildert:

»Jetzt wendet er mir den Rücken zu und sein Angesicht von mir ab und gedenkt, von mir zu weichen, wozu ihn der böse Geist in seinem Truge anleitet … Es zieht ihn auch der Teufel mit weltlicher Lust, weil er nach weltlicher Gewohnheit sein Vaterland viel zu lieb hat. …

Gelingt es ihm, in das Land zurückzukehren, wo er zum Papste gewählt ward, so wird er in kurzer Zeit einen Schlag oder Backenstreich erhalten, daß seine Zähne zusammenschlagen und klappern werden, das Gesicht wird finster werden und sich verdunkeln, und am ganzen Leibe werden ihm die Glieder zittern.«[73]

Diese nächtliche Vision erschütterte die Seherin. Am nächsten Morgen eilte sie nach Montefiascone, um Urban persönlich ihre Erscheinung mitzuteilen und um ihn zu warnen. Aber er war schon im Aufbruch und ließ sich nicht mehr zurückhalten. Die Sehnsucht nach dem ruhigen Avignon gewann die Oberhand. Anfang September 1370 verließ Urban Italien, Ende des Monats zog er wieder in Avignon ein. Sein Rom-Ausflug erschien ihm als Fiasko.

Aber die Todesdrohung der Prophetin war nicht in den Wind gesprochen, sie hatte es ihm nicht ins Ohr geflüstert, eine Seherin agiert im öffentlichen Raum, ihre Botschaft war publik. Keine drei Monate blieben Urban noch Zeit in seinem geliebten Avignon. Als er seinen Tod nahen fühlte, ließ er sich in das Haus seines Bruders bringen.

»Hier starb er im Benediktinerhabit auf ärmlichem Lager liegend bei geöffneten Türen, so daß alle sehen konnten, wie ein Papst stirbt, am 19. Dezember 1370 im 61. Lebensjahr.«[74]

Nach Jerusalem!

Dem Nachfolger Gregor XI. gehörte von Anfang an die Sympathie der schwedischen Seherin. Noch im Januar 1371, dem Monat seiner Papstwahl, wandte sich Birgitta mit einer ersten Botschaft an den Pontifex. Ein prominenter Vertreter des römischen Stadtadels, Latino Orsini, reiste mit dem Schreiben der Prophetin nach Avignon.

Einen Monat später kommt in Avignon eine zweite Botschaft Birgittas an, sie drängt jetzt zur Eile und setzt große Hoffnungen auf den neuen Papst. Er soll sich gar nicht erst eingewöhnen in Südfrankreich. Hauptinhalt der Schreiben ist die dringliche Mahnung zur Rückkehr und damit zu einem ersten Schritt kirchlicher Reformen. Vieles klingt wie ein Ultimatum mit schroffen Worten. Die Botschaft der Seherin spart auch nicht mit Drohungen. Er wird die Rute der Gerechtigkeit fühlen, sein Leben wird verkürzt.

Aus Avignon selbst kommen keine positiven Rückmeldungen. Birgitta in Rom ist bedrückt von der Gleichgültigkeit in Avignon und empfängt in einer Erscheinung eine neue Aufgabe, sie soll eine Fahrt ins Heilige Land unternehmen. Das kommt für sie überraschend und sie schreckt auch davor zurück, schließlich ist sie schon achtundsechzig Jahre alt.

Aber sie nimmt persönlich ihre Erscheinungen ernst und bricht am 25. November 1371 zu ihrer großen Reise auf, begleitet wird sie von ihrer Tochter Katharina, ihren Söhnen Birger und Karl, ihren zwei Beichtvätern, zwei Hauskaplänen, dem spanischen Bischof Alfonso und zwei spanischen Frauen. Erste Station ist Neapel und von dort soll es per Schiff über Zypern ins Heilige Land gehen. Über drei

Monate bleibt die Gruppe in Neapel und bietet Gesprächsstoff für die ganze Stadt.

Der Vorstellungsbesuch Birgittas mit ihren Kindern bei der neapolitanischen Königin Johanna führt zu einem ungeahnten Ergebnis. Die immer noch attraktive Johanna, fünfundvierzig Jahre alt, und der gut aussehende schwedische Ritter Karl sind spontan für einander begeistert. Beide sind zwar jeweils an einen Ehepartner gebunden, aber ihre Zuneigung kennt keine Grenzen. Karl, des ewigen Büßens überdrüssig, genießt das Leben in den Armen einer schönen und reifen Frau, die dem Mann aus dem Norden in heißer Leidenschaft ergeben ist. Eine Liebesaffäre beginnt, schon äußert Johanna der entsetzten Birgitta gegenüber, dass sie Karl zu heiraten gedenkt. Allerlei Turbulenzen zeichnen sich ab, als der feurige Liebhaber plötzlich erkrankt und nach einigen Tagen stirbt, von seiner Mutter gepflegt, fürsorglich, aber ohne jede Trauer. Lieber einen toten Sohn als ein Kind in schweren Sünden! Die Reaktion der Mutter erstaunt die Umwelt: Birgitta geht in seltener Gelassenheit hinter dem Sarg ihres Sohnes, während die Königin tränenüberströmt den Toten begleitet, umgeben von ihrem Hofstaat. Wie für einen Ehemann ordnet sie ein prächtiges Begräbnis mit allem fürstlichen Aufwand an.

Mitte März, einen Tag nach Karls Beerdigung, verlässt die Pilgergruppe Neapel und trifft Mitte Mai 1372 in Jerusalem ein, in einer Stadt, die dem mittelalterlichen Menschen fast die ewige Seligkeit garantiert, für Birgitta ein Nährboden ihrer Visionen und Gesichte. Sie hat alle wichtigen Pilgerorte der damaligen Zeit besucht und lebt ganz in der zeitgenössischen Vorstellungswelt, dass es Orte gibt, an denen Gott ein besonders offenes Ohr hat und gnädiger und barmherziger mit den Menschen verfährt, Orte, die den vollkommenen Ablass gewähren.

Im Februar 1373 treffen wir die Pilgergruppe wieder in Neapel und von dort schickt die schwedische Visionärin ihren geistlichen Berater und Vertrauten Bischof Alfonso nach Avignon. Der Papst macht keine Anstalten für die längst fällige Reise nach Rom. Die Erscheinungen, die Birgitta dem Papst berichtet, nehmen zu an Schärfe und sind ein flammender Appell, endlich auf die göttliche Stimme zu hören.

Angeprangert wird die unersättliche Schwelgerei am päpstlichen Hof. Gregor sei kein Seelenführer, sondern ein Seelenverderber, fast alle, die an seinen Hof kommen, bringe er in das höllische Feuer. Immer energischer ertönt der Befehl, endlich in die Ewige Stadt zu kommen.

»Komm also und zaudere nicht! Komme nicht mit der gewöhnlichen Hoffart und weltlichen Pracht, sondern mit Demut und heißer Liebe. Reiße aus und zerstöre alle Laster an Deinem Hofe! Fange an, meine Kirche zu erneuern! … Wirst du aber meinem vorgedachten Willen nicht Folge leisten … werde ich Dich verstoßen vom himmlischen Hof … und ein jeglicher Teufel in der Hölle wird einen Bissen von Deiner Seele empfangen und statt des Segens wirst Du mit ewigem Fluche erfüllt werden.«[75]

Tod in Rom

Als Birgitta im März 1373 wieder in Rom ist, hört sie Gerüchte über die baldige Ankunft des Papstes. Ihr Brief, den sie jetzt schreibt, ist ihr letztes Wort an den Nachfolger Petri, der zwar guten Willens ist, dem es aber an Durchsetzungsfähigkeit mangelt. Es wird ihm auch ein Termin gesetzt, er solle im Herbst seinen Platz in Rom einnehmen. Drei Jahre später wird er um diese Zeit in Avignon aufbrechen, angefeuert von Katharina von Siena, die die Nachfolge Birgittas als Mahnerin des säumigen Pontifex antritt.

Am Vormittag des 23. Juli 1373 stirbt Birgitta von Schweden, und ihr Leichnam wird in einer großen Prozession zur Kirche San Lorenzo in Panisperna gebracht und dort am 27. Juli vorläufig bestattet. Anfang Dezember machen sich ihre schwedischen Hausgenossen mit ihrem Leichnam auf nach Schweden. Ihre letzte Reise geht nach Ancona, von dort mit dem Schiff nach Triest und dann über Land durch Kärnten, Mähren, Polen bis nach Danzig. Nach einer Winterpause wird der Sarg im Frühjahr auf ein Schiff geladen, und über Östergötland erreicht er am 4. Juli 1374 Vadstena, das noch unvollendete Kloster, in dessen Krypta Birgitta ihre letzte Ruhestätte findet. Ihre Tochter Katharina wird hier Nonne, reist aber ein Jahr später wieder nach Rom, um die Heiligsprechung ihrer Mutter voranzubringen.

Im Jahr 1391 folgt die Kanonisation durch Papst Bonifaz IX., 1413 wird dies durch den Gegenpapst Johannes XXIII. wiederholt und 1419 bestätigt Papst Martin V. die Heiligsprechung.

Anziehungskraft einer Heiligen[76]

Die Verehrung der großen schwedischen Heiligen dauert fort bis in die Gegenwart: Papst Johannes Paul II. hat drei Frauen zu Mitpatroninnen Europas[77] ernannt, neben der in Auschwitz ermordeten jüdischen Nonne Edith Stein die Heiligen Birgitta von Schweden und Katharina von Siena. In Schweden wurde Birgittas 700. Geburtstag am 31. Mai 2003 in Vadstena mit einem großen Festakt gefeiert, von Protestanten wie Katholiken. Nicht weniger als 110 000 Menschen besuchten im Jahr 2003 Vadstena und Birgittas Geburtsort Finsta. Die nordische Mystikerin hat bis heute ihre Faszination nicht verloren, und viele bewundern eine Frau, die bewusst eine öffentliche Wirksamkeit entfaltete und sich mit Energie in die oberste Kirchenpolitik einmischte, den Päpsten die Meinung sagte in einer unverblümten Sprache, die sich heute niemand mehr gefallen ließe.

Katharina von Siena

Audienz in Avignon

Ihr Reiseziel ist weithin sichtbar. In den tiefblauen Sommerhimmel ragt unübersehbar der neue Papstpalast mit seinem hellen Stein. Ständig gehen Gesandte hier ein und aus, er ist das Machtzentrum der abendländischen Christenheit. Die Reisegruppe kann aufatmen, sie hat heute am 18. Juni 1376 ihr Ziel erreicht. Die Reisenden sehen weder vornehm noch verkommen aus und finden Unterkunft bei den Dominikanern. Sie gehören keineswegs zu den Ehrengästen, sie sind nicht eingeladen, sondern drängen sich eher auf. Ein Dominikaner ist dabei, aber die Führung der Gruppe hat eine Frau inne, die noch keine dreißig Jahre zählt und die sie Katharina nennen. Am liebsten wäre sie zu Seiner Heiligkeit in den Palast hineingestürmt und hätte ihren Worten freien Lauf gelassen. Aber zunächst heißt es warten. Eine Frau besucht nicht einfach den Papst, sie wird vorgelassen.

Einige Tage später eilt Katharina in den imposanten Papstpalast, ihr wird eine Audienz gewährt, aber nicht herablassend und mit mitleidigen Blick auf die christliche Tochter. Papst Gregor XI. hat sie schon erwartet, sie hatte ihm Briefe geschrieben, er kennt ihre Anliegen und hat Achtung und Respekt vor ihr. Was hat der Papst mit dieser jungen Frau zu besprechen? Es ist umgekehrt, sie hat etwas mit ihm, Seiner Heiligkeit, zu besprechen. Er soll endlich wieder seinen angestammten Platz einnehmen, und der kann nur in Rom sein. An dem Gespräch nimmt auch Raimund von Capua teil und zwar als Dolmetscher. Dem Papst war Italienisch wenig geläufig und deshalb sprach er Latein, das wiederum Katharina nicht verstehen konnte.

Vermutlich hat Gregor sie nur einmal empfangen, auch wegen des Widerstands der Kardinäle, aber Katharina bleibt, bis der Papst sich auf die Reise begibt.

Sie mischt sich ein, nennt die Dinge beim Namen. Aber wer ist diese Katharina und woher nimmt sie die Kompetenz für ihr Eingreifen?

Ein auffälliges Kind

Zweiundzwanzig Kinder hatte Monna Lapa Benincasa aus Siena schon geboren, als im Jahre 1347 noch einmal eine Geburt anstand, bei der Zwillinge auf die Welt kamen. Von den beiden Mädchen wurde eines auf den Namen Katharina[78] getauft. Die Mutter, von den vielen Schwangerschaften keineswegs erschöpft, war eine temperamentvolle Frau, wird ihre Tochter überleben und das seltene Alter von achtzig Jahren erreichen. Der Vater Giacomo ist Inhaber einer Färberei und hat es zu einem gewissen Wohlstand gebracht.

Katharina (1347–1380) wächst in einer lebhaften und turbulenten Großfamilie auf und es wäre zynisch zu sagen, der Appetit auf Familie sei ihr gründlich vergangen. Von Kindheit an denkt sie an ein eheloses Leben. Ihre Mutter allerdings beginnt frühzeitig, Heiratspläne zu schmieden. Katharina erhält schöne Kleider, eine hübsche Frisur soll sie attraktiv erscheinen lassen. Aber alle vorgesehenen Männer lehnte sie strikt ab und es kam dabei zu heftigen Auseinandersetzungen mit ihrer Mutter. Diese pochte auf ihr Recht und verlangte Gehorsam. Katharina aber hat sich heimlich die Haare geschnitten und zeigte ihrer Mutter unter dem Kopftuch einen kurz geschorenen Kopf. Ihr Vater schaltete sich ein und entschied, dem seltsamen Mädchen seinen Willen zu lassen. Dieses richtete sich im elterlichen Haus eine kleine Zelle ein, in der sie allein und ganz für sich wohnte. Sie schlief auf dem Boden, fastete und unterzog sich Kasteiungen.

Mit fünfzehn Jahren wurde Katharina in den Dritten Orden des heiligen Dominikus aufgenommen. Von nun an trägt sie das weiße Kleid, den Schleier und den schwarzen Mantel. Man nannte diese Terziarinnen deshalb Mantellaten. In Siena gehörten diesem Zweig ältere Witwen an, die in ihren eigenen Wohnungen ein zurückgezogenes Leben führten. Katharina wurde Mitglied einer Gemeinschaft, aber das Typische war eben, dass sie nicht in Klausur hinter Klostermauern lebte.

Katharina ist ohne ihre Erscheinungen nicht zu verstehen. Sie fühlt sich durch eine göttliche Kraft gestärkt und durch innere Eingebungen geleitet. Mystische Erlebnisse prägen ihr Leben. »Ich bin das Feuer und du bist der Funke«, Feuer ist ein wichtiges Element, glühendes Verlangen ist ein bedeutsames Thema. Ausgedrückt wird das in einer bilderreichen Sprache, wie z. B. in einem Brief vom März 1374 an Frater Bartolomeo Dominici:

»Ich Caterina, unnütze Magd, ich stehe Qualen aus vor Verlangen, wälze mich im Innersten meiner Seele vor Schmerz und Tränen, wenn ich unsere Blödigkeit und Trägheit sehe und schmecke, und daß wir Gott die Liebe nicht schenken, obschon er uns unzählige Gnaden gibt.«[79]

Ausstrahlungskraft einer Visionärin

Von Jugend an erlebte Katharina Visionen, unter anderem auch eine Vermählungsszene mit Christus und seitdem weiß sie einen unsichtbaren Ring an ihrer rechten Hand. Sie begann nun, sich in der Kranken- und Armenpflege zu engagieren und pflegte mit Hingabe Pestkranke. Dabei muss eine seltsame Ausstrahlung von ihr ausgegangen sein. Es bildete sich ein Kreis von Männern und Frauen um sie. Dazu gehörten Dominikanerpatres, die sie von Jugend auf kannte, und Leute aus verschiedensten Berufen. Es war eine bunt zusammengewürfelte Gemeinschaft, ohne Regeln und verbindliche Normen. Viele dieser Mitglieder waren aus vornehmen Familien, noch jung, und auch Katharina selbst war etwas über zwanzig Jahre. Dennoch unterwarfen sich ihr alle und betrachteten sie als ihre geistige Mutter. Sie ist die fraglos anerkannte Autorität für diesen Freundeskreis, den sie »famiglia« nennt. Einige Mitglieder tauchen in ihren Briefen auf, wie eine Lisa, eine Cecca, die Zeitverschwenderin, und Alessa, die Dickliche.

Katharina erregte Aufmerksamkeit, wurde von glühenden Verehrern bewundert, aber auch mit Argwohn beobachtet und angefeindet. Gewisse Verdächtigungen erreichten auch die Ordensleitung.

Wer von Siena nach Florenz kommt, wird nicht enttäuscht. Die Stadt steht in voller Blüte und das nicht nur an Pfingsten des Jahres 1374. Der gewaltige Dom mit dem Baptisterium ist zu bewundern und viele Bauten mehr. Die Reisegruppe geht zielsicher auf die Dominikanerkirche Santa Maria Novella zu, vor ihrem großen Auftritt will Katharina noch einmal beten, aber in dem weiten Raum kommt sie sich verloren vor. Das Kloster nebenan ist ihr eigentliches Ziel. Hier tagt das Generalkapitel des Dominikanerordens, vor das sie geladen ist.

Ein Bruder führt Katharina durch den neuen Kreuzgang in den Kapitelsaal, dessen Wände überreich mit Fresken bemalt sind, die noch kaum trocken sind. Die bescheidene Katharina schaut sich um, keine Spur von Armut ist hier zu sehen und das bei einem Bettelorden. An der linken Wand thront Thomas von Aquin, der Meistertheologe des Ordens, unten zu seinen Füßen sitzen Häretiker. Dieser Platz kann schnell gefährlich werden, das weiß auch Katharina, aber sie ist von ihrer Sache so überzeugt, dass sie keinerlei Bangen empfindet, wenn sie jetzt in die Runde schaut. Als einzige Frau steht sie vor einem reinen Männergremium, nur Männer können prüfen, ob eine Frau vom wahren Glauben abweicht. Und wie der berühmte Thomas halten sie alle nicht viel von Frauen. Das Verhör beginnt, genau muss die Seherin schildern, was sie empfindet, was sie betet, wie sie fastet. Am Ende bestätigt der Ordensgeneral ihre Rechtgläubigkeit, aber zur Sicherheit, damit die Sache mit den Erscheinungen nicht ausartet, gibt man ihr einen geistlichen Leiter an die Seite, Raimondo von Capua. Als Aufpasser gedacht, wird er bald zu einem Vertrauten und Freund Katharinas.

Neben ihren karitativen Tätigkeiten in Siena fühlt sich Katharina berufen, ins große Weltgeschehen einzugreifen und zwar in göttlichem Auftrag. Drei Ziele erscheinen ihr dabei wichtig: Rückkehr des Papstes nach Rom, Reform der Kirche, Kreuzzug gegen die Ungläubigen.

Katharina sorgte sich um die Kirche und sah im Klerus die Hauptursache aller Übel. Das Volk sei fromm zu allen Zeiten. Aber beim Klerus liege vieles im Argen und die Visionärin wies mit deutlichen Worten darauf hin.

»Zu Schmarotzern und Blutsaugern an den Seelen sind sie geworden, statt zu Bekehrern. Alles wegen ihrer Selbstsucht. ... Die Kleriker sind Strohhalme und keine Säulen der Kirche; sie strömen keine Düfte, sondern Gestank aus, mit dem sie die ganze Welt verpesten. Sie können auf keine Schonung rechnen wegen des roten Hutes oder wegen der Prälatenwürde.«[80]

Katharina beginnt nun ein erstaunliches Engagement und schreibt Briefe an Personen, die normalerweise keine Post von einer einfachen Nonne erhalten. Sie hat keine vorzeigbaren Titel, sie ist weder Äbtissin noch stammt sie von einem Adelsgeschlecht ab. Dennoch sind ungefähr 380 Briefe Katharinas in verschiedenen Sammlungen überliefert. An ihrer Echtheit bestehen keine ernsthaften Zweifel, wenn man zugesteht, dass bei den Abschriften gekürzt und verändert wurde, aber die Kernaussagen sind unbestritten. Katharina selber konnte nicht schreiben. Erst in ihren letzten Lebensjahren hat sie es notdürftig gelernt. Sie hat alle Briefe diktiert, und zwar hat sie mit verschiedenen Sekretären gearbeitet. Die Briefe wenden sich an ganz unterschiedliche Adressaten, neben Päpsten und Kardinälen finden sich auch einfache Leute. Verfasst wurden die Briefe zwischen 1367 und 1380. Immer vertritt sie vehement die Sache des Papstes.

Die selbsternannte Papstberaterin

Der erste erhaltene Brief an Papst Gregor XI. wurde in Siena geschrieben, wahrscheinlich Ende Januar 1376. Die Seherin erinnert ihn an seine notwendige Rückkehr nach Rom: »Wenn Sie bisher nicht recht entschlossen gewesen sind, so bitte und beschwöre ich Sie, von nun an als mutiger Mann zu handeln und Christus nachzufolgen, dessen Stellvertreter Sie ja sind. Fürchten Sie nichts, liebster Vater, weder die Stürme, die Sie bedrohen, noch den grollenden Aufruhr. Wachen Sie über die Angelegenheiten der Kirche, setzen Sie gute Hirten und in den Städten gute Obrigkeiten ein, denn die schlechten Hirten und die schlechten Obrigkeiten sind die Ursache der Auflehnung. Kehren Sie nach Rom zurück … zögern Sie nicht mehr. Ihre Säumigkeit hat schon viel Verwirrung entstehen lassen, und Satan versucht alles, um ihre Rückkehr zu verhindern. Mut, Heiliger Vater, keine Nachlässigkeit mehr!«

Ende März reist Raimund von Capua, der Vertraute Katharinas, im Auftrag der Florentiner Regierung nach Avignon. Katharina gibt ihm einen Brief mit, der die Reform der Kirche aufgreift:

»Zunächst sollen Sie im Garten der heiligen Kirche, dessen Hüter Sie sind, die stinkenden Blumen ausrotten, die voll Schmutz und Gier und vom Stolz aufgebläht sind. Das sind die schlechten Hirten und Hüter, die diesen Garten verpesten … Ach, wie sehr muß man sich schämen.«[81]

Als Katharina beschlossen hat, selbst nach Avignon zu reisen, schickt sie vermutlich im Mai 1376 einen Brief an Gregor, um ihre Ankunft zu melden. Der Papst rüstet gleichzeitig zum Krieg. Schon im April hat er bretonische Söldner angeworben. Sie redet ihm ins Gewissen. »Ich schreibe Euch mit dem Wunsch, Euch als tapferen Mann ohne jede knechtische Furcht zu wissen.« Sie findet es katastrophal, dass der Papst mit einem Heer nach Italien kommen will und schreibt: »Und hütet Euch, wenn Euch das Leben lieb ist, mit Kriegstruppen zurückzukehren, sondern kommt mit dem Kreuz in der Hand wie ein sanftes Lamm.«

Fast drei Monate bleibt Katharina in Avignon, sie will die Rückkehr des Papstes nach Rom gleichsam erzwingen. Das glanzvolle Leben der geistlichen Herren ist für sie abstoßend.

»Sie machte keinen Hehl aus ihrem geradezu physischen Ekel vor den glanzvollen Mätressen der Kardinäle, erklärte, daß für sie die duftenden Leiber dieser schönen Frauen nur stänken und machte sich naturgemäß viele Feinde unter den Prälaten.«[82]

Ihr Dolmetscher Raimund von Capua ist beim Gespräch mit dem Papst sehr erschrocken, als die Seherin die päpstliche Hofhaltung ohne Scheu kritisierte.

»Katharina, die bis dahin klein und unscheinbar dagestanden war, richtete sich unversehens hoch auf (mir fiel plötzlich die Würde an ihr auf) und mit fester Stimme erwiderte sie:

›Ich bekenne furchtlos, daß die Sünden des päpstlichen Hofes bis nach Siena stinken, von wo ich herkomme und mir noch dort mehr Ekel einjagen als den Leuten hier.«[83]

Drei Briefe an den Papst hat Katharina in Avignon geschrieben. Voller Optimismus ist sie hier angekommen. Schon zwei Tage nach ihrer Ankunft wurde sie in einer Audienz empfangen und offensichtlich war Gregor beeindruckt von der begeisternden Persönlichkeit, die vor ihm stand. Katharina nahm kein Blatt vor den Mund.

»So radikal und offen, wie sie mit Papst Gregor XI. in Avignon gesprochen hat, hat meines Wissens noch nie ein Mann mit einem Träger der Tiara zu sprechen gewagt.«[84]

Anfang September steht der geplante Umzug wieder auf der Kippe. Die französische Partei an der Kurie griff zu einem eigenartigen Mittel. Der Papst erhielt von einem Mann, der als heiligmäßig bekannt war, einen Brief mit Warnungen vor einem Giftanschlag. Er nahm das Schreiben sehr ernst und gab es auch Katharina zur Kenntnis. Diese sieht in dem Ganzen eine plumpe Fälschung, die Worte klingen nicht, wie sie schreibt, nach einem Diener Gottes, sie sieht dahinter einen fleischgewordenen Teufel. Katharina kontert:

»Aber da muß ich schon sagen, daß solches Gift auch in den Kaufläden Avignons zu haben ist und überall, nicht nur in Rom, schön dosiert nach Monat und Jahr, je nach Wunsch des Käufers. Überall gibt es solches Gift … Deshalb sage ich Ihnen, ehrwürdiger Vater, ich möchte Sie stark und standhaft in Ihrem guten Vorhaben sehen. Seien Sie ein Mann, fest und unerschütterlich!«[85]

Kurz vor der Abreise des Papstes verlässt auch Katharina mit ihren Begleitern Avignon. Es war eine mühselige Sache, den stets wankenden Papst auf die Reise zu schicken.

Auf dem Weg nach Rom

Am 13. September 1376 verließ Gregor endgültig Avignon, am 5. Dezember 1376 betrat er in Corneto päpstlichen Boden, wo er bis

Ekstase der heiligen Katharina von Siena.
Gemälde von Sodoma in S. Domenico (Siena)

Mitte Januar blieb und am 17. Januar 1377 erreichte er endlich Rom. Natürlich kann Katharina nicht an seiner Seite triumphierend in Rom einziehen. Ein wahres Erfolgserlebnis ist ihr nicht gegönnt, zu sehr belasten sie die Sorgen um die Kirche. Mehr als alle Kardinäle zusammen leidet sie unter dem schlechten Zustand ihrer Kirche, mit der sie sich mehr identifiziert als die meisten Amtsträger in roten Talaren.

Nicht als Friedensbote kam der Papst nach Italien, vielmehr wurde er von einem Söldnerheer begleitet. Und das führte letztendlich zu einer schlimmen Schandtat. Unter dem Befehl des skrupellosen Kardinals Robert von Genf erobern die päpstlichen Truppen am 3. Februar 1377 die Stadt Cesena und richten ein unbeschreibliches Blutbad an. Wahllos werden ungefähr 3000 Menschen erschlagen, darunter Frauen und Kinder. Das war kein guter Einstand für einen Mann Gottes.

Gregor gefällt es in Rom nicht, er bleibt ein Fremdling und kann sich nicht eingewöhnen. Bald wird er schwerkrank, bereut auf dem Sterbebett seine Entscheidung und klagt, er werde nie mehr einer weiblichen Prophetin Glauben schenken. Gregor XI. stirbt am 27. März 1378 mit erst achtundvierzig Jahren.

Tod in friedloser Zeit

In einer aufgeheizten Atmosphäre erfolgt am 8. April 1378 die Papstwahl von Urban VI. durch sechzehn Kardinäle. Nach sieben französischen Päpsten sitzt wieder ein Italiener auf dem Heiligen Stuhl. Der aus einfachen Verhältnissen Neapels stammende Bartolomeo Prignano donnerte schon in seiner Antrittsrede vor dem Kardinalskollegium los und beschimpfte die hohen Herren. Urban VI. war ein cholerischer Mensch, aufbrausend, unbeherrscht, undiplomatisch. Er war zugleich ein sittenstrenger Priester, der die Reform der Kirche mit Nachdruck durchführen wollte, dabei aber maßlos und unklug vorging. Gegen alle Widerstände und Schmähungen nimmt ihn Katharina in Schutz.

Anfang August sagen sich die dreizehn französischen Kardinäle von Urban VI. los und wählen im September 1378 Robert von Genf, den

Schlächter von Cesena, zum Papst, der sich Clemens VII. nennt und seine Residenz wieder zurückverlegt nach Avignon. Damit beginnt wiederum ein Schisma mit zwei sich anfeindenden Päpsten, das sogenannte Große Abendländische Schisma, das erst durch die Wahl Martin V. im Jahr 1414 ein Ende findet.

Katharina steht klar und unerschrocken auf der Seite Urbans. Für seine Anerkennung schreibt sie beschwörende Briefe an den französischen König und Johanna von Neapel.

An Urban selbst richtet sie acht Briefe. »Nur wollte ich Euch nicht lästig fallen durch mein häufiges Kommen«, was davon zeugt, dass der Papst ihr oft Audienz gewährte. Auf ausdrücklichen Wunsch Urbans kam sie am ersten Adventsonntag 1378 nach Rom und stand nun in ständigem Kontakt mit dem Pontifex.

Im Frühjahr 1380 wird Katharina von einer schlimmen Krankheit erfasst und am Sonntag, am 29. April 1380 stirbt sie in Rom mit dreiunddreißig Jahren und wird in Santa Maria sopra Minerva begraben, in der Kirche, in der später die beiden Medicipäpste Leo X. und Clemens VII. eine monumentale Grablege finden. Nach zeitgenössischem Brauch beginnt bald die Zerteilung des Leichnams, gilt es doch, Reliquien zu gewinnen. Ihr Haupt kommt nach Siena, andere Körperteile werden an Kirchen verschenkt. Ihre Heiligsprechung verkündete Pius II. im Juni 1461, wobei auch patriotische Gründe eine Rolle spielten. Pius II. stammte aus der Nähe von Siena.

In einer Schwächephase der Kirche, einer unglückseligen Zeit des Papsttums, tritt eine Frau auf, reklamiert für sich einen göttlichen Sendungsauftrag und versucht, dem letzten Papst in Avignon klarzumachen, dass er endlich entschlossen und gemäß dem Willen Gottes handeln soll. Die Frau, die unerschrocken ihre Meinung sagt, kämpft gegen die Unentschiedenheit und Laschheit von Päpsten. Einen wirklichen Erfolg hat sie nicht errungen. Sie hat zwar tatkräftig mitgeholfen beim päpstlichen Umzug in die Ewige Stadt, aber das nachfolgende Schisma musste sie tief traurig stimmen und ließ sie hilflos in der Rolle der Zuschauerin. Katharina ruft nach Reformen, wirft sich als Einzelkämpferin voll ins Geschehen und erweist sich als starke Frau, wo Männer Schwächen zeigen.

Zweiter Teil

Frauen im Vatikan

Die Zeit der Renaissance

Geliebte, Töchter, Schwiegertöchter, Schwestern, Nichten und eine zahlreiche Verwandtschaft umgeben den jeweiligen Papst. Sie lassen den Heiligen Stuhl zeitweilig als Familienunternehmen erscheinen. Häufig sind Frauen zu Gast im Papstpalast.

> In unserem Jahrhundert scheint mir
> unter schönen Frauen so viel Können sich zu melden,
> daß sie aus Papier und Tinte Werke hervorbringen,
> deren Verbreitung künftige Zeiten erleben werden.
>
> Ludovico Ariosto, Orlando Furioso[86]

Siebtes Kapitel

Trendwende in Rom

Der Hof der Renaissancepäpste und die Frauen

Die Renaissance bringt nicht nur in der Kunst eine Trendwende, sondern verleiht auch dem Papsthof in Rom einen bis dahin unbekannten Glanz. Keineswegs Asketen besteigen den päpstlichen Thron, sondern genussfrohe Kirchenfürsten, die auf die Jagd gehen und sich an üppigen Banketten erfreuen, aber auch zum Aufschwung der Künste einen unschätzbaren Beitrag leisten. Lebensbejahung ist angesagt, statt Bußandachten werden Feste aller Art zelebriert, Empfänge, Umzüge, Theateraufführungen, und dies alles mit antikem Dekor und in verschwenderischer Weise. Bewusst wird Luxus zur Schau gestellt. Und unter diesen Festlichkeiten taucht plötzlich ein neuer Typus auf, nämlich Familienfeiern, der Papst im Kreise seiner Lieben gibt sich die Ehre. Ende des 15. Jahrhunderts heiratet die Medicitochter Maddalena den Sohn von Papst Innozenz VIII. im Papstpalast und zu dieser Feier gehören nun wahrlich Frauen. Damit fällt erstmals eine Schranke, die bisher Frauen von den päpstlichen Gemächern ferngehalten hat. Familienfeste schaffen für Frauen offene Türen in den Vatikan und damit persönliche Kontakte zum Papst, und die farbenprächtig ausgemalten Amtsräume hallen wider von Musik und Tanz. Verstärkt treten jetzt auch Frauen ins Rampenlicht, es handelt sich dabei allerdings nur um wenige Auserwählte.

»In dieser Epoche zerfällt die Gesellschaft in die ganz kleine Gruppe derer, die an einer verfeinerten Kultur teilhaben und das auf die Zuschauerbank verbannte Volk, dessen Meinung nicht gefragt ist.«[87]

Nutznießer und Schmarotzer am päpstlichen Thron

»Viva il Papa«, die Hochrufe auf einen neu gewählten Pontifex sind zugleich Freudenrufe seiner ganzen Verwandtschaft. Von allen Seiten strömen sie nach Rom, Schwestern, Brüder, Neffen und Nichten. Früher schlüpften sie heimlich in den Amtssitz des Verwandten, jetzt fordern sie in aller Öffentlichkeit den »päpstlichen Segen«, der durchaus materielle Züge annehmen kann. Die komplette Sippschaft rückt an, um den Vatikan zu erobern und in Besitz zu nehmen. Nach der Papstwahl von Sixtus IV. beispielsweise eilen seine vier Schwestern und zwei Brüder sofort nach Rom.

Sie alle, die bisher in dürftigen Verhältnissen gelebt hatten, kommen mit ihren kinderreichen Familien auf die Kunde seiner Erhebung nach Rom. Sie hoffen nun ihr Glück zu machen, und sie täuschen sich nicht.«[88]

Völlig ungeniert hat dieser Pontifex insgesamt sechs Neffen in den hohen Rang eines Kardinals befördert, darunter auch den total unfähigen Pietro Riario, der mit den übergroßen Wohltaten seines Onkels derart hemmungslos lebt, dass er daran zerbricht und ihn ein früher Tod von seiner Vergnügungssucht erlöst.

Es gilt, die oft kurze päpstliche Regierungszeit in einen dauerhaften Familiengewinn zu verwandeln. Papst ist einer nicht für sich allein, teilweise hat er Heerscharen von Verwandten zu versorgen. Dieses System, das mit dem Schlagwort »Nepotismus« nur unzureichend gekennzeichnet ist, beginnt Mitte des 15. Jahrhunderts und dauert über zweihundert Jahre. Fest eingebürgert hat sich die Tradition, dass ein Neffe, mit dem Purpur geschmückt, das Amt eines Kardinalnepoten übernimmt und im Vatikan wohnt. Dieser hat auch die Interessen der Familie am Papsthof zu vertreten, wobei der Kardinalshut vor allem als sprudelnde Quelle eines immensen Vermögens gesehen wird.

Die Frauen, Schwestern wie Nichten, bleiben im Hintergrund und versuchen für ihre Ehemänner oder Söhne lukrative Posten zu erlangen. Der Bruder oder Onkel auf dem Papstthron ermöglicht den Aufstieg unbekannter Familien in die soziale Oberschicht, und diese Papstfamilien behalten über Jahrzehnte und Jahrhunderte einen hohen Rang. Dabei herrscht nicht immer eitel Harmonie unter den Familien. Strafaktionen von Päpsten für die Familie des Vorgängers sollen diese von den Schalthebeln der Macht vertreiben; so lässt Julius II. den Papstsohn Cesare Borgia einkerkern, der Pamfilipapst Innozenz X. geht gegen die Barberini vor, die sich unter Papst Urban VIII. maßlos bereichert haben.

Die Mütter der Päpste spielen bei all dem Geschacher keine Rolle. Bei der Papsterhebung ihrer Söhne sind sie in aller Regel nicht mehr am Leben. Auch bei dem einzigen jungen Papst der Renaissance, nämlich Leo X., der mit achtunddreißig Jahren sein Amt antritt, sind beide Elternteile schon gestorben.

Nicht zu unterschätzen ist der Einfluss der Schwestern. Einige setzten ihre Wünsche rigoros durch, wie die Schwester von Papst Pius IV., Margherita Medici. Gleich zwei Söhne, Frederico und Carlo Borromeo, hat diese energische Schwester in Amt und Würden gebracht, geschmückt mit dem kleidsamen Kardinalspurpur. In der Regel erwies sich der päpstliche Bruder und Onkel von sich aus freigebig, für die Männer gut bezahlte Posten und Kardinalshüte, für die Frauen Preziosen und Geldzuwendungen. Einen lukrativen Posten für Frauen hatte der Heilige Stuhl allerdings nicht zu vergeben, bis heute nicht.

Im Hintergrund: die Geliebten aus früheren Zeiten

Was allgemein vermutet wird, kommt auch irgendwann ans Tageslicht. In einer lebensfrohen und erotisch freizügigen Umgebung blieben die Anwärter auf den Papstthron keineswegs stille Büßer. In einer Genussgesellschaft wollten sie keine Außenseiter sein, und viele Kardinäle lebten mit Mätressen, hatten lebenslange oder kurzfristige Liebschaften. Beim Wechsel auf den Papstthron wurde das Zusammensein mit einer Frau beendet, einzige Ausnahme bildet der Borgiapapst Alexander VI., der auch in den Papstgemächern die Nächte nicht als lustloser Zölibatär verbringen wollte. Seine aktuelle Geliebte behielt ihre Rolle, während seine langjährige Konkubine Vannozza Cattanei im

Vatikan nie in Erscheinung trat, ebenso wenig die Ex-Geliebte von Paul III., der als Kardinal vier Kinder mit ihr zeugte und zwar bewusst und nicht einfach so »aus Versehen«. In der Öffentlichkeit hat er den Namen der Mutter seiner Kinder nie preisgegeben.

Die früheren Geliebten – und dafür könnte man sie heute noch loben – hielten sich ansonsten diskret im Hintergrund, sie haben keinen Skandal provoziert und ihren Ex-Liebhaber auf dem Stuhl Petri bloßgestellt. Rücksichtsvoll sind sie alle geblieben, sie hätten auch wie eine Furie im Papstpalast aufkreuzen und Vorteile für sich einfordern können.

Die Rolle von Frauen im päpstlichen Rom

Der Umgang der Renaissancepäpste mit Frauen zeichnet sich durch eine gewisse Natürlichkeit aus; Frauen dürfen den Papstpalast betreten und an Festen mit dem Pontifex teilnehmen. Hier ergeben sich wie von selbst auch persönliche Gespräche. Der Papst lebt nicht abgeschieden, gleichsam in selbst verordneter Klausur wie beispielsweise am Ende des 19. Jahrhunderts. Die Türen stehen offen, das hatte auch Symbolcharakter. Schwestern, Nichten und Töchter bringen eine gewisse Familienatmosphäre in die feierlichen Amtsräume, sie zeigen Gefühle und kümmern sich auch menschlich um den einsamen Mann auf dem hohen Thron.

Bei ihren Festen und Feiern haben die Päpste dieser Zeit Frauen gern gesehen und auch Nichtverwandte konnten Zugang finden, vorausgesetzt sie gehörten zu den Schönen und Reichen; Adel und Ansehen öffneten die Pforten des Papstpalastes, in dem Isabella d'Este ein willkommener Gast war ebenso wie die für ihre Schönheit weithin berühmte Giulia Gonzaga.

In einer männerdominierten Gesellschaft erhielten die Frauen keine offiziellen Funktionen, weder Venedig noch Florenz schickte je eine Botschafterin an den Heiligen Stuhl. Selten erwirbt sich eine Frau ohne Ehemann ein eigenes Image wie Vittoria Colonna als Dichterin. Im Übrigen gewinnen Frauen Einflussmöglichkeiten nur über ihre familiären Bindungen. Dies alles geschieht ohne Heimlichtuerei, fast öffentlich, z. B. nennt der päpstliche Zeremonienmeister und Chronist

Johannes Burckard die Papstgefährtin Giulia Farnese ungeniert »favorita« oder »amante del papa«, und ein Alexander VI. zeigt sich gerne im Kreis seiner Lieben und die Botschafter und Kardinäle müssen fast zwangsweise zur Taufe seines Enkels Rodrigo erscheinen.

Gebildete und fromme Frauen

Frauen spielen eine kirchenpolitische Rolle, o ja. Es finden sich Kreise gebildeter Frauen mit gleichen Interessen, die sich in die großen Kirchenfragen einmischen. Deutlich wird dies unter dem Pontifikat von Paul III. Seine Tochter Costanza Farnese, Margherita d'Austria, die Ehefrau seines Enkels Ottavio, Caterina Cibo, Verwandte der Medicipäpste, und die einzige Nichtverwandte, Vittoria Colonna, haben einen direkten Draht zum Kirchenoberhaupt und können sehr deutlich eingreifen und sich in wichtigen Dingen einschalten.

Die Frauen unterstützen Reformkräfte und helfen tatkräftig mit bei den Anfängen der neuen Orden, der Kapuziner und Jesuiten. Vor allem die letzteren setzen auf diesen elitären Frauenkreis und nehmen pragmatisch deren Hilfe in Anspruch. Paul III. genehmigt dann auch das Ordensstatut des Ignatius von Loyola. Dass Frauen hier mitgeholfen haben, ist fest verbürgt. Von Anfang an hat es den Jesuiten nicht an Klugheit gefehlt. Sie polemisieren nicht gegen den Papst, obwohl ihnen dessen Lebensstil als Renaissancefürst sicherlich nicht gefallen konnte; und sie taktieren klug, indem sie die einflussreichen Frauen ernst nehmen, ihnen teilweise als Beichtväter zur Verfügung stehen und die Frauen für ihre neuen Ordensziele gewinnen. Allerdings hat sich Ignatius vor seinem Tod dagegen gewehrt, dass er seine päpstliche Anerkennung der »Damenprotektion (favor de mujeres)«[89] verdanke.

Frauen dieser Art werden zu einem positiven Element in Rom, sie kämpfen nicht egoistisch für ihre eigenen Interessen oder die Karriere verwandter Kurialen, sondern sie stellen sich sozialen Aufgaben und entfalten ein vielfältiges Engagement für Arme und Schwache. Damit beschämen sie die Männer in der kirchlichen Hierarchie, die sich eher als Mäzene großer Künstler betätigen und als solche der Nachwelt bekannt bleiben wollen. Zugleich sind diese gebildeten Frauen vielfach offen für neue religiöse Ideen. Mit den Thesen Martin Luthers (1517) setzt auch in Rom ein religiöser Gärungsprozess ein. Der Papst selber nimmt die Situation in Deutschland auf die leichte Schulter, aber das Gedankengut der Reformatoren bleibt nicht an der Alpenkette hängen; manche Frauen unterstützen kirchenkritische Prediger, bis sie selber ins Visier der Inquisition geraten.

Achtes Kapitel

Schwiegertochter des Heiligen Vaters

Maddalena de'Medici

Abschied von Florenz

Sie kann die Tränen nicht zurückhalten, mit ihren vierzehn Jahren hängt sie noch fest an ihrem Elternhaus. Maddalena nimmt Abschied von ihrem Vater Lorenzo de'Medici. Er nimmt sie in seine Arme, bei ihm hat sie sich immer geborgen gefühlt, er gab Sicherheit und Schutz, aber auch Glanz und Fröhlichkeit. Lorenzo schaut düster in den trüben Novembertag, er gibt seine Tochter einem Mann, der nichts taugt, er hat sie regelrecht verschachert. Jedes seiner sieben Kinder erhält eine Rolle zugewiesen, Maddalena zieht nach Rom, übernimmt eine eminent wichtige Funktion für die Familie und das Bankhaus Medici. Der mächtige Signore von Florenz, der gleichsam als Konzernchef die Geldmärkte Europas beherrscht, will in Rom Fuß fassen und sucht die Sympathie des Papstes. Innozenz VIII. will seinen missratenen Sohn endlich verheiraten und Lorenzo opfert seine Tochter.

Die Mutter Clarice begleitet Maddalena nach Rom, als eine Orsini ist sie dort geboren. Sie verabschiedet sich nicht unbedingt herzlich von ihrem Gemahl, sie weiß, er wird sich zu trösten wissen; seine diversen Liebesaffären sind auch ihr nicht verborgen geblieben.

Wehmut überfällt Maddalena, als sie aus Florenz hinausreitet, der Stadt, in der sie am 11. Dezember 1473 geboren wurde. Es ist der Abschied von ihrer schönen und fröhlichen Kindheit. Mit ihren sechs Geschwistern lebte sie in einem turbulenten und bewegten Elternhaus. Langeweile war ihr fremd, immer wieder gab es Abwechslung, Umzüge und Stadtfeste wie die berühmte Maifeier, den legendären »maggio fiorentino«, heitere Sommertage auf den Landgütern der Familie, und auch der Vater spielte ab und zu mit den Kindern, damals etwas sehr Ungewöhnliches. Maddalena hatte Lesen und Schreiben gelernt, vor allem im Schreiben von Briefen ist sie sehr geübt. Viel Spaß hatte sie mit ihren vier Brüdern, insbesondere mit dem jüngeren Giovanni.

Dieser war von seinem Vater ohne Wenn und Aber zu einer kirchlichen Laufbahn bestimmt worden. Man schnitt ihm als Siebenjährigem die Haare ab und verpasste ihm die Tonsur, sichtbares Zeichen für alle, dass er in den Klerikerstand aufgenommen war. Zugleich wurde er vom Papst zum Protonotar befördert. Der Sohn steht schon auf der kirchlichen Karriereleiter, und Maddalena beginnt die Reise nach Rom, um ihrem Bruder dort den Weg zu ebnen.

Premiere im Vatikan

Am 13. November 1487 erreicht die junge Braut die Papststadt, bei ihrer Mutter findet sie Halt und Sicherheit. Am 18. November sind beide in den Papstpalast geladen zu einem Bankett, das der Papst zu Ehren der Brautleute gibt. Auch die Mutter hat Herzklopfen. Als sie das Tor des Palastes durchschreiten, ist ihr die Brisanz dieses Schrittes sehr wohl bewusst. Die finsteren Mienen der Kammerdiener lassen erkennen, dass Frauen hier nichts zu suchen und diese Schwelle bisher nicht überschritten haben, jedenfalls nicht zu diesem Zweck. Die Freude des Papstes ist echt und offen. Maddalena wird überreich mit Schmuck beschenkt.

Der 20. Januar 1488, der Tag der Hochzeit, erlebt eine vatikanische Premiere; zum ersten Mal in der Geschichte feiert ein Papst öffentlich die Hochzeit seines Sohnes und dies noch in seinem Amtssitz. Damit ist Maddalena in die römische Gesellschaft eingeführt, nicht wenige bedauern die junge Frau, die sich für die Politik ihres Vaters geopfert hat. Bald kann sie für einige Zeit wieder zurück in ihr geliebtes Florenz, sie begleitet ihre kränkliche Mutter nach Hause. Sie bleibt bei ihrer Mutter, die im Juli stirbt.

Geselliges Leben im Vatikan

Im September zieht Maddalena dann endgültig nach Rom zu ihrem Ehemann. Dessen Stellung war ziemlich ungesichert, er war zwar Papstsohn, aber ohne eigene Herrschaft. Zudem war Innozenz VIII. kränklich, und man musste auf alles gefasst sein. Deshalb machte sich Lorenzo, der erfahrene Politiker und Geschäftsmann, ernsthafte Sorgen um die Versorgung seiner Tochter und staunte über die Naivität ihres Ehemannes.

»Ich wundere mich«, schrieb er im November 1487 an den Florentiner Gesandten in Rom, »daß ihm nicht in den Sinn kommt, daß er am Morgen nach dem Tod des Papstes der ärmste Mann der Welt sein wird.«

»Unser Herr (der Papst) muß den Herrn Francesco endlich so ausstatten, daß ich nicht jeden Tag Ärger wegen seiner Angelegenheiten habe, denn sagen wir nur die Wahrheit, der Herr Francesco hat immer noch keine Stellung, die einem Papstnepoten angemessen wäre.«[90]

Diesen Satz schrieb Lorenzo zwei Jahre später und ließ dem Papst seine Sorgen übermitteln.

Natürlich war Franceschettos miserable Vermögenslage auch eine Folge seiner Lebensweise. Ein unverbesserlicher Spieler, Verschwender und Raufbold, streifte er gemeinsam mit Girolamo Tuttavilla, einem Kardinalssohn, nachts durch die Straßen Roms und verstrickte sich in allerlei Händel und Abenteuer. Doch am Ende blieb dem Papst nichts anderes übrig, als seinen Sohn finanziell abzusichern, und er belehnte ihn im Februar 1490 mit der Grafschaft Anguillara.

Die Medicitochter, die also keineswegs eine reiche Partie gemacht hatte, nahm dafür am geselligen Leben im Vatikan teil. Natürlich feierte sie mit bei der Hochzeit der Papstenkelin Peretta, der Tochter von Theodorina im November 1488. Auch der Papst nahm am Festmahl teil, ganz gegen die bisherigen Vorschriften, wonach Frauen nicht an einem Gastmahl gemeinsam mit dem Papst teilnehmen durften. Von nun an lockerten sich die Sitten im Vatikan. Auch eine weitere Enkelin, Battistina, kann im Papstpalast ihre großartige Hochzeitsfeier erleben. Damit haben die Frauen endgültig Zugang zur Männerdomäne Vatikan.

Maddalenas Besuche im Papstpalast erinnern das Kirchenoberhaupt auch an sein Versprechen, als Belohnung für ihre Ehe mit dem Papstsohn die kirchliche Karriere von Giovanni de'Medici zu befördern. Als Gegengabe wurde eindeutig ein Kardinalshut erwartet. Allerdings war Giovanni (* im Dezember 1475) dafür entschieden zu jung. Die Sache zog sich hin, aber im März 1489 bestimmte der Papst acht neue Kardinäle, darunter auch Maddalenas Bruder Giovanni. Diese Ernennung geschah »in pectore«, d.h. der Name sollte noch geheim bleiben, was aber auch schon damals nicht funktionierte. Florenz war begeistert und feierte. Der halbwüchsige Medici musste sein Amt noch ruhen lassen und konnte erst 1492 feierlich in Rom einziehen.

Als der päpstliche Schwiegervater im Jahr 1492 stirbt, enden auch Maddalenas Besuche im Vatikan. Häufig zu Gast ist sie bei ihrem Bruder Giovanni, der im Palazzo Medici residiert, nahe bei der Piazza Navona. Als er Ende Februar 1513 ins Konklave zur Papswahl einzieht, wünscht sie ihm eine gute Wahl, denkt dabei aber nicht an ihn; er ist beileibe kein »papabile«, kein aussichtsreicher Kandidat, mit seinen achtunddreißig Jahren erscheint er als viel zu jung für das höchste Kirchenamt. Ein überdimensional langes Pontifikat könnte sich ergeben, allerdings ist Giovanni kränklich. Eine Fistel am Oberschenkel oder After macht ihm zu schaffen, sodass er beim Konklave operiert werden musste. Und dies sprach nicht unbedingt dafür, dass er ein hohes Alter zu erwarten hatte. Als ob seine Kollegen Kardinäle dies geahnt hätten, votierten sie für ihn (und er wird nach acht Jahren tatsächlich den Heiligen Stuhl wieder freimachen). Einen derart »jungen« Papst hat es bis heute nicht mehr gegeben.

Bruder Papst

Am 11. März 1513 verkünden die Glocken Roms einen neuen Pontifex. Kardinal Farnese verkündet die Wahl dem Volk, das in heftigen Jubel ausbricht. Dies war eine echte Überraschung, und zum ersten

Mal wird ein Florentiner auf dem Stuhl Petri thronen. Maddalena ist überglücklich und fassungslos vor Freude. Und sofort beginnt nun eine ganze Reihe von Festlichkeiten, auch für die Schwester wird es eine anstrengende Woche. Leo X. ist zwar Papst, aber von seinem Weihegrad her nur Diakon. Also erhält er am Dienstag, den 15. März 1513 die Priesterweihe, am 17. März die Bischofsweihe und am 19. März wird er zum Papst gekrönt.

Maddalena erlebt eine spannende Zeit, die Tore des Papstpalastes sind für sie wieder weit geöffnet, und ihr Leben erhält eine neue Dimension. Die letzten Jahre waren ausgefüllt mit Schwangerschaften und Kinderkriegen, nun wird sie teilnehmen am Leben des Papsthofes. Dieser wird zu einem kulturellen Zentrum Europas, Treffpunkt führender Literaten und Künstler. Leo umgibt sich mit verhältnismäßig jungen Leuten, Freunde und Bekannte kommen nach Rom und nehmen wichtige Posten ein. Das Papsttum gehört jetzt einer Familie, und neben Maddalena besuchen auch die beiden Schwestern Lucrezia und Contessina häufig ihren Bruder im Vatikan, und unter den päpstlichen Rechnungen finden sich immer wieder Ausgaben für die Schwestern.

Kardinalshüte für die Neffen

Bald findet sich die geballte Medici-Frauenmacht am Papsthof ein, neben den Schwestern die Schwägerin Alfonsina und nicht wenige Nichten. Ihre Forderungen nach Posten und Privilegien für die weit verzweigte Verwandtschaft werden zu einem Fass ohne Boden. Dabei geraten sie sich, wie nicht anders zu erwarten, bald in die Haare, fühlen sich wechselseitig zurückgesetzt und übervorteilt. In einem Punkt aber herrscht Gerechtigkeit: Jede der drei Schwestern Leos erhält einen Kardinalshut für einen Sohn. Purpur ist eine schöne Farbe, viel wichtiger aber ist das Geld, denn mit der Kardinalswürde sind immense Einkünfte verbunden.

Auch Maddalenas Sohn Innocenzo wird bereits 1513 mit zweiundzwanzig Jahren zum Kardinal ernannt, wobei ihm schon damals ein schlechter Ruf vorauseilte. Maddalena hatte keine Chance, ihn von seinem ausschweifenden Leben abzuhalten. Dabei zog er sich die Syphilis zu. »Kardinal Innocenzo litt unter der französischen Krankheit.«[91] Dass

Raffael, »Die Musen«, aus dem Fresko »Der Parnass« in der Stanza della Segnatura (Vatikan).

er als Kardinal vier uneheliche Kinder hatte, konnte seiner Mutter gewiss nicht gefallen, es war aber damals nicht ungewöhnlich.

Maddalenas Söhne und Töchter[92] profitierten reichlich von dem Onkel auf dem Stuhl Petri, auch die Heiratschancen stiegen gewaltig. Die Männer konnten auf lukrative Posten hoffen. Auch Maddalenas Ehemann ging nicht leer aus, er wurde von Leo zum Gouverneur von Spoleto ernannt. Mit dem schönen Titel tat sich auch eine neue Einnahmequelle auf.

Kardinalskomödien und Buffonerien

Soeben ist Isabella, die Marchesa von Mantua, vorgefahren. Die aus dem erlauchten Hause der ferraresischen Este stammende Fürstin, verheiratet mit dem regierenden Gonzaga, ist mit ihren vierzig Jahren eine attraktive und überaus geistvolle Frau. Nun rollt auch die Prachtkutsche von Leo X. am Palast des Kardinals Bibbiena an. Beide sind Gäste des Kardinals und freuen sich auf einen vergnüglichen Abend, finden dabei auch Zeit zur Unterhaltung. Zur Aufführung kommt die Komödie »Calandria«, die manche für sittenlos halten, aber zweideutige und erotische Texte sind gerade in Mode gekommen.

»Das große Vorbild der klassischen Komödie ist Plautus, der ja eine saftige Ausdrucksweise mit derben Anspielungen pflegt.«[93]

Die »Calandria« stammt vom Kardinal Bibbiena persönlich, der seine Karriere als Diplomat und hoher Kleriker ganz und gar den Medici verdankt. Bibbiena ist als geistreicher und witziger Literat bekannt, ist befreundet mit Baldassare Castiglione, der ihn in seinem Meisterwerk »Il Cortegiano« als idealen Höfling und Vertreter der *sprezzatura*, der weltmännischen Lebensart, feiert.

Isabella kommt immer wieder gerne nach Rom, wo sie im eigenen Palast der Mantuaner residiert. Ihr Ehemann Francesco Gonzaga vermisst sie kaum, seine Vergnügungen mit diversen Mätressen haben sich allgemein herum gesprochen. Isabella ist am Papsthof ein gern gesehener Gast, und man scheut keine Kosten, sie zu hofieren.

»Zu zahlreichen Festen und zu einem besonders glänzenden Karneval gab im Jahr 1514 die Anwesenheit der Isabella d'Este in Rom Anlaß.«[94]

Auch des Kardinals Komödie wird ihr zu Ehren gespielt und wie selbstverständlich gehört sie zum Freundeskreis des Medicipapstes. Isabella d'Este (1474–1539), »la prima gentildonna del mondo«, genießt bis heute als Schirmherrin großer Renaissanceschriftsteller wie Castiglione und Ariost einen legendären Ruf.

»Sie war die tonangebende Dame Italiens in ihrer Zeit und gilt als die glänzendste und genialste unter den italienischen Fürstinnen der Renaissance.«[95]

Was der neue Papst gewiss nicht leiden konnte, war Langeweile. Deshalb spielten am päpstlichen Hof professionelle Spaßmacher, *buffoni* genannt, eine wichtige Rolle. An der päpstlichen Tafel las man keine Heiligenlegenden vor, das passte für Klöster, Leo wollte Spaß und Unterhaltung. Der berühmteste aller Buffoni war Fra Mariano, ein Dominikaner, über den eine ausgedehnte Literatur existiert. Mit seinen Witzen und Predigtparodien sorgte der geistliche Hofnarr für Belustigung. Bei Wettessen verzehrte er riesige Mengen köstlicher Speisen. Als zusätzliche Pfründe erhielt er noch die Sinekure eines *Piombatore,* der die päpstlichen Bullen mit Blei zu verschließen hatte und dafür Gebühren und Bestechungsgelder einheimste. Leo ließ seinen Gästen üppige und erlesene Mahlzeiten vorsetzen, als Spezialität des Hauses galten die Pfauenzungen. Noch heute staunt man über die riesigen Küchenrechnungen im Geheimarchiv. Als passionierter Theaterfreund ließ Leo regelmäßig Komödien in den päpstlichen Gemächern aufführen, wozu auch seine Familienangehörigen eingeladen waren. Maddalena kam gerne mit ihrem Ehemann und den Kindern, und sie besuchten auch den vatikanischen Tiergarten, in dem sich mehrere Löwen tummelten. Leos berühmter Elefant gehörte ebenfalls dazu.

Von einem besonderen Einfluss Maddalenas auf die päpstliche Politik ist nichts bekannt. Bei ihren Zusammenkünften mit ihrem Bruder ging es immer um den privaten Bereich. Sie und ihre Schwestern genossen es sichtlich, zu diesem brillanten Papsthof zu gehören, an dem auch Künstler aller Art sich voll entfalten konnten. Der Papst selber allerdings fand neben seinem vergnüglichen Leben als Renaissancefürst und Kunstmäzen keine Zeit, sich ernsthaft mit theologischen Fragen zu befassen und den Missständen des kirchlichen Lebens Einhalt zu gebieten. Nur am Rande, eher beiläufig interessierten ihn die Vorwürfe eines kleinen Mönches im fernen Wittenberg, Martin Luther genannt, der allerdings eine Lawine lostrat, die auch die Grundfesten des päpstlichen Stuhles erschüttern sollte.

Am 2. Dezember 1519 starb Maddalena, nachdem sie 1515 das römische Bürgerrecht erhalten hatte. Ludwig Pastor fügt noch folgende Notiz an:

»Dem Zeremoniell gemäß gab der Papst kein Zeichen der Trauer, obwohl ihn der Verlust sehr schmerzte.«[96]

Neuntes Kapitel

Die Geliebte des Papstes

Giulia Farnese

Ein Kardinalshut für die Papstgeliebte

Es ist fast Mitternacht, morgen ist ein wichtiger Tag im Leben des Papstes, er wird die Namen neuer Kardinäle bekannt geben. Alexander sieht ihr zu, wie sie ihr Mieder zuschnürt und in ihr schwarzes Samtkleid schlüpft, die Schönheit ihrer makellosen Gestalt bleibt ihm tief eingeprägt und wird seine Träume erfüllen. Und heute will er ihr, seiner geliebten Giulia, als Belohnung nicht irgendeine Perlenkette überreichen. Wer in den Armen eines Papstes liegt, kann auf eine reiche Belohnung hoffen. In dieser Nacht hat er ein Geschenk für sie bereit, das mit Diamanten nicht aufzuwiegen ist. Er, Papst Alexander VI., schenkt seiner geliebten Giulia den roten Kardinalshut, nein, nicht für sie, sondern für ihren Bruder Alessandro. Natürlich kann er ihr diesen Hut nicht einfach mitgeben, dieser wird vielmehr in einer festlichen Zeremonie überreicht werden; aber er flüstert ihr eine Andeutung ins Ohr, die sie rasch versteht, und sie fällt ihm stürmisch um den Hals.

Giulias Bruder ist ein kleiner Kurienbeamter, dem die Eltern einen Posten in der vatikanischen Verwaltung gekauft haben. Der zweitgeborene Sohn wurde nicht selten in eine kirchliche Laufbahn abgeschoben. Man konnte sich hier hochdienen, aber mit Fleiß allein war keine große Karriere zu erreichen.

Als sich die sensationelle Nachricht der Kardinalserhebung im September 1493 in ganz Europa verbreitet, wird nicht offen über die Papstgeliebte Giulia geredet, nur Eingeweihte wissen um ihre Rolle. Hartnäckig halten sich Gerüchte und Spottverse, die den neuen Kardinal »Il Cardinale della gonnella« nennen und lästern: »Alessandro, du verdankst den Kardinalshut deiner Schwester Giulia, die ihre Unterröcke hob«.

Irgendwie klang das schon peinlich, war aber bald wieder vergessen. Als Rodrigo Borgia im August 1492 als Papst in den Vatikan einzog, wollte er auf seine Geliebte nicht verzichten und behielt sein Liebesverhältnis bei. Zu sehr war er von der hübschen Giulia verzaubert.

Der Ehemann macht Platz

Hochzeit wird gefeiert an diesem traumhaften Frühlingstag in Rom, es ist der 9. Mai 1490. Im Palast des Kardinals Rodrigo Borgia hat sich eine bunte Gesellschaft versammelt: hoheitsvolle Würdenträger und Exzellenzen, stolze Ehrenmänner und elegante Damen. Das Rom der Renaissance versteht sich darauf, prunkvolle Feste mit Musik, Tanz und einem Galadiner zu feiern. Aber zunächst gilt es, das Zeremoniell der Eheschließung hinter sich zu bringen.

Trompeten erklingen, alle schauen zum Eingang, das Brautpaar erscheint und schreitet in den Sternensaal. Der Kontrast zwischen den beiden jungen Leuten könnte nicht größer sein.

Der Bräutigam Orso Orsini, der aus einem alten und berühmten Geschlecht stammt, wenn auch aus einer Seitenlinie, sieht nicht gerade eindrucksvoll aus, er ist klein und einäugig. Er ist der Sohn der Adriana di Mila, die eine geborene Borgia und zugleich eine enge Vertraute Rodrigos ist.

Die Braut, Giulia Farnese, stammt aus einer kleineren Adelsfamilie. Ihre Vorfahren haben sich als »condottieri« bewährt, sind durch Kriegsdienste und die Aufstellung eigener Söldnerkompanien von wenig begüterten Landadligen zu wohlhabenden Feudalherren aufgestiegen. Giulias anmutige Erscheinung überstrahlt alle anderen anwesenden Damen, mit ihren kaum fünfzehn Jahren wirkt sie fast überirdisch schön, im Haar eine Perlenkette, vollendet verkörpert sie das Schönheitsideal ihrer Zeit.

Viel zu schade für den kleinen Orsini, denken manche Hochzeitsgäste und ebenso der Herr Kardinal, der spontan von der außergewöhnlich schönen und attraktiven Giulia fasziniert ist. Es dauert nicht lange, und die junge Ehefrau wird die Geliebte des Kardinals sein. Zölibat hin oder her: Kardinal Borgia ist ein Liebhaber mit reichen Erfahrungen.

Orso Orsini zieht sich zurück auf seine Herrschaft Bassanello bei Viterbo und betätigt sich als Condottiere im Dienst der Kurie. Auch seine eigene Mutter ist bei der neuen Liebschaft beteiligt, weil sie als Komplizin des Kardinals die Rendezvous mit ihrer Schwiegertochter arrangiert. Aus heutiger Sicht ist es erstaunlich, wie selbstverständlich ein reicher und mächtiger Liebhaber in eine Ehe eindringt, den Ehemann zur Seite schiebt und wie dieser sich sein Stillhalten durch Posten und Vergünstigungen vergüten lässt.

Im Frühjahr 1492 bringt Giulia eine Tochter zur Welt, die auf den Namen Laura getauft wird. Offiziell gilt das Neugeborene als eine Orsini. Das Ehepaar lebte aber in dieser Zeit getrennt, Giulia war ausschließlich die Mätresse von Borgia. Der bereits 61-jährige Kardinal Borgia ist ohne Zweifel der leibliche Vater und nimmt es mit Stolz zur Kenntnis. Es war nie seine Art, etwas zu vertuschen.

Ein Papst von eigener Art

Dass Borgia überhaupt zum Papst gewählt wurde, erstaunt im Nachhinein. Aber als sich am 6. August 1492 die dreiundzwanzig Kardinäle zur Papstwahl versammelten, da wollten sie nach dem farblosen Innozenz wieder einen tatkräftigen, energischen Oberhirten auf dem Stuhl Petri, und Rodrigo Borgia hatte als Chef der vatikanischen Verwaltung fleißig und effizient gearbeitet und einen positiven Eindruck hinterlassen.

Zwar waren seine Affären mit Frauen längst nicht vergessen, ebenso wenig wie seine Kinder, die er diskret im Hintergrund hielt. Aber so aufregend und skandalös erschien das den anderen nicht, die meisten Papstwähler lebten selbst mit Mätressen oder hatten doch flüchtige Frauenbeziehungen, ein Kardinal mit Kindern war keine Ausnahmeerscheinung, sondern ein eher gewohntes Bild, kurzum, warum sollte so einer nicht Papst werden? Jedenfalls votierten die Kardinäle am 11. August 1492 mit großer Mehrheit für ihn.

Der neue Pontifex wird als attraktiver, weltgewandter Mann gerühmt, er ist Katalane, ein lebensbejahender, feuriger Spanier, und eine gewinnende Erscheinung. Als Vizekanzler der Kirche hat er fünf Päpsten zur vollen Zufriedenheit gedient und das fünfunddreißig Jahre lang.

Von allen Seiten kommen freundliche Briefe und Botschaften nach Rom, die sich lobend und rühmend über den neuen Oberhirten äußern. Neben schmeichlerischen Worten wurde auch echte Akzeptanz sichtbar.

Giulia hatte mit Spannung das Konklave verfolgt, sie steigt gleichsam auf zur Papstmätresse. Anfangs fühlt sie sich in den »heiligen Räumen« des Papstpalastes etwas scheu und gehemmt, aber bald ist sie sich ihrer Rolle als päpstliche Geliebte voll bewusst. Von den spottlustigen Römern wird sie sinnigerweise »Sposa di Christo«, »Braut Christi«, genannt. Und sie versteht es, als attraktive Schönheit aufzutreten.

Lorenzo Pucci, ein Verwandter, beschreibt ihre Körperpflege:

»Ich ging ins Haus bei Santa Maria in Portico, um Madonna Giulia zu besuchen, die ich antraf, wie sie sich den Kopf wusch, und sie war in Gesellschaft der Madonna Lucrezia und sie saßen beim Feuer. Madonna Giulia, stärker geworden, ist jetzt von besonderer Schönheit. In meiner Anwesenheit öffnete sie sich das Haar und ließ sich Haare und Kopf schmücken und die Haare reichten ihr bis zu den Füßen und schließlich nahm sie eine Haube aus Leinwand und eine Art Netz, zart wie Rauch, mit Gold bestickt, dass es aussah wie eine Sonne.«[97]

Dem Papst zur Seite

Dass die Portale des Papstpalastes für Giulia nicht verschlossen sind, zeigt sich der Öffentlichkeit bei einer grandiosen Hochzeitsfeier im Vatikan. Mit großem Pomp wird hier am 12. Juni 1493 die Eheschließung der Papsttochter Lucrezia mit dem Grafen von Pesaro, Giovanni Sforza, gefeiert. Acht Kardinäle und nicht wenige Frauen nehmen daran teil. Mit Entsetzen sieht der päpstliche Zeremonienmeister, wie

Alexander beim Festmahl die vorgesehene Sitzordnung – rechts und links von ihm ein Kardinal – einfach über den Haufen wirft. Zur allgemeinen Überraschung sitzt er zwischen seiner Tochter Lucrezia und seiner Mätresse Giulia. Der Heilige Vater zwischen zwei hübschen jungen Frauen, es ist ein schönes Bild, das allerdings den Lästermäulern weidlichen Stoff liefert.

Hoch ging es her bei dieser Hochzeit, die Gäste erlebten eine rauschende Nacht im Vatikan. Burckard überliefert der Nachwelt manche Details: Es gab Hochzeitskonfekt mit gezuckerten Mandeln, und die Herren schütteten den anwesenden Damen »Konfetti« (Süßigkeiten) ins Dekolleté. Kopfschüttelnd schreibt der ferraresische Gesandte an seinen Herzog:

»Zum Schluß tanzten die Frauen und als Zwischenspiel wurde eine Komödie aufgeführt mit viel Gesang und Musik. So verbrachten wir die ganze Nacht.«[98]

Im gleichen Jahr ernennt Alexander Giulia zur Hofdame von Lucrezia, die mit ihr zusammen im Palast mit dem schönen Namen »Santa Maria in Portico« wohnt. Beide Frauen nehmen regen Anteil am gesellschaftlichen Leben Roms und genießen ihre privilegierte Rolle am päpstlichen Hof. Giulias Palast liegt ganz nahe bei der Peterskirche, sodass sie unauffällig in den Vatikan gelangen kann. Einige halbwegs verschwiegene Kammerherren haben ihr die Türen zu den päpstlichen Privatgemächern geöffnet; als Zölibatäre sind sie natürlich neugierig, einiges mitzubekommen. Eine derart interessante Liebschaft konnte nie ganz geheim bleiben. In Rom zirkulierten »notizie piccanti«[99], worin auch zu erfahren war, dass Giulia Bettwäsche aus schwarzer Seide verwendete; damit sollte ihr makelloser Körper besser hervortreten zur Verzauberung ihres doch schon bejahrten Liebhabers. Ansonsten geht Giulia im Vatikan aus und ein und wird dem päpstlichen Vater ab und zu auch seine kleine Tochter Laura gezeigt haben.

Während die Menschen auf dem Petersplatz dem Papst beim Ostersegen immer wieder zujubeln »viva il papa«, ist er für ein kleines Mädchen der wirkliche Papa. Natürlich war es auch damals nicht vorstellbar, dass der Pontifex auf dem linken Arm seine kleine Tochter hält und mit der rechten Hand das Segenszeichen über die Tausende macht.

»... wo mein Schatz ist, ist auch mein Herz!«

Drei Frauen, die dem Papst besonders nahe stehen: Lucrezia, Giulia und Adriana machen sich auf den Weg nach Pesaro, der Residenz von Lucrezias Ehemann. Dort beginnt nun ein umfangreicher Briefwechsel, die Frauen sind fleißig am Schreiben und ständig sind Kuriere unterwegs zwischen Pesaro und dem Vatikan. Zwei Briefe Giulias sind im päpstlichen Geheimarchiv gefunden worden. Aufregende, erotische Zeilen sind nicht zu entdecken, die Briefe berichten überwiegend von Alltäglichkeiten und verwenden die üblichen Formeln. Nach der Anrede »Padre Santo« (Heiliger Vater) nennt Giulia ihren Liebhaber stilgemäß »Vostra Santità« (Eure Heiligkeit) und sich selbst am Ende »indegna serva e schiava« (unwürdige Dienerin und Sklavin). Giulias Brief vom 10. Juni 1494 gefällt Alexander ganz besonders:

»Eure Heiligkeit sind nicht zugegen, und da all mein Wohl und Glück von Euch abhängt, kann ich weder Vergnügen noch Zufriedenheit bei allerlei Lustbarkeiten finden; denn wo mein Schatz ist, ist auch mein Herz.«[100]

Diese Worte treffen die Gefühlslage Alexanders, der seine Geliebte wirklich vermisst, gerade zu einer Zeit, da sein Pontifikat von vielen Seiten bedroht ist.

Ziemlich zwiespältig bleibt das Verhalten von Giulias Bruder, auch für die Zeitgenossen. Der Herr Kardinal kam nicht auf die Idee, seine Schwester von dem »sündhaften« Verhältnis abzuhalten. Als ein solches hätte er es wohl ansehen müssen, denn allgemein wurde es als Ärgernis betrachtet. Alessandro hat seine Schwester eher in das Schlafzimmer des Papstes geschickt, um lukrative Pfründen zu erhalten und bald gehört er dank Alexander zu den reichen Kardinälen, die sich ein großes Gefolge leisten können. Wenn es um Geld geht, gerät auch die Moral eines Kardinals ins Wanken.

Ob Giulia eine echte Zuneigung zu Alexander empfunden hat oder ob sie aus Berechnung zur Geliebten wurde, ist heute nicht mehr festzustellen. Aber nur mit gefühlloser Kälte lag sie wohl nicht in den Armen ihres Liebhabers. Jedenfalls kann man sie mit Recht Geliebte des Papstes nennen, und vermutlich hat sie später keine Nachfolgerin mehr gefunden. Dass sie auch noch andere Qualitäten aufzuweisen hat, ist in einem venezianischen Brief vermerkt:

»Die Favoritin des Papstes, ein junges Weib von großer Schönheit, von Verstand, Klugheit und Sanftmut«.[101]

In heftige Wut gerät Alexander, als Giulia mit Adriana Pesaro verlässt, um ihren todkranken Bruder Angelo Farnese in Capodimonte zu besuchen. Sie sieht sich ja keineswegs als bezahlte Kurtisane. In heftigem Zorn schreibt der enttäuschte Liebhaber wütende Briefe in einer derben Sprache:

»Obwohl wir bisher Dein schlechtes Gemüt und das Gemüt derer, die Dich beraten, gut kannten, konnten Wir doch nicht ganz glauben, dass Du Uns gegenüber solche Undankbarkeit und Treulosigkeit üben werdest, da Du Uns so oft geschworen und den Eid geleistet hast, Unseren Befehlen zur Verfügung zu stehen und Dich Orsino nicht zu nähern, der jetzt nach Bassanello ziehen möchte. Ich werde nicht glauben können, daß Du es aus einem anderen Grund tust, als Dich von diesem Hengst von Bassanello schwängern zu lassen, und so hoffen Wir, kurz gesagt, daß Du und die überaus undankbare Madama Adriana Euern Irrtum erkennen und entsprechende Buße tun werdet.«[102]

Schließlich machte sich die schöne Giulia mit ihrer Schwiegermutter Adriana auf den Weg nach Rom, geriet dabei in die Gefangenschaft der Franzosen, die mit einem riesigen Heer nach Neapel unterwegs waren. Alexander zahlte sofort das geforderte Lösegeld. In einer theatralischen Geste bringen vierhundert französische Reiter mit brennenden Fackeln die beiden Frauen nach Rom. Als Giulia mitten in der Nacht im Vatikan ankommt, erwartet sie der als Jüngling herausgeputzte Papst, gekleidet wie ein ritterlicher Liebhaber in schwarzem Samt mit Goldverzierungen.

An der Seite von Lucrezia

Nach einer gewissen Phase der Trennung taucht Giulia wieder im Vatikan auf, nimmt teil an offiziellen Festivitäten, wie sie vor allem im Heiligen Jahr 1500 stattfinden. Hier ist Giulia wieder fest an der Seite der

Papsttochter, die hochrangige Besucher empfängt und in der päpstlichen Residenzstadt fast die Rolle einer Principessa übernommen hat. Giulia ist in der Zwischenzeit eine enge Freundin Lucrezias geworden. In der eleganten Gesellschaft Roms sind die beiden jungen und hübschen Frauen aus der geheimnisvollen Sphäre des Vatikans nicht zu übersehen, aber nicht wenige rümpfen die Nase über das bewusst provokante Auftreten der schönen und reichen Emporkömmlinge.

Anwesend ist Giulia natürlich auch bei Lucrezias Vermählung mit Alfonso, dem Erbprinzen von Ferrara. Auch sie hat einmal den Ring angesteckt bekommen und auf eine glückliche Ehe gehofft, bis Kardinal Borgia in ihr Leben trat und sie wie selbstverständlich zur Ehebrecherin werden ließ. Die Festfanfaren sind verklungen, Lucrezia reist ab nach Ferrara, und Giulia zieht sich mit ihrer zehnjährigen Tochter zurück nach Bassanello am Lago di Bolsena. Ihr Ehemann Orso ist schon vor zwei Jahren von einer herabfallenden Decke erschlagen worden. Mitte August wird Giulia aufgeschreckt durch Gerüchte aus Rom, Papst Alexander VI. liege krank danieder. Sie überlegt, ob sie ihn besuchen soll, sie zögert, sie weiß, ihr Bruder Kardinal sieht dies nicht gern.

Ein Sommerfest war dem Borgiapapst zum Verhängnis geworden. Zusammen mit seinem Sohn Cesare war er der Einladung des Kardinals Adriano da Corneto gefolgt, der am 5. August 1503, einem heißen und schwülen Tag, abends in seinem Weinberg ein Fest veranstaltete. Vater und Sohn waren keine Kostverächter und ließen sich den vorzüglichen Wein munden, am 11. August erkrankten beide schwer, am 18. August stirbt der Papst, der sich bis dahin als vitaler und kräftiger Mann einer robusten Gesundheit erfreut hat. Vermutungen über vergifteten Wein machen die Runde, sehr wahrscheinlich ist Alexander aber an der Malaria gestorben.

Trauer um »ihren« Papst

Am Morgen des 19. August 1503 klopft ein Bote von Giulias Bruder an das Tor, er bringt ihr die Todesnachricht.

Giulia überlegt nicht lange, sie reitet nach Rom und eilt in die Peterskirche, wo der tote Papst bereits aufgebahrt liegt, vorne im

Chorraum, abgetrennt vom Volk durch ein Gitter. Lieblos sind ein paar Kerzen dazu gestellt, aber keiner fühlt sich mehr zuständig für den Toten. Viel Pietät kann damals ein toter Papst nicht erwarten. Die Kurienbeamten und die Dienerschaft genießen das Vakuum an Macht, und die Kardinäle denken an den nächsten Papst und nicht wenige vor allem an sich selbst. Nicht gerade in Scharen strömt das Volk herbei, ein paar Neugierige sind da, der Tote war ja Spanier, er war nie einer von ihnen. Vor allem Frauen kommen in die mächtige Basilika. Giulia fällt nicht weiter auf, als sie ganz nach vorne geht, bis zum Gitter, sie steht nahe beim Katafalk, ihr Gesicht von einem dichten Schleier umhüllt.

Schön sieht er nicht mehr aus, eher abstoßend, manche wenden sich mit Grausen ab. Durch die fürchterliche Hitze ist der Leichnam aufgedunsen und von dunkler Färbung, gezeichnet durch die Malaria. Übergroß hängt die schwarz aussehende Zunge aus dem offenen Mund. Gerüchte über Gift schwirren in der Stadt umher und auch Geschichten, er sei mit dem Teufel verbündet gewesen. Giulia schaut nach vorne, von diesem Toten hat sie eine Tochter, ihr einziges Kind. Sie war selber fast noch ein Kind, als der mächtige Kardinal sich in ihr Leben gedrängt hat, soll sie ihn verwünschen oder für ihn beten?

Kübel voll Verachtung wird man schon bald über Alexander VI. ausgießen, zu Unrecht, wie man heute weiß. Auch an ihr, der Papstmätresse, wird man kein gutes Haar lassen. Liebe im Vatikan: geheimnisvoll, verboten und rätselhaft, spätere Moralapostel werden das als himmelschreienden Skandal sehen.

Nicht weit von Giulia entfernt steht schon lange eine ältere Frau, tief verschleiert, mühsam versucht sie, ihre Tränen zu unterdrücken. Wer weint schon um einen Papst? Es ist Vannozza Cattanei, die Frau, die ihn wirklich geliebt und ihm vier Kinder geboren hat. Giulia sieht ihre Vorgängerin in der Gunst des Kardinals, sie umarmt die Ältere, sie kennt keinen späten Zorn. Nach seiner Papstwahl hat sich Vannozza immer zurückgehalten, sie wollte ihm nicht schaden und blieb als Ex-Geliebte stets im Hintergrund.

Alexander hatte seinen Onkel Calixt III. in der spanischen Nationalkapelle von Alt-St. Peter, S. Maria della Febbre, begraben und für ihn eine Gruft anlegen lassen. Dort wurde auch er selbst bestattet und zwar um Mitternacht und keineswegs so, wie wir es uns, die Bilder vom jüngsten Papstbegräbnis noch im Gedächtnis, vorstellen mögen. Sechs Arbeiter übernehmen die Beerdigung, sie können den Leichnam nicht in den engen Sarg bringen, sie wickeln ihn in einen alten Teppich und pressen ihn hinein, »ludentes et blasfemantes«, wie der Zermonienmeister Burckard schreibt und »sine aliquo presbytero«. Also ohne Priester, unter Lästerreden und Flüchen wird dieser Papst zu Grabe getragen, mit einer Pietätlosigkeit, die jeder Beschreibung spottet.

Lauras Hochzeitsfest

Zwei Jahre später, es ist Sonntag, der 16. November 1505. Giulia ist wieder unterwegs zu einer Hochzeit. Ihre einzige Tochter Laura heiratet einen Neffen des amtierenden Papstes, Julius II. Die Vermählung findet wieder als große gesellschaftliche Feier im Vatikan statt. Als Brautmutter betritt Giulia den Papstpalast, eine Frau von dreißig Jahren, immer noch eine attraktive Schönheit, die viele Blicke auf sich zieht. Ihre Nächte im Vatikan verblassen langsam in ihrer Erinnerung, aber doch innerlich sehr gerührt, bewegt sie sich unter den anderen prominenten Hochzeitsgästen, dem Papst selber und ihrem Bruder, dem Kardinal Farnese. Vierzig Frauen aus Rom und Genua wurden zu der Feier geladen und spüren die einmalige Atmosphäre einer vatikanischen Hochzeit, auch in Rührung versetzt durch den »canto di giovani castrati«, den Gesang der engelgleichen jungen Kastraten der päpstlichen Kapelle. Wie selbstverständlich gehen hier Frauen in den prächtigen Räumen umher und nehmen Platz an der päpstlichen Tafel.

Bei dieser Hochzeit trifft Giulia auch Felice della Rovere, die Burckard »la figlia del Papa« nennt. Die Papsttochter blickt ziemlich finster drein. Mit ihren fünfundzwanzig Jahren ist sie immer noch nicht verheiratet und wartet inständig auf einen Bräutigam, den sie sich nicht selbst aussuchen darf. Ihr Vater Papst Julius II. hatte es bisher versäumt, sich darum zu kümmern. Giulia weiß die Ehre zu schätzen, dass beim anschließenden Hochzeitsmahl der Papst selber anwesend ist. Während die jungen Leute zu tanzen beginnen, schweifen ihre

Gedanken zurück zu der anderen Hochzeit, die sie hier erlebt hat, als sie neben Alexander VI., ihrem Liebhaber, saß.

Herbst des Lebens

Ein Jahr nach Lauras Hochzeit knüpft Giulia selbst noch einmal das Band der Ehe und vermählt sich Ende 1506 mit dem neapolitanischen Edelmann Giovanni Capece Bozzato, den sie vor Jahren bei der Eheschließung des Papstsohnes Jofré Borgia kennen gelernt hatte. Mit diesem lebenslustigen und galanten Ehemann zieht sie sich zurück auf ihre Burg Carbognano bei Viterbo. Ab 1517 ist sie wieder Witwe und verwaltet ihre Güter.

Im November 1523 kommt noch einmal Spannung in ihr Leben. Fieberhaft wartet sie auf das Ergebnis der Papstwahl. Ihr Bruder Alessandro ist der heiße Favorit, der wahre »papabile«, schon zum fünften Mal fungiert er als Papstwähler. Jetzt ist er eigentlich nicht zu übergehen und Giulia träumt schon von einer triumphalen Rückkehr nach Rom und einem begeisterten Einzug in den Papstpalast. Doch wieder wird das Sprichwort wahr: »Wer als Papst ins Konklave geht, kommt als Kardinal heraus.« Der neue Papst ist ein Medici, Giulias Traum ist ausgeträumt, wenn auch nur fürs erste!

Bei Giulia zu Gast sind häufig ihre Neffen und Nichten, die Kinder ihres Bruders Alessandro. Als einziger Erbe der farnesischen Güter hat er auch als Kardinal für Nachwuchs gesorgt und seine Geliebte Silvia Ruffini hat ihm vier Kinder geboren. Als Papst Paul III. wird er seinen Sohn Pier Luigi zum Herzog von Parma und Piacenza ernennen und drei Enkeln den Kardinalshut aufsetzen. Gulias Verhältnis mit dem Borgia-Papst trägt also reiche Früchte und ermöglicht den Aufstieg einer kleinen Adelsfamilie zu einem europäischen Fürstenhaus, den Farnese, deren ehrgeizigen Bauwerken man in ihrer Residenzstadt Parma begegnen kann.

Anfang 1524 verfällt Giulia in ein Fieber, man bringt sie nach Rom in den Palast ihres Bruders, weil in der Stadt die ärztliche Versorgung besser ist. Am 14. März 1524 diktiert sie ihr Testament, das heute im Staatsarchiv von Neapel aufbewahrt wird.

Am 20. März 1524 stirbt Giulia Farnese.

Von ihrem beträchtlichem Vermögen lässt sie viele fromme Stiftungen errichten, z. B. für mittellose Mädchen, auch vererbt sie Zuwendungen an Klöster für viele Seelenmessen. Sie hat sich bemüht, die Schuld zu büßen, die ihrem Bruder die kirchliche Karriere ermöglicht hat. Seine Krönung als Papst hat sie allerdings nicht mehr erlebt.

Ihre letzte Ruhestätte findet Giulia in der Kirche San Giovanni Battista auf der Insel Bisentina im Bolsener See, gewiss ein romantischer Ort für eine Frau, die für ihre Schönheit weithin berühmt war.

Wer heute das Vatikanische Museum besucht, gelangt auch in das Appartamento Borgia, die Privaträume des Borgiapapstes, die heute in das Museum integriert sind, weil spätere Päpste hier nicht mehr wohnen wollten und wohl auch keine Erinnerung an die schöne Giulia aufkommen sollte. Die Räume, von Pinturicchio wundervoll ausgemalt, können erzählen von einem romantischen Papst, der auch im Vatikan seine Geliebte empfing, die ihrem Bruder auf ungewöhnliche Weise den Kardinalspurpur verschaffte. Als Alessandro Farnese als Paul III. endlich auf dem Papstthron angelangt war, wurde ihm sehr wohl bewusst, dass er ohne seine Schwester nie den höchsten Sitz der katholischen Christenheit erklommen hätte.

Zehntes Kapitel

Papsttöchter

Lucrezia Borgia, Felice della Rovere, Costanza Farnese

Als der kaiserliche Gesandte zur Audienz empfangen wird, staunt er nicht schlecht.[103] Wie gewohnt sitzt Alexander VI. auf seinem Thronsessel, erhöht über allen anderen. Zu seinen Füßen ist ein Mädchen mit langen blonden Haaren zu sehen, es ist Lucrezia, die 12jährige Tochter des Pontifex, die sich auf einem eigens für sie gefertigten Brokatkissen auf den Stufen des Papstthrones niedergelassen hat. Staunend geht das junge Mädchen im Vatikan aus und ein, sie ist ein anhängliches Kind und das ganze Hin und Her in dem prächtigen Palast ihres Vaters gefällt ihr. Früh bekommt sie manche Geheimnisse des Vatikans mit, das Außergewöhnliche ihrer Situation kann sie natürlich nicht erkennen. Sie bewundert ihren Vater und will gerne in seiner Nähe sein. Ihre eigentliche Wohnung ist bei der Verwandten Adriana di Mila. Jahre später wird der kaiserliche Gesandte Philibertus Lucrezias Sohn Rodrigo zur Taufe begleiten und wird als Gast am anschließenden Festmahl teilnehmen.

Eine Tochter im Vatikan? War das nun eine singuläre Erscheinung, oder lassen sich in den Urkunden noch andere Papsttöchter ausfindig machen, wohlgemerkt, es geht nicht um Romanfiguren, sondern um Frauen, die historisch dokumentiert sind?

In einer kleinen Tabelle möchte ich über die Töchter der Päpste, soweit sie uns namentlich bezeugt sind, Auskunft geben:

Innozenz VIII.	Cibo Theodorina
Alexander VI.	Borgia Girolama, Isabella, Lucrezia, Laura
Julius II.	Della Rovere Felice, Giulia, Clarice
Paul III.	Farnese Costanza

Mit Namen bekannt sind also neun Frauen, deren Väter in reifen Jahren zu »Heiligen Vätern« gewählt wurden. Von Giulia und Clarice weiß man nur die Namen, Girolama ist früh verstorben, Theodorina und Isabella führten ein zurückgezogenes Leben, Laura feierte eine spektakuläre Hochzeit im Vatikan, Lucrezia, Felice und Costanza wurden bekannt und traten in der Öffentlichkeit in Erscheinung, am deutlichsten und eindrucksvollsten ohne Zweifel die Borgiatochter Lucrezia, die bekannteste Frauengestalt des Renaissancezeitalters. Von allen dreien wird ihre auffallende Schönheit berichtet, auch ihre Bildung und ihre gepflegten Manieren. Ihre Väter hatten keine Sorgen mit ihnen, sie passten sich an und wussten mit der Rolle Papsttochter umzugehen. Sie hatten eine innige und fürsorgliche Beziehung zu ihren Vätern. Am meisten Einfluss hat ohne Zweifel Costanza Farnese ausgeübt, die elf Jahre Pontifikat ihres Vaters miterlebte.

Lucrezia Borgia

Lucrezia Borgia (1480–1519) war, wie wir schon erwähnt haben, die Tochter des Kardinals Rodrigo Borgia (1431–1503), der ab 1492 als Papst Alexander VI. regierte, und von Vannozza Cattanei (1442–1518).

Die Stellvertreterin

Als die Heiratsverhandlungen mit dem Herzog von Ferrara nicht recht vorankamen, wollte der besorgte Vater seine Tochter ins Rampenlicht stellen und ihr eine besondere Aufgabe übertragen. An Fantasie hat es den Borgia nie gefehlt. Unter einem fadenscheinigen Vorwand reiste der Papst nach Sermoneta, ernannte seine Tochter Lucrezia zu seiner Stellvertreterin und gab ihr den Kardinal Lisboa zur Seite. Natürlich existierte ein derartiges Amt nicht, aber das spielte keine Rolle. Das Ganze diente der Imagepflege und sollte die Tüchtigkeit Lucrezias herausstellen und beweisen, dass sie nicht nur durch Schönheit glänzen konnte. Alexander übergab ihr also die Führung über die laufenden Geschäfte der Kirche, die Aufsicht über den päpstlichen Hofstaat, auch sollte sie die an Seine Heiligkeit gerichteten Briefe öffnen. Sie wohnte in der Zeit in den päpstlichen Amtsräumen und saß am Schreibtisch des Papstes, nicht vor ihm als demütige Bittstellerin, sondern als Tochter, die anstelle ihres Vaters die Post des Papstes erledigte.

Lucrezia spielt auch sonst gleichsam die Rolle einer vatikanischen Prinzessin. Offizielle Botschafter finden es beileibe nicht abwegig, bei der Papsttochter vorzusprechen. Sie wohnt im Palazzo Santa Maria in Portico ganz nahe bei der Peterskirche und ist umgeben von einem eigenen Hofstaat, den ihr Vater für sie unterhält. Hochrangige Rombesucher erscheinen in ihrem Palast, Gesandte und Kardinäle sind dort anzutreffen. Rom staunt. Besonders im Heiligen Jahr 1500, als Pilgerströme wie nie zuvor die Papstmetropole erreichen, ist die hübsche Papsttochter überall dabei, bei feierlichen Gottesdiensten wie bei Festen mit Tanz und Musik.

Dabei ist ihre Rolle nicht ganz klar, eigentlich hat sie am Papsthof nichts zu suchen. Kinder sind weder erwünscht noch vorgesehen. Lucrezia hat natürlich kein Amt, aber sie ist auch keine reine Privatperson. Sie in der Öffentlichkeit auftreten zu lassen, spricht von einem unkomplizierten Umgang mit der eigenen Vergangenheit und einem ungezwungenen Verständnis von Sexualität. Vielleicht auch von einer gewollten Unbefangenheit im Angesicht einer stirnrunzelnden Öffentlichkeit. Wie auch immer: Wenn Lucrezia im Heiligen Jahr als Papsttochter auftritt, ist sie eine Erscheinung, die Beachtung findet und weithin verbreitet sich ihr Ruf als Tochter des amtierenden »Heiligen Vaters«.

Es gibt jedoch keine Anhaltspunkte, dass sie konkret kirchenpolitische Aktivitäten beeinflusst hat oder dass sie an Personalentscheidungen beteiligt ist. Alexander verstand sich als Patriarch und hätte ein Hineinregieren in seine Entscheidungen nicht geduldet, auch nicht von seiner Tochter. Er hat sie gewiss verehrt und bewundert, aber Kirchenpolitik hat er Frauen sicher nicht zugetraut.

Lucrezias Möglichkeiten liegen im atmosphärischen Bereich. Sie repräsentiert inoffiziell den Papsthof und sie kann das auch. Sie besitzt dafür gleichsam das »Knowhow«. Nach neuester Mode gekleidet tritt sie elegant auf, wirkt gebildet und gewandt und kann auf ihre Gesprächspartner Eindruck machen. Ihr heiteres Wesen und ihre freundliche Art finden Anklang und Bewunderung. Auch ist sie zu einer ausnehmend hübschen, jungen Frau herangewachsen, die ihre Toilette, und vor allem das stundenlange Färben ihrer blonden Haare, mit viel Aufwand betreibt.

Heiraten als Staatsaktion

Lucrezia war keineswegs darauf aus, Männer zu umgarnen und zu betören. Für einen Reigen von Liebhabern fehlte ihr schlicht der Spielraum. Eine Papsttochter sucht sich nicht wahllos Männer aus. Es ist der Vater, der die Sache in die Hand nimmt. Schon die erste Hochzeit ist politisch motiviert, der Pontifex sucht die Nähe zu dem mächtigen und militärisch schlagkräftigen Clan der Sforza, und deshalb erhält Lucrezia die Hand von Giovanni Sforza aus Pesaro. Am Anfang geht die Sache gut, doch die päpstliche Politik wechselt die Partei, und Giovanni fühlt sich in Rom seines Lebens nicht mehr sicher, verabschiedet sich zur Osterbeichte und reitet so schnell er kann ins heimatliche Pesaro. Nie wieder wagt er sich nach Rom. Lucrezia weint ihm offensichtlich keine Träne nach. Und für den obersten Herrn der Kirche ist es kein Problem, diesen unliebsamen Ehemann endgültig loszuwerden.

Da die Ehe angeblich oder tatsächlich nicht vollzogen wurde, kann der Papst, gestützt auf das Kirchenrecht, wegen des »Ehehindernisses« der Impotenz des Gemahls die Ehe für nichtig erklären lassen, und Lucrezia ist wieder frei für eine neue Verbindung.

Der Ex-Gemahl rächt sich auf seine Weise, indem er alle möglichen Gerüchte über die Borgia in die Welt setzt, unter anderem auch die Behauptung von blutschänderischen Beziehungen zwischen Vater und Tochter, die aber sicherlich nie stattgefunden haben.

Glückliche Ehe – schlimmes Ende

Der neue Gatte Alfonso d'Aragona, Herzog von Bisceglie, ist ein natürlicher Sohn Alfons II. von Neapel. Er entwickelt sich zu einem liebenswürdigen Ehemann, beide passen gut zusammen und sind sich in herzlicher Zuneigung zugetan. Auch der am 1. November 1499 geborene Sohn Rodrigo, für den sein Großvater eine theatralisch großartige Taufe abhalten lässt, scheint auf ein wahres Eheglück hinzudeuten. Doch abrupt findet auch diese Ehe ihr Ende. Alfonso gerät in Differenzen mit dem Papstsohn Cesare. Unvermittelt wird er auf der Straße überfallen, sucht Schutz vor Anschlägen in den päpstlichen Gemächern und wird dort erdrosselt, ein Mord im Papstpalast und ein bis heute nicht geklärter Kriminalfall.

Lucrezia ist nun eine Witwe von einundzwanzig Jahren. Dieses Mal zeigt sie ungeheuchelte Trauer, zieht sich in ein Kloster zurück, aber der Vater drängt auf eine neue Heirat. Freiwillige Bewerber stehen nicht bereit – wen wundert das? – und unter Wert kann eine vatikanische Prinzessin auch nicht vergeben werden. Alexander blickt nach Ferrara, das rechtlich ein Lehen des Papstes ist. Auf lange Sicht möchten die Päpste das von den Este regierte Herzogtum Ferrara, eines der reichsten Länder Oberitaliens und zugleich von höchster strategischer Bedeutung, stärker in ihre Abhängigkeit bringen und so den Machtbereich des Kirchenstaats ausdehnen. Der die Verbindung ablehnende Erbprinz Alfonso d'Este kann sich auf Dauer der päpstlichen »Umarmung« nicht verweigern. Dafür nutzt Alfonsos Vater, Herzog Ercole, die Werbung des Papstes weidlich aus und stellt unverschämt hohe Forderungen. Alexander gesteht ihm alles zu, auch Dinge, die mit einer privaten Hochzeit nichts zu tun haben, wie Erlass der Tributzahlungen an den Heiligen Stuhl. Für den Papst ist die Hochzeit kein privates Ereignis, sondern eine Sache des Souveräns des Kirchenstaates, eine hochpolitische Angelegenheit. Die überaus üppige Mitgift kommt ja auch aus der Apostolischen Kammer, der päpstlichen Finanzbehörde. Am 26. August 1501 wird der Ehevertrag beurkundet.

Der spanische Tanz

Nun muss die berühmte Braut in Rom abgeholt werden, deshalb macht sich Anfang Dezember eine Delegation von ungefähr fünfhundert Personen, die einen Querschnitt durch die vornehme Gesellschaft Ferraras darstellen, auf die Reise, mit dabei sind diverse Diener, Musiker, an der Spitze drei Brüder von Alfonso und der farbenprächtig gekleidete Kardinal Ippolito d'Este. Der Bräutigam, der sich bis zuletzt gewehrt hat, bleibt daheim.

Als die ferraresische Eskorte Ende des Monats in Rom eintrifft, wird ihr ein überwältigender Empfang zuteil: Am Stadttor begrüßen den Zug neunzehn Kardinäle, von denen jeder zweihundert Begleiter mit sich führt, nicht zu übersehen ist Cesare Borgia mit einem Gefolge von zweihundert Schweizer Söldnern, in schwarzen und gelben Samt gekleidet. Mit schmetternden Trompeten und klingenden Hörnern geht der prächtige Zug über den Campo dei Fiori zum Papstpalast.

Lucrezia tanzt vor ihrem Vater Alexander VI.
Historiengemälde von H. Kaulbach.

Die Engelsburg ist mit Fackeln erleuchtet, Kanonen donnern, der Papst empfängt die Delegation auf seinem Thron im Vatikan.

Lucrezias dritte Hochzeitsfeier wird am 30. Dezember 1501 mit Überreichung der Ringe abgehalten, Per-procura, d.h. Don Ferrante, der Bruder Alfonsos, vertritt den Bräutigam. Ganz im Stil eines fürstlichen Hofes der Renaissance wird anschließend im Vatikan kräftig gefeiert und vor allem getanzt, der Spanier auf dem Papstthron hat eine besondere Sympathie dafür und seine beiden Kinder Lucrezia und Cesare begeistern die Anwesenden mit einem spanischen Tanz, der viel Beifall findet. Noch selten hat sich ein Papst so gefreut wie Alexander über seine beiden Kinder.

Die Herzogin

Sie weiß nicht, dass sie ihn zum letzten Mal sieht, aber sie ahnt es, und als Lucrezia ihren Vater umarmt und die Stufen vom Papstthron herabsteigt, kann sie die Tränen nicht zurückhalten. Aber die Loslösung vom Vater lässt sie erwachsen werden, sie muss sich von nun an allein behaupten. Ihr Weg nach Ferrara, von den sonnigen Hügeln Roms in die neblige Tiefebene Oberitaliens, ist ein überaus reicher und prunkvoller Brautzug, sie reitet auf einem Maultier oder sitzt in einer mit kostbarem Atlas dekorierten Sänfte. Einhundertfünfzig Maultiere transportieren die Aussteuer, und ungefähr sechshundert Pferde sind im Einsatz, Musikanten und Spaßmacher sorgen für Unterhaltung auf der Reise, die siebenundzwanzig Tage dauert.

Lucrezias Einzug in Ferrara am 2. Februar 1502 gestaltet sich als rauschendes Fest mit allem Pomp, der damals üblich war. Nach der Hochzeitsnacht lässt der Schwiegervater Ercole durch seinen Gesandten dem Papst mitteilen, dass alles gut verlaufen ist, will sagen, dass die Ehe »vollzogen« ist. Sechs Tage lang wird in Ferrara üppig gefeiert, ein nicht enden wollender Reigen von triumphalen Einzügen, Banketten, Tanzeinlagen und Theateraufführungen.

Im Jahre 1505 stirbt Herzog Ercole, sein Sohn Alfonso tritt die Nachfolge an, mit seiner Gattin Lucrezia als Herzogin. Sie hat in diesem Jahr auch den Thronfolger geboren, der auf den Namen Ercole getauft wird. Lucrezia erfüllt ihre dynastischen Pflichten, sie bringt

Lucrezia Borgia als Herzogin von Ferrara. Gemälde von Dossi.

eine Tochter und fünf Söhne zur Welt, von denen zwei sehr früh sterben. Auch ihren repräsentativen Aufgaben als »First Lady« eines kleinen, aber straff regierten Renaissancestaates, der für seine anspruchsvolle Hofkultur und sein strenges Zeremoniell weithin bekannt ist, kommt sie in mustergültiger Weise nach.

Alfonso war ein bekannter Spezialist für das Artilleriewesen, die in seinen Waffenschmieden gegossenen Kanonen waren die modernsten in ganz Europa, die den Franzosen mehrfach zum Sieg über die Spanier verhalfen. Auch als geschickter Feldherr und Politiker brachte es Alfonso zu großen Erfolgen. Viel Zärtlichkeit oder Verständnis konnte eine Fürstin in der Zeit der Renaissance nicht erwarten, jedenfalls nicht von ihrem Ehemann, der sich weiterhin mit Mägden und vollbusigen Schankmädchen vergnügte. Lucrezia wollte ihrerseits keine biedere Hausfrau sein und erfreute sich an Festen, vor allem am Tanz. Sie fand Anerkennung in einem Kreis bedeutender Literaten und

Dichter wie Ariost, Strozzi und Bembo; hier war sie umschwärmt, gefeiert und besungen, und es ist nicht zuletzt ihrer Ausstrahlung zu verdanken, dass Ferrara zu einem der wichtigsten geistigen Zentren der Neuzeit wurde.

Lucrezias Einfluss am Papsthof

Wegen der Berühmtheit Lucrezias ist man leicht versucht, ihre Rolle am päpstlichen Hof zu überschätzen. Tatsächlich hatte sie aber relativ wenig Gelegenheit, die Entscheidungen ihres Vaters zu beeinflussen. Bei der Papsterhebung ihres Vaters war sie erst zwölf Jahre alt, und als Einundzwanzigjährige hat sie Rom verlassen. Ihre Verehelichung wurde von ihrem Vater betrieben, der keine Rücksicht auf ihre persönlichen Interessen nahm. Papst Alexander glaubte, er könne Heiratspolitik wie ein König betreiben, aber er überschätzte die Chancen einer Papsttochter. Es war auch nicht Lucrezias Art, durch Raffinesse am Papsthof zu intrigieren.

Unter Julius II. (1503–1513) gehört die Herzogin von Ferrara zu den vom Papst gehassten und verachteten Borgiaangehörigen. Er führt auch Krieg gegen ihren Ehemann, der allerdings Ferrara gegen den Angriff des Papstes erfolgreich verteidigt. Lucrezia steht hier fest an der Seite ihres Mannes.

An Papst Leo X. wendet sich Lucrezia, als sie nach einer Fehlgeburt sterbenskrank darniederliegt. In einem Brief bittet sie um den päpstlichen Segen, vertrauend auf die besondere Kraft dieses Segens, den sie bei ihrem Vater erlebt und an dem sie nie gezweifelt hat.

Am 24. Juni 1519 stirbt Lucrezia Borgia.

Schon bald nach ihrem Tod entwickelten sich wuchernde Geschichten über dieses, wie man zu wissen glaubte, verruchte und abgründig schlechte Weib, das zusehends als Sexmonster erschien. Bei nüchterner Betrachtung lassen sich keine Skandale finden. Mag es in ihrer Jugend ein paar Affären gegeben haben, als Herzogin von Ferrara hielt sie sich an die gesellschaftlichen Konventionen und wurde mit zunehmenden Jahren eine Frau, die durch Frömmigkeit und Wohltätigkeit Ansehen gewann.

Auch ein Papst liebt seine Kinder

Alexander war ein vorbildlicher und überaus fürsorglicher Vater, natürlich mit dem Schönheitsfehler, dass er eigentlich keine Kinder hätte haben sollen. Und er hatte insgesamt zehn. Alexander war ehrlich, versteckte seine Kinder nicht und zeigte sie bei passender und unpassender Gelegenheit in der Öffentlichkeit. Für ihn gehörte die Familie wesentlich zu seiner Amtsführung. Als Papstvater erlebte er dabei alle Schwierigkeiten, die Eltern mit ihren Kindern haben können. Er betrauerte den Tod von zwei Söhnen und konnte nur mühsam seinen gewalttätigen Sohn Cesare in Schranken halten, der Umgang mit seinen vier Töchtern war problemlos. Girolama und Isabella hat er noch als Kardinal mit einer ansehnlichen Mitgift verheiratet, Lucrezia hat er mit einer abgöttischen Liebe überhäuft, vermutlich ohne sie wirklich in ihrem innersten Anliegen zu verstehen. Die Tochter Laura wusste er bei ihrer Mutter Giulia gut aufgehoben.

Seine Kinder sollten teilhaben an seinem hohen Amt. Dieses Amt aber nahm er ernst. Er war ein frommer Mann, darüber herrscht heute kein Zweifel, und zwar fromm in einer sehr katholischen Form, er hat fleißig gebeichtet und an die Sündenvergebung geglaubt.

Als Lucrezia gezeugt wurde, war ihr Vater Kardinal und ihre Mutter eine verheiratete Frau, darin mussten die Zeitgenossen eine schlimme Sünde sehen. Der Vater Kardinal und die Mutter als Geliebte empfanden dies wohl nicht so. Rodrigo Borgia sah im Zölibat ein kirchliches Gesetz, das er für sich persönlich nicht als verbindlich akzeptierte. Als Papst hatte er nicht die Absicht, dieses Kirchengebot aufzuheben.

Alexander VI. und »seine« Frauen

Bei keinem Papst klingt die Frage nach der Beziehung zu den Frauen so persönlich, geheimnisvoll und irgendwie skandalös. Alexander war ein wahrer Frauenheld. Auch ohne Tagebucheintragungen weiß man von vielen Liebesabenteuern mit verschiedenen Frauen, die stabilste, eheähnliche Beziehung bestand mit Vannozza Cattanei und dauerte von 1474 bis 1482. In diesem Zeitraum hat Vannozza ihm vier Kinder geboren: Cesare, Juan, Lucrezia und Jofré.

Als sich Alexander später einer jungen Geliebten zuwandte, kümmerte er sich doch weiterhin um Vannozza und verhalf ihr zu einem ansehnlichen Vermögen, sodass sie nach seinem Tod als wohlhabende Dame leben konnte, übrigens keineswegs verachtet und diskriminiert. Sie selber wahrte Diskretion und prahlte nie mit ihrem prominenten Liebhaber.

Der Borgiapapst verkörpert die sinnliche Zeit der katholischen Kirche, eine Phase der Lebensbejahung und eines verhältnismäßig ungezwungenen Umgangs mit der Sexualität. Seine Schwächen waren unübersehbar, und bis heute kann man »ledige Kinder« den Eltern als Sünden unter die Nase halten. Alexander hat mit vielen Frauen kürzere oder längere Beziehungen unterhalten und hat seine Ex-Geliebten, soweit man das feststellen kann, gut behandelt und an ihrer materiellen Versorgung nicht gespart. Programmatisches zum Thema Frauen war von ihm nicht zu erwarten, er war ein Praktiker, er hat mit Frauen gelebt und sie geliebt; als Oberhaupt der Kirche das Schicksal von Frauen zu verändern oder ihre Lage zu verbessern, sah er nicht als seine Aufgabe.

Felice della Rovere (ca. 1480–1535)

Sie war Tochter von Giuliano della Rovere (1443–1513), der 1503 zum Papst gewählt wurde und den Namen Julius II. annahm; ihre Mutter war Lucrezia Normanni und trug nach ihrer Verheiratung den Namen ihres Gatten de Cupis.

Vergebliche Bitte

Mit hochrotem Gesicht verlässt sie den Raum, enttäuscht und wütend zugleich, drinnen liegt der todkranke Papst auf seinem prachtvoll ausstaffierten Bett. Eine einzige Bitte, keine ungewöhnliche, sondern eine fast schon übliche, hat sie ihm vorgetragen und er hat sie kurz und schroff abgefertigt. Immer war sie bescheiden im Hintergrund geblieben, hatte ihn nie in der Öffentlichkeit bloß gestellt. Und jetzt bat Felice della Rovere ihren Vater, Papst Julius II., um einen Gnadenerweis, nicht für sich, sondern für ihren Halbbruder Giandomenico de Cupis. Julius solle ihn zum Kardinal ernennen. Ein päpstliches Macht-

Papst Alexander VI. Fresko von Pinturicchio aus den Borgia-Gemächern des Vatikan.

wort hätte genügt und der Sohn seiner ehemaligen Geliebten wäre zu kirchlichen Ehren, zu Reichtum und Ansehen gekommen, ein später Dank an die Geliebte und ein Geschenk an die stets um ihn besorgte Tochter. Aber Julius lehnt ab, starrsinnig, wie er immer war, bis zuletzt verweigert er diese familiäre Wohltat. Für die Wünsche der Frauen bleibt sein Ohr verschlossen.

Dabei war er keineswegs frei von Nepotismus. Die Neffen bekamen von ihm Vergünstigungen, aber bei seiner Tochter Felice blieb er betont zurückhaltend und das bis zum letzten Atemzug. Er wollte keinerlei Ähnlichkeit mit Alexander VI., über den er regelrechte Hasstiraden ausgoss und der in einer für ihn abstoßenden Weise seine Tochter Lucrezia begünstigt hatte. Deshalb blieb Felice nach seiner Papsterhebung 1503 noch für ein Jahr in Savona, fern von Rom, in dem eine neue Papsttochter sicher Aufmerksamkeit erregt hätte. Es soll kein Schatten auf sein Pontifikat fallen und bei aller großzügigen Auslegung der kirchlichen Gebote, eine Tochter ist für einen Kirchenfürsten, der Ehelosigkeit gelobt hat, allemal ein Schatten.

Trotz der Abfuhr bleibt Felice in der Nähe ihres Vaters, kommt wieder ans Krankenbett, um dem Schwerkranken zu Diensten zu sein. Seit vielen Wochen ist er an das Bett gefesselt, hat sich heftig gewehrt, sich aufgelehnt, aber am Ende versagen auch seine Kräfte. Die letzten Tage des Pontifex lassen wenig Raum für Privates. Er, der sich so gern in der Pose des gestrengen Richters sah und nicht selten ein Strafgericht über eine ganze Stadt verhängte, geht seinem eigenen Richter entgegen. Den Kardinälen schärft er ein, ohne Eigennutz einen würdigen Nachfolger zu wählen, er selber hat freilich seine Wahl nur mit massiver Bestechung und falschen Versprechungen gewonnen. Die Zeit der Reue ist angebrochen. Die Papsttochter ist Zeugin der letzten Gespräche, auch des folgenden. Der Papst lässt seinen Zeremonienmeister Paris de Grassi kommen, ihn beschäftigen auch sehr praktische Fragen.

»Der Papst erinnerte sich, viele Päpste gesehen zu haben, die im Tod von Verwandten und Dienern verlassen und sogar des Notwendigsten beraubt worden waren, so daß sie völlig nackt mit entblößten Schamteilen dagelegen hätten. Das sei für eine so hohe Majestät wie die päpstliche entehrend und beleidigend.«[104]

Die vom Medicipapst Clemens VII. vollzogene Trauung der Katharina von Medici mit Heinrich II. von Frankreich, 1533.

De Grassi muss versprechen, den Leichnam in ein weißes Hemd zu hüllen und Julius verlangt ausdrücklich für sein Totenhemd goldene Verzierungen als Zeichen seiner Würde.

Felice wuchs bei ihrer Mutter Lucrezia Normanni auf, die mit einem gewissen Bernardino de Cupis verheiratet war. Nach den offiziellen Unterlagen ist Felice die eheliche Tochter dieses Mannes, mit dem zusammen ihre Mutter auch einige Kinder hat. Aber da war auch oft der Kardinal della Rovere zu Besuch und der betrachtet ohne wenn und aber Felice als seine Tochter. Bei diesen eigenartigen Familienverhältnissen muss doch die Zuordnung der einzelnen Kinder klar gewesen sein. Jedenfalls hat Julius II. seine Tochter anerkannt, nicht durch ein förmliches Dokument, das galt bei Frauen allgemein als nicht notwendig, wohl aber faktisch durch sein Verhalten. Ihre Existenz als Papsttochter war keineswegs geheim, sondern muss allgemein bekannt gewesen sein, wie etwa folgende Bemerkung in Baldassare Castigliones »Il Libro del Cortegiano«, dem berühmten »Buch vom Hofmann«, zeigt.

»Erinnert Ihr Euch nicht der Nachricht, daß Signora Felice della Rovere, als sie nach Savona fuhr und fürchtete, einige Segel, die man entdeckt hatte, seien Boote Papst Alexanders, die sie verfolgten, sich mit festem Entschluß vorbereitete, sich ins Wasser zu stürzen, falls sie näher kämen und kein Weg zur Flucht mehr möglich wäre. Man kann nicht glauben, daß sie es aus Leichtsinn getan hätte, da Ihr so gut wie andere wohl wißt, von wie viel Verstand und Klugheit die einzigartige Schönheit dieser Dame begleitet ist.«[105]

Diese Notiz Castigliones zeigt Felice als eine nicht nur schöne, sondern auch sehr energische und entschlossene Frau, die ihrem Vater nicht unähnlich ist. Da sie von der Feindschaft ihres Vaters mit dem Borgiapapst wusste, wollte sie nicht als Faustpfand in dessen Hände fallen. Dass sich eine Frau lieber in den Tod stürzen wollte, als in die Gefangenschaft des Feindes zu geraten, hat in der damaligen Zeit mächtig imponiert, dieses Frauenbild war ganz im Sinne der Renaissance, die standhafte und heroische Frauen wie die römische Lucretia und die biblische Judith schätzte und in Bild und Text als vorbildliche Gestalten feierte.

Diskretion und Distanz

Im Juni 1504 kam Felice zusammen mit Luchina, der Schwester des Papstes, nach Rom und erhielt eine Wohnung in der Nähe des Vatikans. Der Tochter aus der Provinz gefällt es in der Großstadt ausnehmend gut, sie nimmt an vielen Veranstaltungen teil wie Umzügen, Prozessionen, Spielen und besonders am Karneval. Dabei tritt sie aber nicht als Papsttochter auf, sondern bleibt inkognito. Felice gehörte zwar irgendwie zum päpstlichen Hof, aber sie hatte keinerlei Funktion und keine bestimmte Aufgabe. Wenn sie bei öffentlichen Gesprächen dabei war, konnte es passieren, dass ihr Vater sie unvermittelt wegschickte. Sicherlich wurde sie öfter von Bittstellern um Fürsprache beim Papst gebeten, aber auf diesem Ohr war er taub. Julius wollte kein Aufsehen und hielt seine Tochter auf Distanz, und sie fügte sich seinen Anweisungen. Sie lebte gleichsam im Halbschatten, als Papsttochter irgendwie anerkannt, aber doch nicht öffentlich sichtbar. Ihre gelegentlichen Besuche im Vatikan waren für niemandem ein Ärgernis und ihr Vater hat sie keineswegs großzügig beschenkt und sie erhielt auch keine Juwelen aus der päpstlichen Schatzkammer, wie andere Frauen vor und nach ihr.

Der Umgang des Papstes mit Frauen ist geprägt durch Diskretion. Der sonst so wirkungsvoll auftretende Pontifex war hier erstaunlich öffentlichkeitsscheu, als Vater einer Tochter wollte er nicht wahrgenommen werden. Er dachte an seinen Nachruhm, nicht umsonst war ihm sein Grabmal so wichtig, mit dem er Michelangelo fast zur Verzweiflung trieb. Echte Einflussmöglichkeiten hatte also diese Papsttochter nicht.

Als Ehefrau eines Orsini schaltete sich die Papsttochter einmal in die politischen Händel ein. Die Orsini hatten mit Venedig, das mit dem Papst verfeindet war, 1509 einen Soldvertrag abgeschlossen und wollten Truppen für dieses Bündnis anwerben. Der Papst tobte und drohte den Orsini mit der Exkommunikation. Felice betätigte sich als Vermittlerin. Die Orsini lösten den Soldvertrag und schwenkten wieder auf die Linie des Papstes ein.

Stille Hochzeit

Was das Heiraten angeht, so hatte Felice mit ihren sechsundzwanzig Jahren schon längst das übliche Alter überschritten. Aber am 24. Mai 1506 war es endlich soweit. Felice wurde verheiratet mit Giovanni Giordano Orsini, dem die Signorie von Bracciano gehörte. Dieser römische Nobile war bereits Witwer; er hatte in erster Ehe mit der natürlichen Tochter des Königs Ferdinand von Neapel gelebt und erhielt jetzt wieder eine natürliche Tochter, eine Papsttochter. Die Einheirat in die große stadtrömische Adelsfamilie der Orsini bot dem Papst ein gewisses Maß an Sicherheit für seine Tochter, er dachte hier über seinen Tod hinaus und wollte sie vor seinen Nachfolgern schützen. Eine schöne und festliche Eheschließung im Vatikan kam für ihn nicht in Frage. Hier reagierte er übertrieben kleinlich.

»Er verbot alle öffentlichen Freudenbezeigungen, und die Vermählung fand ganz in der Stille statt; erst in Bracciano, wohin das junge

Paar sofort übersiedelte, fanden die eigentlichen Hochzeitsfeierlichkeiten statt.«[106]

Ihre Mitgift war nicht besonders hoch, und ihr Mann war ein Sonderling, der bei den Römern als »pubblico pazzo«, als Narr, galt. Felice lebte nun in dem großen, dunklen Schloss von Bracciano, von wo aus sie gelegentlich ihren Vater besuchte, der sie als gebildete Gesprächspartnerin ernst nahm und mit ihr auch über politische und kirchliche Themen diskutierte.

Was Julius bei seiner Tochter entschieden ablehnte, hat er bei Verwandten sehr wohl gestattet. Seine Nichte Lucrezia Gara heiratete am 22. Juli 1506 im Vatikan und zwar in der Sala dei Pontifici und im Jahr zuvor, im November 1505 konnte der Papstneffe Niccolò im Papstpalast eine glänzende Hochzeit feiern, wobei die Anwesenheit von Frauen in der päpstlichen Residenz die Zeremonienmeister vor große Probleme stellte.

»So empört sich etwa de Grassis über seinen älteren Kollegen J. Burchardus, der die Regel, daß es dem Papst nicht erlaubt war, gemeinsam mit Frauen zu speisen, selbst wenn es sich um Königinnen handelte, nicht beachtete.«[107]

Ganz so einfach war das also nicht mit den Frauen in den päpstlichen Gemächern, schwierig war es schon, dorthin zu kommen. Nach Paris des Grassis kamen die eingeladenen Damen nicht durch den Haupteingang, sondern vom Garten her und benutzten dazu einen Seiteneingang. Also ein großer und feierlicher Einzug von Frauen zu einer Vermählung im Papstpalast fand nicht statt, schon ihr Eintritt sollte diskret vonstatten gehen.

Eine gebildete Dame

Felice nahm am kulturellen Leben in Rom teil; in der herrschenden Aufbruchstimmung waren Künstler und Literaten nach Rom geströmt. Die Papsttochter hatte Latein gelernt und beschäftigte sich gerne mit lateinischen Büchern. Das Image eines Gebildeten in Rom verlangte absolut die Lektüre von antiken Schriftstellern. Felice gehörte zusammen mit dem Kardinal Giovanni de'Medici zu einem Zirkel bedeutender Literaturmäzene und Literaten. Die Tochter von

Julius erscheint als gebildete Frau, sicherlich zur Zufriedenheit ihres Vaters. Auch »Castiglione war mit der wegen ihrer Schönheit und Klugheit berühmten Frau befreundet«.[108]

Einer der Literaten soll auch »Gedichte zum Lob der Madonna Felice«[109] verfasst haben. Offensichtlich wollten die Väter gebildete Töchter und diese haben sich mit Begeisterung beteiligt. Das Frauenbild eines einzelnen Papstes mag auch durch diese persönliche Erfahrung geprägt sein. Julius hat als Papst keine Bildungsoffensive für Frauen gestartet, aber für seine eigene Tochter war er dafür aufgeschlossen.

Felice war Mutter von vier Kindern: Francesco, Girolamo, Giulia und Clarice. Nach dem Tod ihres Ehemannes 1517 hat sie nicht mehr geheiratet; sie erreichte aber, dass sie als Vormund der Kinder und Verwalterin der Güter anerkannt wurde. Dafür musste sie energisch kämpfen, denn das war damals keine Frauensache, sondern ein Vorrecht für Männer.

Bewunderung und Zweifel

Mit Aufmerksamkeit verfolgte die Papsttochter die kirchenpolitischen Aktivitäten ihres Vaters. Sie machte sich Sorgen um ihn, wenn er in den Krieg zog, und sie bewunderte ihn, wenn er in der Geste des siegreichen Feldherrn wieder nach Rom zurückkehrte. So geschah es am Palmsonntag des Jahres 1507: Julius II. kam nach zwei Jahren der Kriegführung wieder in seine Residenzstadt zurück, durch acht Triumphbögen zog er wie ein römischer Kaiser durch die Straßen, an der Engelsbrücke stieg er auf einen prachtvoll dekorierten Triumphwagen, der von vier weißen Rössern gezogen wurde. Ein Feuerwerk beleuchtete die Engelsburg, und in St. Peter erklang ein machtvolles Te Deum. Felice war begeistert und zugleich nachdenklich, einen glänzenden Sieg hatte Julius errungen, aber hatte er nicht eigentlich für Glauben und Frömmigkeit zu sorgen? Sah er sich nun als Papst oder Kaiser? Das letztere wäre er wahrscheinlich lieber gewesen.

Julius II. ist als politischer Papst in die Geschichte eingegangen, der sich in der Rolle des Imperators gefallen hat. Er hat den Grundstein für die neue Peterskirche gelegt, hat Michelangelo für die Sixtinische

Kapelle als Maler engagiert und sich als großer Mäzen erwiesen. Und wenn gefragt wird, was für die Nachwelt haften bleibt, dann ist er der Papst der Fresken, wie Alexander VI. der Papst der vielen Kinder ist und Paul III. der Papst des Konzils von Trient.

Giuliano della Rovere gehörte zu den Kardinälen, die ihren Reichtum genossen und das Dasein als Kirchenfürst lustvoll erleben wollten. Denn es ist nicht nur ein übles Gerücht, sondern eine gut bezeugte Nachricht, dass sich Giuliano die »Franzosen«, will sagen die Syphilis, zugezogen hat, an deren Folgen er noch im Alter litt, ein Papst behaftet mit der »Lustseuche«, auch damals peinlich. Er wie auch andere Kardinäle bekümmerten sich wenig um das Keuschheitsgebot, sie hatten zwar Ehelosigkeit gelobt, dies aber offenbar nur zum Schein.

Dass seine langjährige Geliebte Lucrezia Normanni eine verheiratete Frau war, hat ihn wohl nicht gestört. Die Beziehung wird nicht weiter beschrieben, neben Felice hatte er mit ihr auch die beiden Töchter Giulia und Clarice, über deren Lebensweg weiter nichts bekannt ist. Die Initiative zu diesem Konkubinat ging sicher von Giuliano aus, eine Ehefrau hat von sich aus kaum einen Liebhaber gesucht.

Zu den Frauen seiner Familie konnte Giuliano auch sehr mitfühlend sein, eine enge Verbindung bestand zu seiner Schwester.

»Als er im Mai 1509 seine Schwester Lucchina zu Grabe tragen sah, war er tief bewegt und vergoß Tränen.«[110]

Um seine Nichte Lucrezia Gara war er sehr besorgt, und natürlich empfand er für seine Tochter wohl mehr, als er öffentlich zeigen wollte. Felice wurde akzeptiert, versorgt und konnte sich unauffällig im Vatikan bewegen. Neun Jahre lebte sie in der Nähe ihres päpstlichen Vaters.

Costanza Farnese (1500–1545)

Ihr Vater war Alessandro Farnese (1468–1549), der ab 1534 als Papst Paul III regierte, ihre Mutter Silvia Ruffini, verheiratete Crispo (1480–1561).

Der Heilige in der Warteschlange

Ignatius von Loyola ist nun selbst gekommen, persönlich will er die Anerkennung seiner neuen »Gesellschaft Jesu« endlich voranbringen. Die Gründung des Jesuitenordens steht auf dem Spiel. Aber die kurialen Mühlen mahlen langsam, der Entwurf des Ordensstatuts liegt dem Papst schon lange vor, aber es tut sich nichts. Also geht der vom Glaubenseifer durchdrungene Spanier in eigener Person in den Papstpalast und setzt sich, bescheiden in seine schwarze Soutane gekleidet, auf die Wartebank vor den Audienzräumen Seiner Heiligkeit. Prälaten und Protonotaren sind ja bereit, mit ihm zu sprechen, er aber will direkt zum Papst. Neben ihm sitzen noch andere Bittsteller, unter ihnen hochrangige Besucher, Bischöfe und Adlige. Plötzlich schauen alle auf, eine etwa vierzigjährige, gut aussehende Frau taucht auf, gekleidet in ein karmesinrotes Gewand aus edlem Brokatsamt mit eingewebtem Silber – und Goldfäden. Sie geht einfach an den Wartenden vorbei und steigt die Treppen hinauf, verschwindet in den päpstlichen Privaträumen. Die Wartenden murmeln und flüstern: Costanza, die Papsttochter, ihr Sohn ist schon Kardinal, sie hat direkten Zugang, sie hat Einfluss. Nach einiger Zeit verlässt Ignatius seine Wartebank, unverrichteter Dinge kehrt er wieder einmal zurück zu seinen Gefährten. Aber jetzt weiß er, wie er es anstellen muss. Sein Mitbruder kennt Margherita, die Ehefrau des Papstenkels Ottavio. Diese wie auch die bekannte Dichterin Vittoria Colonna zeigen große Sympathien für die Jesuiten und schaffen es, auch die Papsttochter Costanza für Loyolas Sache zu gewinnen. Die drei Frauen machen gute Stimmung für den neuen Orden, allen voran Costanza, und im Jahr 1540 bestätigt ihr Vater die »Societas Jesu«.

Die natürliche Tochter

Geboren ist Costanza in Rom, vermutlich im Jahr 1500. Die Familienverhältnisse sind etwas verworren. Ihre Mutter Silvia Ruffini ist mit Giovanni Battista Crispo verheiratet, aber das Neugeborene wird von Kardinal Alessandro Farnese als seine Tochter angesehen. Dieser wollte trotz seiner kirchlichen Stellung eigene Kinder haben als Erben der farnesischen Güter. Und so bekam Costanza noch drei Brüder: Pier

Luigi, Paolo und Ranuccio. Die Beziehung ihrer leiblichen Eltern sollte geheim bleiben, auf Dokumenten wurde die Mutter lediglich als adlige Dame bezeichnet. Silvia Ruffini tritt auch nie öffentlich mit ihren Kindern auf, wird an keinen Hochzeiten teilnehmen und erscheint auch niemals im Vatikan. Einer Konkubine eines Kardinals, der später Papst werden will, wird viel Zurückhaltung und Bescheidenheit abverlangt. Der Umgang eines Kirchenfürsten mit Frauen war sehr einseitig aus männlicher Sicht bestimmt. Natürlich nützte die ganze Geheimniskrämerei nur wenig, irgendwann wurde der Name doch bekannt.

Um 1517 heiratet Costanza Bosio Sforza, den Grafen von Santa Fiora, und zwar im Palazzo Farnese. Im November 1518 wird ihr erster Sohn Guido Ascanio geboren, dem noch weitere neun Kinder folgen. Einige Zeit wohnte Costanza im berühmten Palazzo Farnese, dann erhielt sie von ihrem Vater einen Palast in der Via Giulia geschenkt. Diese lange und kerzengerade Straße hat Julius II. regelrecht in das Tiberviertel hineinschlagen lassen, und mit ihren neuen, schönen Palästen war sie eine vornehme Wohngegend. Costanzas Vater hatte ein wachsames Auge auf die Familie und wollte vor allem tüchtige Enkel sehen. Im Mai 1530 schrieb er an seine Tochter einen energischen Brief, in dem er eine strengere Erziehung seiner Enkel anmahnte.

Ihr Sohn – ein halbwüchsiger Kardinal

Bei der ersten Kardinalsernennung dieses Pontifikates 1534 war wie selbstverständlich ihr Erstgeborener dabei, Guido Ascanio, der diverse Bistümer, Abteien und kirchliche Pfründen erhielt, um seiner Würde gemäß leben zu können. Damit war seine Zukunft gesichert. Guido war erst sechzehn Jahre alt und studierte in Bologna, ein Kardinal als Student war für die dortige Universität eine seltene Erscheinung. Costanza hat ihren Vater nicht einmal anbetteln müssen, es ging wie von selbst. Dass der Papst damit zu Beginn seines Pontifikates keine gute Figur machte, war auch klar, zudem er noch einen weiteren Halbwüchsigen mit dem Purpur schmückte, nämlich seinen vierzehnjährigen Enkel Alessandro, Pier Luigis Sohn. Damit hat Paul III. die beiden erstgeborenen Söhne seiner Kinder für ein kirchliches Amt bestimmt, er, der Großvater trifft die Entscheidungen und greift damit weit voraus in die Zukunft.

Allenthalben rief man nach Reformen, aber was sollten dabei unreife, jugendliche Kardinäle?

Für Costanza, die Mutter, war die Zeremonie am 12. Mai 1535 ein tief berührendes Erlebnis. Die neuen Kardinäle wurden in ihr Amt eingeführt. Ihr Sohn, und welche italienische Mutter wäre da nicht stolz, schreitet, in den hellroten Talar gekleidet mit einem spitzenbesetzten Chorhemd nach vorne, kniet nieder an den Stufen des Papstthrones, küsst die Füße Seiner Heiligkeit und erhält aus den Händen seines Großvaters den Galero, den großen flachen Kardinalshut. Natürlich hat dieser leuchtend rote Hut seinen symbolischen Sinn, das helle Rot soll ein Zeichen sein für die Bereitschaft des Kardinals, für den Schutz der heiligen Kirche jederzeit sein Blut zu vergießen. Um diese Zeit denkt sicherlich niemand ernsthaft an ein solches Opfer, nicht wenige Kardinäle könnte man eher als Blutsauger denn als Blutzeugen betrachten. Positiv ist Ascanio aufgefallen durch seine Freigebigkeit und Sorge für Arme. Was seiner Mutter sicher nicht gefallen hat, war seine Ansteckung mit der Syphilis.

1535 starb Costanzas Ehemann. Sie hat nicht mehr geheiratet. Der zweitgeborene Sohn übernahm die Nachfolge, erhielt von seinem Großvater Vergünstigungen und wurde mit einer reichen Erbin vermählt. Für alle wird gesorgt und auch die vier Töchter werden standesgemäß im gehobenen Adel untergebracht. Auch ein viel beschäftigter Pontifex nimmt sich Zeit für seine Familie und sein Prestige erleichtert natürlich die Versorgung der großen Enkelschar.

Costanzas Einfluss auf den Papst

Allgemein bekannt war, dass Costanza bei ihrem Vater viel erreichen konnte, man sprach auch von der »Allmacht ihrer Fürsprache.«[111] Offensichtlich führte sie kein Schattendasein, sondern war als Papsttochter bekannt und trat als solche in Erscheinung. Manche schildern Costanza auch als geldgierig und geizig. Bei der Kardinalserhebung vom Dezember 1539 hat sie kräftig mitgemischt, und zumindest die beiden neuen Kardinäle Gambara und Parisani verdanken ihr den Purpur.

»Beim Tode der geliebten Tochter des Papstes, Costanza, schreibt Massarelli eher boshaft in seinem Diarium, wie sie aus Gewinnsucht auch bei der Kardinalsernennung des Bischofs von Rimini, Parisani, wie später bei Crispo und Durante vermittelte: Era molto in gratia del papa.«[112]

Die genannte Notiz des Zeremonienmeisters Massarelli klingt ziemlich kritisch, als habe sie Schmiergelder angenommen, und an anderer Stelle spricht er von der geldgierigen Papsttochter, die ihren Vater getäuscht habe. Vermutlich hat Masarelli seinem Zorn freien Lauf gelassen, eine Papsttochter passte ihm gewiss nicht ins Konzept, schon gar nicht eine, die ohne großes Zeremoniell direkt Zugang zum Papst hatte.

»Von dem großen Einfluß derselben (Costanza) auf ihren Vater berichten die Gesandten häufig«.[113]

Während Paul III. zu seinem ältesten Sohn Pier Luigi ein eher gespanntes Verhältnis hatte, war die Beziehung zu seiner Tochter herzlich und unproblematisch. Sie wird mit Geschenken und Kostbarkeiten verwöhnt und erhält diverse Einkünfte, z. B. die Herrschaft Bolsena, und feste Pensionszahlungen wie 300 Scudi in Gold im Monat.[114] Constanza andererseits zeigte sich rührend besorgt um ihren alternden Vater, war natürlich mehr als alle Kammerdiener um sein Wohlergehen bemüht und kümmerte sich um ärztliche Betreuung und die richtige Ernährung. Mit der Papsttochter kamen auch sehr menschliche Gefühle in die nüchternen Mauern des Vatikans.

Noch vor ihrem Vater ereilte Costanza der Tod und zwar am 23. Mai 1545. Für ihren Vater war das ein schwerer Schlag. Er vermied es aber, in der Öffentlichkeit um sie zu trauern.

Elftes Kapitel

Die Kämpferin, die Religiöse, die Dichterin

Drei unterschiedliche Frauen im Umkreis der Renaissancepäpste

Caterina Sforza

Sie schimpfte und tobte fürchterlich, stieß wilde Flüche gegen den Papst und seinen Sohn aus, aber niemand hörte sie. Caterina Sforza (1463–1509) hauste in den tiefsten Verliesen der Engelsburg, in einem finsteren Rattenloch, kalt, feucht und starrend vor Schmutz; sie ist Gefangene von Papst Alexander VI., hierher gebracht hat sie der Papstsohn Cesare, der am 25. Februar 1500 seinen triumphalen Empfang in Rom feierte und dabei seine Gefangene mitführte, die bewunderte und gefürchtete Caterina, »la tigressa« genannt, die wenige Jahre zuvor als Herrin von Imola noch in der Gunst der Päpste gestanden hatte. In ihrem schwarzen Seidenkleid nach türkischer Mode, das Gesicht von einem schwarzen Schleier bedeckt, erschien sie als eine stolze, unbeugsame Gestalt.

Zuerst wird sie im Papstpalast interniert, im Belvedere, wo zwanzig Soldaten sie bewachen müssen. Nach einem Fluchtversuch sperrt man sie in den Tiefen der Engelsburg ein. Schon vorher hatte einer ihrer Anhänger dem Papst einen mit Gift imprägnierten Brief geschickt, der Anschlag wurde allerdings entdeckt.

Fast anderthalb Jahre verbringt sie in den »Verliesen des Vatikans«. Erst die Intervention der mit dem Papst verbündeten Franzosen wendet ihr Schicksal. Der französische Herrführer d'Allègre erreicht im

Juli 1501 die Freilassung Caterina Sforzas. Sie muss aber auf ihre Herrschaftsrechte verzichten; mit grauen Haaren verlässt sie Rom und sucht Asyl in Florenz, wo sie am 28. Mai 1509 stirbt.

Bis dahin hat sie ein bewegtes Leben hinter sich. Dreimal war sie verheiratet, nach der Geburt von sechs Kindern war sie schon in jüngeren Jahren Witwe und herrschte allein über die wichtigen Städte Imola und Forlì in der Romagna. Und sie führte ein wahres Schreckensregiment. Grausame Rache nahm sie an den Mördern ihres ersten Ehemannes, des Papstneffen Girolamo Riario. Durch ihn war sie mit dem Papsthof verbunden und mit wichtigen Kardinälen bekannt, Rodrigo Borgia, der spätere Papst Alexander, war Pate ihres Sohnes Ottaviano. Auch ihr zweiter Ehemann fiel einem Attentat zum Opfer, und Caterina übte blutige Vergeltung, auch Frauen und Kinder der Aufständischen ließ sie gnadenlos hinrichten.

Nun war die einstige Verbündete den Borgias im Weg, denn Alexander VI. wollte in der Romagna ein eigenes Fürstentum für Cesare errichten. Ihre beiden Städte gehörten als Lehen zum Kirchenstaat, und formalrechtlich konnte sie vom Papst abgesetzt werden. Sie weigerte sich, ihre Herrschaft preiszugeben und verteidigte leidenschaftlich ihre Selbständigkeit. Dabei kämpfte sie in der ersten Reihe, in der Rüstung und den Degen in der Hand, gleich einer Amazone. Ihre beiden Städte beugten sich rasch der feindlichen Übernahme, und auch ihre letzte Bastion, die Burg Ravaldino in Forlì, konnte der Streitmacht Cesares und seiner französischen Verbündeten nicht widerstehen und wurde am 12. Januar 1501 eingenommen. Caterina, die dem Papstsohn an Mut und Grausamkeit in nichts nachstand, ist Gefangene des Papstes.

Später wird sie mit einem Glorienschein ruhmreicher Taten umgeben. Sie, die selber furchtlos die Waffen führte und den berühmten Haudegen Antonio delle Bande Nere, den tapfersten aller Condottieri und Ahnherr der jüngeren Medici-Herzöge, gebar, ist die Kriegsheldin der Renaissance schlechthin. Je mehr männliche Verhaltensweisen eine Frau an den Tag legte, desto eher wurde ihr Bewunderung zuteil. Caterina war ohne Zweifel eine der schillerndsten Gestalten am Ende des 15. Jahrhunderts.

Caterina Cibo

In der ersten Hälfte des 16. Jahrhunderts blüht in Rom der päpstliche Nepotismus mit all seinen Schattenseiten. Halbwüchsige werden zu Kardinälen ernannt, Neffen erlangen hoch dotierte Posten und schröpfen wie Blutegel die vatikanischen Finanzen. Manche Frauen allerdings heben sich davon wohltuend ab. Das Privileg der päpstlichen Verwandtschaft wirkt sich auch für sie aus, aber sie benutzen es nicht nur für persönliche Zwecke, sondern setzen sich auch für karitative Ziele ein und unterstützen neue religiöse Bewegungen. Die nahezu unbekannte Caterina Cibo (1501–1557) gehört zu dieser Gruppe von Frauen.

Geboren ist sie am 13. September 1501 in Ponzano bei Florenz. Von beiden Seiten war sie mit dem Papsttum durch ihre Herkunft verbunden: Ihr Vater Franceschetto war Sohn von Papst Innozenz VIII., und durch ihre Mutter Maddalena de'Medici kam die Verwandtschaft mit den Medici zum Tragen, zwei Medici saßen zu ihrer Zeit auf dem Stuhl Petri. All das hätte die Grundlage für ein bequemes, sorgenfreies Leben sein können, aber das wollte Caterina Cibo nicht. Von Jugend an befasste sie sich mit den alten Sprachen, Latein und Griechisch, und bemühte sich auch darum, Hebräisch zu lernen, wollte sie doch das Alte Testament im Urtext lesen können. »Zurück zu den Quellen«, diesem Grundsatz der Humanisten folgten auch manche Frauen. Caterina Cibo verkörpert das Bildungsideal ihrer Zeit, und ihr Großvater Lorenzo de'Medici hätte seine wahre Freude an ihr gehabt. Caterina verstand von Philosophie und Theologie mehr als mancher Kardinal. Bei der verwandtschaftlichen Nähe zum Papsttum war es andererseits fast selbstverständlich, dass ihr Bruder Innocenzo den Kardinalshut erhielt. Durch seinen prunkvollen Lebensstil mit einigen Geliebten und viel Geld aus reichen Pfründen unterschied er sich allerdings deutlich von der religiösen Ernsthaftigkeit seiner Schwester.

Mit neunzehn Jahren heiratete Caterina einen gewissen Giovanni Maria da Varano, der schon einige Jahre vorher von Papst Leo X. zum Herzog von Camerino ernannt worden war. Der festliche Einzug des jungen Paares in ihre Residenzstadt war für sie ein unvergessliches

Erlebnis. 1523 wird die Tochter Giulia geboren, ihr einziges Kind. Im November nimmt das Ehepaar an den Krönungsfeierlichkeiten ihres Verwandten, des neuen Papstes Clemens VII., teil, und sie bleiben bis Juli 1524 in Rom. Im August 1527 stirbt ihr Ehemann und ähnlich wie die mit ihr befreundete Vittoria Colonna führt sie als Witwe ein eigenständiges Leben. Sie kommt oft an den päpstlichen Hof, die Nichte der beiden Medicipäpste ist hier ein gern gesehener Gast. Im Herbst 1533 gehört sie zur Begleitung von Katharina von Medici, die in Marseille mit dem künftigen König von Frankreich, Heinrich II., verheiratet wird.

Die prächtige Galeere, mit Goldbrokat ausgeschlagen, schwenkt am 11. Oktober 1533 ein in den Marseiller Hafen, Fanfaren und Trommeln erklingen beim Ausstieg von Papst Clemens VII., der auf der »Sedia gestatoria« in die Stadt getragen wird. Die Vermählung selbst wird am 28. Oktober abgehalten. Der Medicipapst hat sich als Ehestifter betätigt und dieses Mal für eine Frau; denn auch um die weiblichen Verwandten ist ein Papst besorgt. Die prunkvolle Hochzeitszeremonie ist eine gute Gelegenheit zu zeigen, dass die Medici ein für allemal den Kaufmannsrock abgestreift haben und sich jetzt zum Hochadel Europas zählen dürfen.

»Sie setzte sich für die Reform des Klerus ein, selber hatte sie eine rauhe Natur von fast männlicher Härte.«[115]

Caterina Cibo bemühte sich energisch um die Vertiefung des Glaubens und die Verbreitung der Frömmigkeit. Als nahe Verwandte des Medicipapstes konnte sie hier ihren nicht unbeträchtlichen Einfluss geltend machen. So unterstützte sie gemeinsam mit Vittoria Colonna nachhaltig den Kapuzinerorden. Ähnlich wie Vittoria begeisterte sie sich für neue religiösen Ideen und für die Reformer, von denen manche am Ende der Ketzerei beschuldigt wurden. Ihr Umgang und ihre Freundschaft mit Persönlichkeiten wie Ochino, Valdés und Pietro Carnesecchi erregte den lebhaften Argwohn der Inquisition. Zu einer förmlichen Verurteilung kam es aber nicht. Andere aus ihrem Umkreis aber wurden als Häretiker verfolgt; der mit ihr befreundete Carnesecchi fand den Tod auf dem Scheiterhaufen.

Caterina war auf der Suche nach religiösen Ausdrucksformen und und deshalb offen für eine neue Spiritualität. Ihre tiefe Religiosität zeigt, dass in den Papstfamilien beileibe nicht alle einer veräußerlichten Lebensweise verfallen waren.

Vittoria Colonna

Gefährtin Michelangelos

»Glückselig Wesen, das vor Eifer glüht,
mein altes Herz, dem Tod nah, zu beleben:
du hast mir Freuden tausendfach gegeben;
dein Gruß ist's, der aus Edlern mich ersieht.«[116]

Michelangelo an Vittoria Colonna

In den Fieberphantasien ihrer letzten Tage sah Vittoria den Freund und Geliebten wie eine lichtvolle, rettende Erscheinung, und er saß leibhaftig an ihrem Bett. Seit über zehn Jahren kannte sie Michelangelo, die letzten Jahre waren sie ein festes Paar, sie haben nicht zusammengelebt, wollten keine Ehe führen, sie lebten in innerer Vertrautheit und Wesensverwandtschaft, Vittoria, die bereits berühmte Dichterin, und Michelangelo, der Bildhauer und Maler, der zugleich herrliche Sonette schrieb:

»Damit ich, hohe Herrin, nicht so sehr
unwert der Gabe Eurer großen Güte
sei, wandt ich meinen Geist Euch zu und mühte
von Herzen mich, daß Eu'r ich würdig wär.«[117]

Fast täglich hat sie Michelangelo bei seiner Arbeit an den Fresken der Sixtinischen Kapelle besucht. Sieben Jahre lang, von 1534 bis 1541, hat sich der Künstler verbissen abgemüht, jetzt steht sie vor Michelangelos Vision des Jüngsten Gerichts, bedrängend nahe die verzerrten Gesichter der Verlorenen, die stürzenden Leiber, das Schreckliche, das ihr Freund gemalt hat, ein erschütterndes Memento mori.

Am 25. Februar 1547 stirbt Vittoria Colonna, tief betrauert von Michelangelo, der tagelang untröstlich umhergeht und lange braucht, um ihren Tod zu überwinden. Wie ein Engel war Vittoria in das Leben des ausgelaugten, verbitterten und einsamen Künstlers getreten. Seit

1538 waren sie befreundet und ihre Ausstrahlung war so stark, dass sich Michelangelo spontan in Vittoria verliebte. Neue Impulse gab sie ihm und wurde zu seiner Altersliebe. Fast täglich haben sie sich besucht und stundenlang diskutiert und philosophiert, beide auf der Suche nach einer neuen, tieferen Spiritualität.

> »Als sie, der Grund von meinen Seufzern allen,
> der Welt, sich selbst und meinem Blick entschwand,
> stand die Natur voll Scham, die sie gesandt,
> und wer sie sah, fühlt heiße Tränen fallen.«[118]
>
> Michelangelo auf den Tod der Vittoria Colonna

Eine junge Dame aus großem Haus

Geboren ist Vittoria in Marino im Jahr 1490 oder 1492, ihr Vater Fabrizio entstammt dem berühmten Geschlecht der Colonna, ihre Mutter Agnese di Montefeltre ist die Tochter des Herzogs von Urbino. Als Siebenjährige wird Vittoria mit Francesco Ferrante d'Avalos verlobt, Marchese di Pescara, einem Abkömmling der großen spanischen Adelsfamilie Dávalos, die im Dienst König Alfons' V. von Aragón und Neapel stand. Vittoria und ihr Bräutigam in spe kommen zur Erziehung auf die Insel Ischia zu Ferrantes Tante, Costanza d'Avalos. Das wissbegierige Mädchen erhält erste Kenntnisse in Literatur und Kunst, sie liest gerne, und schon früh wird die Sprache ein wichtiges Element ihres Lebens. Eine rauschende Hochzeit im Dezember 1509 führt das Paar endgültig zusammen, und sie verbringen im lebensfrohen Neapel aufregend schöne Flitterwochen. Vittoria war verliebt in ihren Marchese, einen kraftvollen und gut aussehenden Mann. Echte Zuneigung war damals eher die Ausnahme; auch diese Ehe war, vor allem von den Colonna, aus politischen Motiven arrangiert worden.

Nach zwei Jahren zog ihr Mann in den Krieg, er ist Condottiere, ein begeisterter Haudegen, den nichts bei seiner jungen Ehefrau hält. Gerüchte über ihre Unfruchtbarkeit machen die Runde und setzen ihr zu. Und was bleibt ihr anderes übrig, als sich kulturellen Themen zuzuwenden, sie besucht Treffen von Literaten und fängt bald selber an, Sonette zu schreiben.

Die Kuppel des Petersdoms, vom 81jährigen Michelangelo entworfen.

Als ihr Cousin Pompeo Colonna den Kardinalspurpur erhält, eilt der ganze Clan der Colonna nach Rom. Vittoria reist 1520 in die Ewige Stadt und begegnet zum ersten Mal einem Papst, dem Mediceer Leo X., der einen Colonna mit der Kardinalswürde ausgezeichnet hat, nolens volens, aber an dieser ehrfurchtgebietenden Familie des stolzen römischen Stadtadels führt kein Weg vorbei. Die Colonna, die ihr Geschlecht auf das antike Rom zurückführen, sehen in den Medici nur die gerissenen Aufsteiger, die Bankiers, die es jetzt sogar zu einem Papst gebracht haben. Die Animositäten der beiden Familien führen schließlich im September 1526 zu einer schlimmen Eskalation. Mit 5000 Soldaten ziehen die Colonna, darunter auch Vittorias Bruder Ascanio, nach Rom, um die Stadt, wie sie als Parole ausgeben, von der päpstlichen Tyrannei zu befreien. Sie marschieren in die Stadt ein, dem Medicipapst Clemens VII. bleibt nur die Flucht in die Engelsburg. Die Truppen der Colonna hausen fürchterlich, sogar der Altar der Peterskirche wird nicht verschont, der päpstliche Palast ausgeplündert. Diese maßlose Beleidigung des Kirchenoberhauptes hat kaum Konsequenzen, dem hilflosen Papst fehlen die Mittel für einen Straffeldzug. Als eine Colonna wurde Vittoria in diese Spannungen, an denen sie kaum aktiven Anteil hatte, mit hineingezogen.

Anfang Dezember 1525, sie ist auf dem Weg nach Viterbo, reitet ein Bote auf sie zu und bringt die Nachricht, die sie fast zu Boden wirft. Ihr Ehemann Ferrante ist am 3. Dezember infolge einer Verwundung verstorben. Eigentlich das Los eines Kriegsmanns, aber er war noch so jung und sie war noch verliebt in ihn. Die erste Reaktion ist ihr Wunsch, in ein Kloster einzutreten. Ihr Bruder Ascanio rät ihr dringend davon ab, er denkt dabei wohl an die reichen Besitzungen, die vielleicht dem Kloster anheimfallen könnten. Vor allem ist aber Papst Clemens VII. strikt dagegen und schreibt ihr in einem persönlichen Brief vom christlichen Leben außerhalb der Klostermauern. Wieso sich ein Papst in diese persönliche Frage einschaltet, ist nicht klar ersichtlich. Offensichtlich hatte die Frau aus dem Hause Colonna einen hohen Grad an Prominenz; immerhin überträgt ihr Clemens auch eine politische Aufgabe, die Statthalterschaft über Benevent.

Vittoria zieht sich auf ihre Besitzungen in Ischia zurück und gibt sich der Trauer hin. Sie schreibt Gedichte, beschwört ihre große Liebe und ihren schlimmen Verlust; dass ihr verstorbener Gatte Ferrante, der flatterhafte Condottiere, ihrer heißen Tränen nicht wert war, will sie nicht wahrhaben. Ab jetzt führt sie ein Leben in Demut, hält sich oft als Gast in Klöstern auf und wird den schwarzen Witwenschleier nie mehr ablegen.

Die Witwe, die sich einmischt

Mit Aufmerksamkeit verfolgt Vittoria die Strömungen in der katholischen Kirche und leistet tatkräftig Geburtshilfe bei der Gründung der Kapuziner, die das fast völlig in Vergessenheit geratene franziskanische Armutsideal wiederbeleben wollten. Das einfache Volk verehrte diese strengen und rauen Mönche. Die Position der Päpste dagegen schwankte von lauer Unterstützung bis zu offener Ablehnung. Clemens VII. ließ die Kapuziner mit Dekret vom 25. April 1534 aus Rom vertreiben.

»Zugleich entstanden den Verwiesenen mächtige Fürsprecher aus dem römischen Adel, gerade die äußerste Armut und die gänzliche Weltverachtung hatten in den höheren Kreisen einen unauslöschlichen Eindruck hinterlassen. Vittoria Colonna eilte von Marino herbei, sie und Camillo Orsini machten Clemens VII. ebenso freimütige wie eindringliche Vorstellungen. Auch Caterina Cibo begab sich auf den Weg nach Rom.«[119]

Diesem eindringlichen Votum einflussreicher Frauen konnte der Papst nicht widerstehen und erlaubte den Kapuzinern die Rückkehr nach Rom. Immer wieder schreibt Vittoria Briefe zur Verteidigung der Kapuziner, im Herbst 1538 wendet sie sich in einem Schreiben persönlich an den Papst, und dieser bestätigt endgültig die Ordensregel der Kapuziner. Vittoria hatte mit Entschiedenheit für die Anerkennung des neuen Ordens gekämpft und das erfolgreich.

Dabei war sie keine Einzelkämpferin, sie pflegte Freundschaften, auch mit anderen einflussreichen Frauen am päpstlichen Hof, u. a. mit Caterina Cibo und der Kaisertochter Margarethe, die sich dem Eheleben mit ihrem ungeliebten Mann, einem Farnese, verweigerte und dabei die aktive Unterstützung von Vittoria fand, obwohl dies dem Farnesepapst Paul III. nicht gefallen konnte.

Auch mit ihrer Schwägerin Giovanna von Aragón (1502 – 1577) lebte die Marchesa in herzlichem Einvernehmen, einige Zeit wohnten sie gemeinsam im gleichen Palast. Giovanna trennte sich nach vierzehnjähriger Ehe von Ascanio, Vittorias Bruder, was in Rom erhebliches Aufsehen erregte, aber auch die Spielräume einer adligen Frau erkennen lässt. Giovanna war eine der gefeierten Schönheiten dieser Epoche.[120]

Vittoria erhöhte ihren Einfluss durch ein Netzwerk von bedeutenden Persönlichkeiten, dazu gehörte z. B. Gian Matteo Giberti, der ihr als enger Vertrauter von Clemens VII. immer wieder Gehör beim Papst verschaffte. Sie unterstützte soziale Projekte, wichtig war vor allem »ihr Einsatz als Förderin der Casa delle Convertite von S. Maria Maddalena in Via del Corso. Diese moderne Institution wollte jungen Prostituierten den Weg zurück in die Gesellschaft bahnen, ohne sie, wie sonst üblich, zu einem Ordenseintritt zu verpflichten. Vittoria machte eine sehr belesene, redegewandte spanische Kurtisane von großem Charisma mit Paul III. bekannt und schlug ihm vor, sie als Predigerin in Rom einzusetzen. Dieser entsprach schließlich ihrem Wunsch.«[121]

1530 kommt Vittoria wieder nach Rom. Die Colonna, immer auf der Seite der Kaisers, erhalten von Papst Clemens VII. wieder Versöhnung. Die junge Witwe reist alsbald nach Neapel, wo sie begeistert den Predigten eines gewissen Juan de Valdés zuhört. Dieser war vor der Inquisition aus Spanien geflohen und sammelte in Neapel um sich einen Kreis von Frauen, die aus den streng mittelalterlichen Glaubensformen ausbrechen wollten und sich einer neuen Mischung aus humanistischen und religiösen Gedanken erschlossen.

Zu diesen Kreisen zählte auch Vittorias Freundin und Verwandte Giulia Gonzaga, eine furchtlose und temperamentvolle Frau, die gerne auf die Jagd ging, besonders auf die Wildschweinbeiz, die aber auch eine legendäre Schönheit war. Ariost rühmt sie:

»Giulia Gonzaga, wohin auch immer sie den Fuß setzt und wohin sie auch die klaren Augen wendet, da tritt nicht nur jede andere hinter ihr an Schönheit zurück, sondern sie bewundert sie wie eine vom Himmel herabgestiegene Göttin.«[122]

Der Ruf ihrer Schönheit hatte sich bis zu Sultan Süleiman herumgesprochen, der sie in seinem Serail bewundern wollte. Eine geplante Entführung konnte im letzten Augenblick verhindert werden.

Auch ein zweiter Prediger findet die Aufmerksamkeit und Bewunderdung der Marchesa. Er heißt Frá Bernardino da Siena, kurz Ochino genannt. Sie reist ihm an einige Orte nach, um seine Predigten nicht zu versäumen. Ochino wird zum gefeiertsten Kanzelredner Italiens und General der Kapuziner.

»Er drückt sich, berichtet Bembo an Vittoria, ganz anders und weit christlicher aus als alle übrigen, welche heutzutage die Kanzel besteigen.«[123]

Die gefeierte Dichterin

Am 8. Mai 1537 kommt Vittoria nach Ferrara, freudig begrüßt von Herzog Ercole II. und seiner Gemahlin Renate von Frankreich. Ferrara hatte sich schon in der Zeit seiner Mutter Lucrezia Borgia zu einem Mekka der Dichtung entwickelt. Der Enkel von Papst Alexander VI. gab zu Ehren der nun schon berühmten Dichterin glänzende Feste, und Vittoria gab Kostproben aus ihren Werken zum Besten. Ein Jahr später werden in Parma 153 Sonette der Dichterin veröffentlicht. Die französische Prinzessin Renate hatte offiziell ihren hugenottischen Glauben aufgegeben, aber insgeheim war ihr Hof offen für protestantische Ideen. Auch Calvin war einige Zeit zu Gast am Fürstenhof.

Ursprünglich hatte Vittoria ihren Aufenthalt in Ferrara nur als Zwischenstation gesehen für eine Pilgerreise ins Heilige Land. Der Papst hatte ihr zu diesem großen Vorhaben Segenswünsche gesandt und es ausdrücklich gebilligt. Seine Begründung ist aufschlussreich für das päpstliche Frauenbild »virilem animum in femineo corpore ostendisti«[124].

Weil sie gleichsam männliche Eigenschaften gezeigt hat, traut man ihr die Reise nach Jerusalem zu. Vermutlich aus gesundheitlichen Gründen kommt es dann doch nicht zu der Pilgerfahrt, stattdessen begibt sich Vittoria im Februar 1538 nach Bologna und Pisa, um die Predigten von Ochino zu hören.«[125]

»Ihrer Zeit entsprechend verkörpert Vittoria das hartnäckige Streben der Frau nach direktem und unmittelbarem Zugang zur Heiligen Schrift. Ein Beweis dafür ist ihre Deutung der biblischen Gestalten der Samariterin und Maria Magdalenas in einigen Briefen an Costanza d'Avalos, einer Nichte Ferrantes.«[126]

Gebildete Frauen wollen selber die Bibel lesen und sich nicht allein auf die polternden und oft sehr schlichten Predigten der Franziskaner verlassen.

Im Visier der Inquisition

Vittoria sitzt im Garten des Katharinenklosters in Viterbo. Unter den großen Bäumen kann sie die Hitze aushalten, die sie aus Rom hat fliehen lassen, es ist Ende August 1542. Die Dichterin liebt die Stille dieses Klosters und zieht sich hierher öfters zurück. Ein Brief wird ihr gereicht und sie erkennt sofort die Handschrift von Ochino. Als sie den Brief liest, erschrickt sie maßlos. Der Prediger schreibt, er könne dem Papst, dem Antichristen, nicht mehr gehorchen und sei auf dem Weg nach Genf zu Calvin. Den Brief hat er am 22. August 1542 in Florenz geschrieben, eigentlich sollte er sich in Rom vor Paul III. rechtfertigen. In Florenz macht er plötzlich kehrt und verlässt fluchtartig Italien. Als Anhänger der Reformation und damit als Abtrünniger wird er ein großes Problem und eine tiefe Enttäuschung für Vittoria.

Die Flucht von Ochino brachte auch Vittoria ins Visier der Inquisition. Wer mit Ketzern Umgang hat, ist vielleicht selber der Irrlehre verfallen. Die Inquisition ermittelt gegen sie wegen des Verdachts protestantischer Einflüsse.

Tief erschüttert holt sich Vittoria Rat und Trost bei Kardinal Reginald Pole. Der ehemalige Erzbischof von Canterbury, der vor Heinrich VIII. nach Rom geflohen war, war mit Vittoria in herzlicher Freundschaft verbunden, er nannte sie seine neue Mutter. Um Pole, der päpstlicher Legat für Viterbo wurde, bildete sich ein Kreis der kirchlichen Erneuerungsbewegung. In seinen Briefen[127] übt er einen mäßigenden Einfluss auf Vittoria aus, nicht selten schreibt er, sie solle auf ihre Gesundheit achten und sich nicht in vieles hineinsteigern.

In Rom, in S. Silvestro oberhalb des Palazzo Colonna, trafen sich theologisch Interessierte, und Vittoria empfing in ihrem Haus diesen illustren Kreis, dem auch Kardinäle angehörten.

Es herrschte ein aufgewühltes Klima in der Stadt; Reformkräfte drängten nach vorne und das konnte nicht ohne heftige Streitereien abgehen. Der Papst war gesprächsbereit und offen für Diskussionen, er lebte nicht abgekapselt in seinem Palast, und fast sensationell klingt, was Pastor in den Akten gefunden hat, sogar Laien hörte der Papst an, und fast nicht zu glauben, eine Frau.

»Für den guten Willen Pauls III. bezeichnend ist ferner die entgegenkommende Art, mit der er Belehrungen und Ratschläge betreffend die kirchliche Reform selbst von Laien, wie z. B. von Vittoria Colonna und von Camillo Orsini, aufnahm, mochten diese auch noch so freimütig lauten.«[128]

Die leeren päpstlichen Kassen verleiteten Paul III. zu Steuererhöhungen; er ließ die Salzsteuer anheben, und dies führte sofort zu Unruhen. Einer der Wortführer im »Salzkrieg« war Vittorias Bruder Ascanio, der, aufbrausend und stur, sich als einer der erbittertsten Gegner der Salzsteuer hervortat. Kaiser Karl V. schrieb am 17. März 1541 aus Regensburg »an die illustre und von uns geliebte Marquesa de Pescara«, sie solle mäßigend auf ihren Bruder einwirken:

»Und da Ihr an Eurem Bruder so großen Anteil nehmt, solltet Ihr ihn dazu bewegen, nicht nur sich selbst, sondern auch Euer Haus vor Schaden zu bewahren, was letztlich Euer Herzenswunsch ist und auch uns dient.«[129]

Der Kaiser kannte Vittoria persönlich. Bei seinem Rombesuch im April 1536 war er zu Gast bei ihr, und das zeigt, welche hohe politische Bedeutung ihr zukam.

Vittoria wandte sie sich auch an Paul III., aber hier ergaben sich keine Chancen einer Vermittlung. Der Papst wollte sich nicht erpressen lassen, das selbstherrliche Gebaren der Colonna hatte seine Geduld erschöpft. Die päpstlichen Truppen eroberten die Besitzungen Ascanios, der alle seine Güter verlor und in die Verbannung nach Neapel gehen musste. Trotz des Streits mit Vittorias Bruder ist die Haltung des Papstes ihr persönlich gegenüber weiterhin freundlich und wohlwollend.

Sympathie des Papstes

Eine Notiz in der Papstgeschichte von Pastor lässt aufhorchen, man möchte sie fast nicht glauben, aber Pastor betont den urkundlichen Beweis seiner Aussage.

»Im August des Jahres 1546 glaubte das greise Oberhaupt der Kirche das Ende seiner Tage sei nahe heran. Die Frage der Papstwahl beschäftigte ihn auf das lebhafteste. Er, der alte Gegner der Colonna, beriet sich darüber eingehend mit Vittoria Colonna.«[130]

Vittoria hatte Umgang mit Päpsten, dem Kaiser, Kardinälen und genialen Dichtern wie Castiglione und Aretino, und dies ohne öffentliches Amt, allein durch die Kraft ihrer Persönlichkeit. Dass die zweifellos fromme und tief religiöse Marchesa sich sogar für die Kardinalserhebung des im Konkubinat lebenden Bembo einsetzte,[131] der für ein kirchliches Amt als wenig geeignet erschien, spricht für die Liberalität und das großzügige Denken dieser Frau.

»Vittoria Colonna war nicht reine Dichterin, sondern eine äußerst tätige Frau, die mitten im Geschehen ihrer Zeit stand. Sie empfand ihr Dichten als Teil einer ganzheitlichen Berufung, der sie politisch, religiös, künstlerisch, als Privatperson nachkam. Sie war ihrer Vielseitigkeit nach als weibliche Figur das Pendant zum Hofmann Castigliones. Bereits zu Lebzeiten wurde sie als Idealfigur, als »norma di vita« von den Zeitgenossen gepriesen und neben die großen Frauengestalten der Antike gestellt.«[132]

Leo X. hat Vittoria flüchtig gekannt, Clemens VII. hat sie bei ihrem Einsatz für die Kapuziner akzeptiert, für Paul III. war sie eine echte Gesprächspartnerin. Keineswegs schmeichelnd, nicht angepasst fand sie sein Vertrauen und wurde immer wieder in den Papstpalast eingeladen.

»Die Marchesa von Pescara wurde von ihren Zeitgenossen, Kaiser und Päpste mit inbegriffen, nicht nur geschätzt, sondern geradezu verehrt. Ihre Stellungnahme, ihre Meinung, ihre Äußerungen waren auf politischer Ebene und später im religiösen Bereich von großem Gewicht.«[133]

Dritter Teil

Zwischen Nepotismus und Erneuerung

Die Zeit der Gegenreformation und des Barock

Zwöftes Kapitel

Lasst schöne Frauen um mich sein!

Paul III. und seine Familie

Von Frauen umgeben

Dass ein Papst in eine Familie integriert ist und dies in seinem Amt auch so bleibt, erscheint selbstverständlich. Dass aber ein Pontifex selber eine Kinder- und Enkelschar um sich versammelt, wirkt doch eher ungewöhnlich. Paul III., von dem im vorhergehenden Kapitel schon die Rede war, hat sich mehr als alle anderen als erfolgreicher Familienvater betätigt. Ein echter »padre padrone«, der stets von Frauen umgeben war: Da gab es seine Mutter Giovannella Caetani, seine Schwester Giulia Farnese, seine langjährige Geliebte Silvia Ruffini, die Mutter seiner Kinder, es gab seine Tochter Costanza Farnese, seine Schwiegertochter Girolama Orsini, es gab Margarethe von Parma und Diana von Valois, nicht zu vergessen seine Enkelinnen Vittoria, Giustina, Giulia, Camilla, Faustina, Francesca. Ein stattlicher Frauenclan! Was ein Alexander VI. versucht hat, ist Paul III. gelungen; er verschaffte seinem Sohn Pier Luigi eines der reichsten Fürstentümer Italiens, das Herzogtum Parma und Piacenza. Nebenbei hat er drei Enkeln den Kardinalspurpur verliehen. Keine seiner Enkelinnen wurde ins Kloster gesteckt, Paul III. sorgte dafür, dass alle standesgemäß verheiratet wurden. Kein Nachfolger Petri hat derart ungeniert und hemmungslos Kirchenvermögen an seine Familie übergeben.

Dieser so sehr auf den Vorteil seiner Familie bedachte Papst hat andererseits große Verdienste um Kirchenpolitik und Kirchenreform: Seine größte Leistung war die Einberufung des Konzils von Trient, das am 13. Dezember 1545 eröffnet wurde. Lange hatte es gedauert, bis auch ein Papst begriffen hat, dass der Kampf gegen die Protestanten nicht die Erneuerung der eigenen Kirche ersetzen kann. Und der Patriarch einer wachsenden Sippe hat die desolate Lage seiner Kirche schmerzlich erkannt und eine Kehrtwende eingeleitet, obwohl er persönlich noch als ein genussfreudiger und lebensfroher Renaissancefürst lebte. Er ging gerne auf die Jagd, veranstaltete Bankette und Feste im Vatikan und wollte immer seine Verwandten und vor allem die Frauen um sich haben.

Reges Familienleben im Vatikan

»Nach wie vor wurden nicht bloß von den Kardinälen, sondern auch vom Papst im Vatikan luxuriöse Feste gefeiert, bei welchen Musiker, daneben Improvisatoren, selbst Sängerinnen, Tänzer und Possenreißer auftraten. Nach wie vor sah man das Oberhaupt der Kirche zu lärmenden Jagden ausziehen, die Frauen seiner Familie zu Tisch zuziehen und die Familienfeste seiner Nepoten glanzvoll feiern.«[134]

Paul III. hatte auch als Papst keine Scheu vor Frauen und auch nicht davor, sie bei Festen und Veranstaltungen im Vatikan als Gäste zu begrüßen.

»Schon für eines der ersten Gastmähler, das Paul III. am 7. Februar 1535 feierte, notiert der Zeremonienmeister Blasius de Martinellis: Der Papst hat acht oder zehn Frauen um sich beim Gastmahl.«[135]

Besonders für den Karneval hat er viel Geld ausgegeben und dabei auch immer die Familie um sich versammelt, insbesondere die Frauen. Pastor schreibt z. B. über die Karnevalsfeste des Jahres 1541, »anläßlich deren Paul III. seine Nepoten und auch deren Frauen in den Vatikan zu einer Unterhaltung lud. Vor der Abendmahlzeit, an welcher auch der Papst teilnahm, wurden die Gäste teils durch Musik teils durch die Späße des Buffone Rosso unterhalten, nachher fand ein kleiner Maskenball statt.«[136]

Die Abendmahlzeit sollte man sich nicht zu schlicht vorstellen, sie war ein Schauspiel für sich, inszeniert von dem berühmtesten Kochkünstler seiner Zeit, Bartolomeo Scappi.

»Papst Paul III. ernannte ihn zum ›cuoco secreto‹, zu seinem Leibkoch.«[137]

Süße Vorspeisen oder Desserts wurden wie Theaterkulissen aufgebaut, kunstvolle Arrangements kamen auf den Tisch, z. B. aus Marzipan gefertigte Burgen mit Türmen und Zinnen, Früchte und Zuckerkonfekt waren in kostbaren Wein getränkt, ein Abendessen beim Papst war ein kunstfertiges Schaustück, eine Demonstration von Luxus und Schwelgerei. Über das passende Tischgebet wird man eher schweigen. Der Vatikan wurde zum Ort der Unterhaltung, und der alte Mann auf dem Papstthron wird es genossen haben, wenn die anmutigen Damen seiner Verwandtschaft und besonders die jungen Enkelinnen in ihren festlichen Roben, mit kostbarem Schmuck behängt, Einzug hielten in den Papstpalast. Gefiel diese Prachtentfaltung aber auch den Rompilgern, die am Petrusgrab beteten und ein Papsttum erlebten, das ihnen für den Ablass viel Geld abnahm, das aber weder Frömmigkeit noch Glauben sichtbar werden ließ?

Dreizehntes Kapitel

Mit zwei Päpsten verschwägert

Die Habsburgerin Margarethe von Parma

Eine ungewöhnliche Hochzeitskapelle

Sie eilt die Stufen empor, die beiden Zofen können nur mühsam mit ihr Schritt halten und ihr schwarzes Samtkleid raffen, das mit Goldbordüren verziert ist.[138] Mit ihren sechzehn Jahren wirkt Margarethe kräftig und entschlossen. Sie will die Sache hinter sich bringen, mit Verbissenheit hastet sie voran, ein trotziger Zug um ihren Mund. Sie würde es ihnen gerne zeigen, aber Kaiser und Papst zu brüskieren, das kann auch sie sich nicht erlauben. Also betritt sie die Sixtinische Kapelle, es ist der 4. November 1538. Erst gestern ist sie in Rom angekommen, keinen Tag früher wollte sie hier sein.

Papst Paul III. hatte sie mit banger Sorge erwartet. Ein pompöser Empfang war ihr bereitet worden. Sie aber trat bewusst als Witwe auf, ganz in Schwarz gekleidet. Margarethe stieg in der Villa Medici am Monte Mario ab, sie hatte ja schon eine Ehe hinter sich, war ein Jahr lang Ehefrau des Fürsten von Florenz, Alessandro de'Medici, gewesen und hatte nach seiner Ermordung nicht wenig geerbt, darunter auch Paläste in Rom. So kann sie hier auch ohne die Farnese Hof halten, sie nimmt die Huldigung des offiziellen Rom entgegen, des Senats, der Konservatoren, und auch die neuen Verwandten – oh diese Farnese! – lassen sich sehen.

Als sie den Raum betritt, ist sie doch überrascht. Für einen Moment erhellt sich ihre düstere Miene. Die Decke der Sixtinischen Kapelle kann jeden verzaubern, das Spiel von Farben und Formen betört das Auge, und als Margarethe den Blick nach oben richtet, sieht sie eine wunderschöne Eva im Paradies. Eine Ehe könnte ein Hauch des Paradieses sein, aber diesen kurzen Lichtblick schiebt sie schnell beiseite. Ihr Blick ist bald wieder finster und ähnelt dem Ausdruck der Eva, die gerade aus dem Paradies vertrieben worden ist.

Heute wird die Cappella Sistina zu ihrer Hochzeitskapelle und damit eigentlich zweckentfremdet. Hier, in der ureigenen Welt der Zölibatäre, werden Päpste gewählt, aber doch keine Ehen geschlossen. Ihr allerdings ist diese hohe Ehre widerfahren, eine Ehre, der sie so gern entkommen würde.

Vom Papst getraut

Nun steht sie vorne am Altar, kühl, unbeteiligt, wie eine Marmorstatue, sie schaut nicht links und nicht rechts und würdigt den vierzehnjährigen Bräutigam neben ihr keines Blickes. Sie hat ihn nicht gewollt, diesen kleinen hässlichen Ottavio, mehr Kind als Mann. Wer sind die Farnese schon, kleiner verbauerter Landadel, einstige Habenichtse, vor vier Jahren aber über Nacht berühmt geworden, schlagartig hat es sie ganz nach oben gespült; denn aus Alessandro Farnese wurde Paul III., gekrönt mit der Tiara. Ihr Bräutigam hat einen mächtigen Großvater, er selber hat nichts vorzuweisen. Er ist der Enkel, wie er im Buche steht, vom Papstthron fällt Glanz auf ihn, und die Braut bringt den Farnese viel Ehre und Ansehen ein, sozusagen eine Sache der Imagepflege.

Fast erschrickt sie, als nun die Trompeten ertönen, der Papst zieht ein. Der Pontifex strahlt über das ganze Gesicht, er hat ein großes Ziel erreicht. Sein Enkel erhält eine Kaisertochter, ein Bastardkind zwar, aber mehr kann er nicht erwarten, und er mag darüber auch nicht abfällig urteilen, hat er selber doch als Kardinal vier Kinder im Konkubinat (im Stande der Sünde!) gezeugt. Nun versucht er sich in der ungewohnten Rolle eines Trauungspriesters. Seinem Enkel Ottavio stellt er die üblichen Fragen, ob er freiwillig hier sei und die Ehe mit der hier anwesenden Madama Margherita eingehen wolle, und dieser ruft deutlich und klar »voglio«, ich will. Die gleiche Frage richtet der Papst an Margarethe, die sich auf die Zunge beißt und keinen Laut von sich gibt. Dass eine Braut mit zarter Stimme ihr Ja in den Kirchenraum haucht, ist nicht ungewöhnlich, aber was bedeutet das Schweigen? Der Pontifex sagt sich im Stillen, er sei mit seinen gut siebzig Jahren ein bisschen schwerhörig und deutet das befremdliche Schweigen als Ja, sofort setzt Musik ein, beendet die peinliche Stille, und die Ehe ist geschlossen.

Ehe als politisches Geschäft

Margarethe schaut etwas hilfesuchend in die Runde, ihr eigener Vater, Kaiser Karl V., ist natürlich nicht dabei. Ein Kaiser kommt nicht persönlich zu einer solchen Trauung; Margarethe ist nur seine uneheliche Tochter, und außerdem ist eine Wiederverheiratung, bei der die Braut ja nicht mehr als jungfräulich gelten kann, ein Ereignis minderen Ranges, um dessentwillen Karl V. nie die unendlichen protokollarischen Schwierigkeiten einer Begegnung mit dem Papst in dessen Residenz auf sich nehmen würde. Die Spannungen zwischen dem weltlichen und dem geistlichen Oberhaupt sind erheblich; der Habsburger hat den Kopf voller Sorgen mit seinem Riesenreich, in dem, wie es heißt, »die Sonne nicht untergeht«. Er versucht, den katholischen Glauben in Deutschland zu retten, während das Kirchenoberhaupt die deutsche Szene eher gleichgültig betrachtet. Der kaiserliche Botschafter ist bei der Trauung natürlich anwesend, und viele andere Gesandte sind es ebenfalls, auch die meisten Kardinäle in ihren leuchtend hellroten Roben. Diese erlauchte Festgesellschaft unterstreicht bei alledem den europäischen Rang dieser Hochzeitsfeier: Margarethe ist das Friedenszeichen zwischen Kaiser und Papst.

Um ihr persönliches Glück geht es gar nicht, sie ist ein Objekt der Politik; Papst und Kaiser sind von nun an verwandt. Paul III. ist überzeugt, dass ihm ein Meisterstück päpstlicher Diplomatie gelungen ist. Im März 1538 war er selber nach Genua gereist, um auf neutralem Boden den Kaiser zu treffen und sich als Friedensstifter zwischen den ewigen Feinden Karl V. und Franz I. von Frankreich zu profilieren.

Als Ottavio der Braut den überaus kostbaren Ring ansteckt, der übrigens aus der päpstlichen Schatulle bezahlt worden ist, da kann ihr Schicksal als besiegelt gelten. Der Chor mit seinen betörend klingenden Kastratenstimmen stimmt das letzte Lied an, und der Papst hält seinen Auszug, die Brautleute folgen ihm nach.

Ein erlesener Kreis ist zum Hochzeitsbankett geladen, der Papst spart an nichts. Die Farnese sind fast vollzählig vertreten, Margarethe schaut besonders auf die Frauen. Sie selber ist keine Schönheit, etwas Herbes und fast Viriles haftet ihr an, sie ist keine strahlende Erscheinung. Aber hier ist sie von wahren Schönheiten umgeben, damit können die Farnese auftrumpfen in einer Zeit, in der Aussehen und modische Erscheinung sehr wichtig genommen werden. Besonders Costanza, die Papsttochter, tritt elegant und stilvoll auf.

Niemand hätte an sich etwas dagegen, wenn das Brautpaar sich im Verlauf des Banketts diskret ins Schlafgemach zurückziehen würde. Die Botschaft vom »matrimonio consumato«, gleichsam die Vollzugsmeldung, würde großen Jubel hervorrufen. Aber so schnell geht es in diesem Fall nicht. Zum einen gilt der Bräutigam mit seinen vierzehn Jahren als zu jung, zum anderen will Margarethe kein Beilager mit ihm. Sicherlich ist der Hintergrund nicht übertriebene Scham oder die Angst vor dem Ungewohnten. Das Brautpaar geht »unberührt« auseinander, Margarethe in den Medici-Palast, Ottavio in den Palazzo Farnese.

Am nächsten Tag wandert sie rastlos und ziellos durch den Palast. Gereizt fährt sie die Damen ihres Hofstaates an, die Fürstin hat erkennbar schlechte Laune. Wieder also ist sie verheiratet, das ging gestern ein bisschen schnell, wie bei einem Überfall, sie kam und einen Tag später war sie schon Ehefrau.

Tu, felix Austria, nube!

Margarethe erging es so, wie es auch anderen weiblichen Mitgliedern der Habsburgerdynastie geschah, sie hatten als lebendes Faustpfand habsburgischer Hausmachtpolitik zu dienen: Schon einmal hatte Margarethe, die uneheliche Kaisertochter, sich als Vertragsgegenstand zwischen Kaiser und Papst hergeben müssen. Damals hieß der Papst

Clemens VII. Er und der Kaiser lagen lange in erbittertem Streit, der in der furchtbaren Plünderung Roms durch deutsche und spanische Landsknechte, dem »Sacco di Roma« von 1527, seinen unrühmlichen Höhepunkt fand. Im Vertrag von Barcelona vom Juni 1529, bei dem die Wiederversöhnung von Papst und Kaiser besiegelt wurde, entschied sich auch Margarethes Schicksal. Kaiser Karl V. bot seine uneheliche Tochter dem Medicipapst als Heiratskandidatin für Alessandro, den künftigen Herzog von Florenz an. Damit wird auch ihre hohe Abkunft öffentlich gemacht, der Kaiser bekennt sich zu seiner Tochter, und die siebenjährige Margarethe, Frucht einer flüchtigen Beziehung des jungen Habsburgers mit einer »Frau aus dem Volke«, wird zu einer Gestalt des Hochadels und einer Figur auf dem Schachbrett der kaiserlichen Heiratspolitik. Sie hätte ebensogut auch ins Kloster gesteckt oder mit einem kleinen Adligen in ihrer flämischen Heimat verheiratet werden können.

Liebesabenteuer mit Folgen

Als Einundzwanzigjähriger war Karl, der Erbe eines riesigen Reiches, nach dem Wormser Reichstag im Oktober 1521 für einige Zeit in seine Heimatstadt Gent zurückgekehrt. Der junge Herrscher hatte schon viel erreicht, trug die spanische Krone, auch zum Kaiser war er bereits gewählt worden. Karl war streng religiös erzogen, eher asketisch, gewiss nicht der große Frauenheld. Jetzt war er aber doch aufgelegt für etwas Zerstreuung, und so kam es auf Schloss Oudenaarde bei Gent zu einer kurzen Liebschaft mit Johanna van der Gheynst, der Tochter eines Webers, die dort als Magd diente. Als die Schwangerschaft ruchbar wird, ist der kaiserliche Liebhaber schon wieder abgereist, sein Beichtvater hat ihn von der Sünde losgesprochen, und seine Kanzlei wird alles Weitere regeln. Das Kind kommt in die Obhut der Familie Douvrin. Reste von Zuneigung sind nicht geblieben, Karl wird sich bei seinen Besuchen in Flandern allerdings – eher beiläufig – nach dem Befinden seiner Ex-Geliebten erkundigen, sehen wird er sie nicht mehr. Als »Lohn« erhält Johanna einen vermögenden, adligen Ehemann, den kaiserlichen Rat Jan Vanden Dyke.

Mit drei oder vier Jahren kommt die kleine Bastardin nach Mecheln, an den glanzvollen Hof der Margarethe von Österreich, der Tante ihres Vaters. Eine neue Welt tut sich für sie auf, und begierig nimmt sie alles auf: schreiben, lesen, musizieren, tanzen, reiten, jagen, man ist hier im Herzen der flämisch-burgundischen Kultur an einer vielseitigen Bildung interessiert. Irgendwie wurde das Mädchen von den Hofdamen ihrer Großtante wie ein Waisenkind behandelt, von ihrer »niederen« Mutter war nie mehr die Rede.

Gut verheiratet?

Als Zehnjährige erhält Margarethe gleichsam den Marschbefehl für Italien. Ihr Vater hat Papst Clemens VII. bei einem Treffen in Bologna versprochen, dass seine Tochter, die mit dem Medicierben verkuppelt werden soll, ihre Erziehung in Italien erhält, damit sie italienische Sprache und Sitten kennen lernt. Zum Erziehungsort wird Neapel bestimmt, das ja zum Herrschaftsbereich Karls gehört.

Am 7. Januar 1533, also mitten im kalten Winter, muss Margarethe die Reise antreten. Ungefähr 2000 km liegen vor ihr. Zu ihrer Begleitung gehören Pagen, Edelfräulein und ungefähr einhundertfünfzig Reiter, mit Sack und Pack ein ansehnlicher Zug. Die meiste Zeit schaukelt Margarethe in einer mit rotem Samt ausgekleideten Sänfte dahin, dem bevorzugten Transportmittel vornehmer Damen. Ab und zu kann sie auch eine Wegstrecke reiten. Ihren Bräutigam hat man ihr als eine Art Märchenprinz geschildert; dass er in Wahrheit den Ruf eines Scheusals genießt, bleibt ihr verborgen. Die bislang anonyme Kaisertochter, die bald den Titel Margherita d'Austria erhält und auf diese Weise standesgemäß angeredet werden kann, wird überall, wo sie Station macht, vorgezeigt, angestarrt, taxiert, hofiert, daran gewöhnt sie sich langsam, auch an die vielen Empfänge. Zehn Tage wird die kleine Flämin in Florenz als Braut gefeiert, sieht zum ersten Mal ihren »Zukünftigen«, Alessandro de'Medici. Dieser zeigt sich von seiner guten Seite und begegnet ihr freundlich und charmant. Er nennt sie »Madama«, eine Bezeichnung, die ihr ein Leben lang bleibt.

Höhepunkt ihrer Reise ist eine Audienz bei Papst Clemens VII. in Rom. Die Damen ihres Hofstaates haben Tage vorher mit ihr den

Ablauf gründlich geprobt. Clemens ist ein gut aussehender Mann von fünfundfünfzig Jahren, freundlich und wohlwollend. Sie fällt vor ihm nieder, um seine Füße zu küssen, eine Geste, die fest zum päpstlichen Zeremoniell gehört. Ein Kind begegnet dem Papst. Dass sie unehelich ist, ein Bastardkind, stört ihn nicht, denn auch er selbst stammt nicht aus einer legitimen Ehe, sein Vater Giuliano de'Medici hatte ein Verhältnis mit der stadtbekannten Kurtisane Fioretta d'Antonio.

Da ist also die Braut, die auf höchster Ebene ausgehandelte, gleichsam das Pfand der Versöhnung für Papst und Kaiser, ein Objekt der Weltpolitik. Was kann eine Zehnjährige, die wie eine Puppe herumgereicht wird, davon schon spüren? Sie spürt: es ist Frühling in Rom, Ende April, Margarethe erfreut sich an den Blumen und südländischen Bäumen, den plätschernden Brunnen, bewundert die prächtigen Bauwerke, die allerdings noch manche Brandspuren des jüngst vergangenen »Sacco di Roma« tragen, sie erlebt die Peterskirche mit dem Apostelgrab und muss das üppige Festmahl, das der Papst ihr zu Ehren gibt, durchhalten; die politischen Hintergründe ihrer Heirat bleiben ihr verständlicherweise verborgen.

Im Mai kommt die Kaisertochter in Neapel an. Sie soll zu einer Dame erzogen werden, die sich in den höchsten Kreisen bewegen kann. Der Kaiser hat auch dafür klare Weisungen erlassen. Im November 1535 kommt Karl selber nach Neapel, er ist auf dem Höhepunkt seiner Macht, die Neapolitaner bereiten ihm einen fulminanten Einzug, Schriftbänder quellen über von Lobeshymnen, vor dem Castel Nuovo wartet Margarethe auf ihren Vater.

Den Winter über bleibt Karl in Neapel, Margarethe tritt jetzt offiziell in Erscheinung, wohl erkennt er die beachtliche Begabung seiner Tochter, aber viel kann er mit dem dreizehnjährigen Mädchen nicht anfangen. Eine milde Februarsonne scheint über Neapel, der Karneval strebt seinem Höhepunkt entgegen, Zeit zum Fröhlichsein, und so wird am 28. Februar 1536 Hochzeit gefeiert. Und es soll an nichts fehlen. Der Brautvater ist bekannt für seinen erstaunlichen Appetit, frisches Bier wird für ihn gebraut. Flame bleibt Flame! Tausende säumen die Straßen, als das Brautpaar zum Castel Nuovo reitet, die lebenslustigen Neapolitaner nehmen begeistert Anteil. Mit Wohlgefallen sieht der Kaiser auf seine Tochter, als ihr der 25jährige Alessandro de'Medici den Ring ansteckt, eine besonders schöne und wertvolle Goldschmiedearbeit.

Ein verhasster Medici

Am 31. Mai 1536, sie ist noch nicht ganze vierzehn Jahre alt, zieht Margarethe in Florenz ein. Wieder ein »trionfo«! Auch die Florentiner empfangen sie mit gebührendem Jubel, unter einem Brokatbaldachin reitet sie an der Seite von Herzog Alessandro durch die Stadt, unter nicht wenigen Triumphbögen hindurch, die bereits für ihren Vater, der vor einigen Wochen ebenfalls in Florenz seinen »introitus« gehalten hatte, aufgestellt worden sind. Man hat die Dekorationen aus Kostengründen einfach stehen lassen.

Mit Freude ist sie nun Herzogin in dieser von Kunst immer noch überfließenden Stadt, die allerdings ihre große kulturelle Blütezeit längst hinter sich hat, und gehört einer berühmten Familie an. Eine schöne Lebensperspektive? Bald wird ihr klar, dass ihr Gatte bei den Florentinern als triebhafter Wüstling und grausamer Tyrann verhasst ist, allerdings mit seiner Ehefrau ist er immer rücksichtsvoll umgegangen. Margarethe fühlte sich bei ihm gut aufgehoben, dessen ungeachtet ist die Ehe aber vermutlich nicht vollzogen worden. Alessandro suchte seine Vergnügungen und Ausschweifungen außerhalb des Ehebettes. Er war kein Schönling, hatte aber ein interessantes Aussehen, etwas dunkelhäutig, mit großen Lippen und Kraushaaren; über seine Herkunft schwirrten nicht wenige Gerüchte durch Florenz. Seine Mutter war auf jeden Fall eine »Farbige«, vermutlich beschäftigt im großen Haushalt der Medici, dem damals noch etliche Mohrensklaven beiderlei Geschlechts angehörten; sein Vater war wahrscheinlich Giulio de'Medici, der spätere Papst Clemens VII. Offen ist das nie ausgesprochen worden, die Familie konnte das Decorum wahren und die wirkliche Herkunft Alessandros verschleiern.

Nicht vergessen kann Margarethe den Dreikönigstag des Jahres 1537, als sie ihren Gatten, von vielen Dolchstichen getroffen, am Boden liegen sah. Er war in eine Falle geraten und von seinem Cousin Lorenzino heimtückisch ermordet worden. Bis heute wird gerätselt, ob dieser berühmteste »Tyrannenmord« der Renaissance aus familiärem Rachedurst oder aus politischen Motiven verübt wurde. Der Traum einer jungen Frau vom heiteren Leben in Florenz war jäh vorbei. Der kaiserliche Kommandant der Stadt nahm sie angesichts des drohenden Bürgerkriegs in seine Obhut, und es galt die Entscheidung des Vaters abzuwarten. Karl V. wies die Werbungen des neuen Herzogs Cosimo de'Medici, eines Vetters des Ermordeten, zurück, obwohl sich zwischen Margarethe und Cosimo eine echte Zuneigung entwickelt hatte. Der Kaiser und seine Räte hatten andere Pläne und wollten die Kaisertochter besser »vermarkten«, sentimentale Gefühlsregungen zählten nicht. Die hohe Politik sah Margarethe dieses Mal als Versöhnungsobjekt mit dem Farnese-Papst. Ihre eigenen Wünsche und Vorstellungen interessierten niemand.

Ehekrieg in Rom

Langsam lebt sich Margarethe nach ihrer Hochzeit in Rom ein; von einem eigenen Hofstaat umgeben, kann sie ein relativ selbständiges Leben führen. Sie ist reich, führt den Titel einer Duchessa di Penne und besitzt dank der Schenkungen ihres Vaters wertvolle Besitzungen in den Abruzzen, zudem ein stattliches Erbe in Florenz, dazu kommen Zuwendungen des Papstes. Margarethe genießt die besondere Aufmerksamkeit Pauls III., der sie zu allen festlichen Anlässen ehrenvoll einlädt, sie mit Schmuck und Preziosen überhäuft.

Die junge Fürstin betrachtet andererseits ihre Ehe als null und nichtig, da sie das Jawort bewusst verweigert hat. Ottavio beklagt sich darüber beim Papst, und dieser wiederum schickt einen Kardinal zum Kaiser. Karl V. bedrängt seine widerspenstige Tochter in scharfen und drohenden Briefen.

»Seit längerer Zeit schon bin ich über Euer Mißvergnügen unterrichtet, doch glaubte ich, es sei durch Eure Vernunft bereits geheilt. Aus Eurem durch Lopez Hurtado übermittelten Brief erfahre ich aber jetzt, dass die Dinge schlimmer stehen denn je. Außerdem mißfällt mir, daß Eure Worte viel mehr von der Leidenschaft als von der Vernunft diktiert scheinen … eine solche Ausdrucksweise kann ich niemanden gestatten, schon gar nicht Euch, die Ihr meine Tochter seid.«[139]

Und sie antwortet »in Ausdrücken, die ihr der Teufel eingegeben haben müßte.«[140]

Die Affäre ist mehr als ein persönlicher, privater Ehestreit, sie schaukelt sich empor zu einer hochpolitischen Angelegenheit. Üblicherweise hat sich eine Frau zu fügen und klaglos die »ehelichen Pflichten« zu verrichten, aber Margarethe, stolz und unnachgiebig, lässt es darauf ankommen. Natürlich kann sich ihr Ehemann auch anderweitig vergnügen, es geht nicht um verweigerte sexuelle Lust, sondern um die Dynastie, für die ein Erbe benötigt wird. Eine nicht vollzogene Ehe befleckt die Ehre des Ehemanns, der als Schwächling dasteht, und – dies ist das Entscheidende – erst der Vollzug besiegelt eine Ehe als unauflöslich, hebt den möglicherweise fehlenden Konsens der Braut eindeutig auf.

Die Lage wurde kritisch – sollte am Ende ein Prozess geführt werden, bei dem alle eine schlechte Figur machten? Der Ehekrieg amüsierte inzwischen ganz Rom. Das Widerstreben einer Ehefrau, die immer wieder behauptete, keine zu sein, machte Skandal, und nicht wenige beobachteten Margarethe bei ihren Kirchgängen sehr genau, ob nicht irgendwelche Rundungen eine Schwangerschaft anzeigten, sicherlich hat auch der Pontifex seine Spitzel ausgesandt.

Um die Frau seines Enkels ins Ehebett zu bringen, greift Paul III. zu einem neuen Mittel, er schaltet die Jesuiten ein. Diese sollen als Beichtväter die Widerspenstige zähmen. Ein Gefährte von Ignatius übernimmt als erster diese delikate Aufgabe, 1542 wird Ignatius selbst als Beichtvater für Margarethe tätig, allwöchentlich kommt er in den Palazzo Madama zum Beichthören und gewinnt ihr Vertrauen. Die neuen Ordensleute haben den klaren Auftrag des Papstes, die Ehefrau zum ehelichen Leben zu bekehren. Die Rolle der Beichtväter ist in dieser Weise ein Novum; Ignatius betont den Begriff der »Seelenführung«, der auch ein Weg ist, um politischen Einfluss auszuüben – Margarethes Vater und vor allem ihr Halbbruder Philipp II. von Spanien sind ständig von Beichtvätern umgeben. Väterlicher, päpstlicher, beichtväterlicher Druck erreichen endlich ihr Ziel: Margarethe gibt ihren Widerstand auf und ergibt sich in ihr Schicksal als Ehefrau.

Frauen und Jesuiten

Margarethe gehörte offensichtlich zu einem Kreis von Frauen, die den Jesuitenorden unterstützten und beim Papst für dessen Anerkennung eintraten. Ignatius von Loyola hatte die geballte Frauenmacht des Hauses Farnese auf seiner Seite: neben Margarethe, ihre Schwiegermutter Girolama Orsini und die Papsttochter Costanza Farnese. Auch Margarethe ist hier voll engagiert.[141]

Unter der Leitung des Jesuitengenerals bildet sich die »Compagnia della Grazia«, der fromme Verein zur Sorge für das Marthahaus, das Ignatius für die reuigen Dirnen der Stadt gegründet hat. Auch misshandelte Ehefrauen finden Aufnahme in diesem »Frauenhaus«, das auch von Vittoria Colonna unterstützt wird.

Ignatius blieb mit Margarethe zeit seines Lebens in Kontakt und wusste ihre Hilfe zu schätzen, wie aus einem Brief vom 3. August 1555 ersichtlich ist:

»Hier und an allen Teilen der Welt läßt Gott unser Herr seine kleine Kompanie tapfer voranmaschieren. Und weil die Gesellschaft ganz und gar auch Eurer Exzellenz gehören, so weiß ich, daß diese Nachricht Sie erfreuen wird.«[142]

Diese Gruppe von engagierten Frauen ist bisher in der Geschichtsschreibung kaum beachtet worden. Sie hatte ohne Zweifel Einfluss auf den Papst und auf einige Reformkardinäle, ihr Wirken lässt sich begreiflicherweise kaum direkt nachweisen. Diese mächtigen Frauen agierten im Hintergrund, sahen auch die Verpflichtung, ihren Reichtum teilweise für soziale Dienste einzusetzen, was nur die wenigsten Päpste und Kardinäle taten.

Kindersegen

In der Morgenfrühe des 27. August 1545 erreichte Ignatius die Bitte von Margarethe, schleunigst in ihren Palazzo zu kommen. Sie wollte beichten und die Messe hören, in der Hoffnung auf eine glückliche Geburt. Ohne Zweifel hatte sie Angst. Noch am gleichen Tag war es dann so weit, am Nachmittag brachte sie zwei Söhne zur Welt, nach einer komplizierten Geburt. Eine Nottaufe der schwächlichen Neugeborenen wurde erforderlich. Aber beide Zwillinge, Carlo und Alessandro, überlebten. Der siebenundsiebzigjährige Papst war überglücklich. Vier Musiker schickte er in den Palast zum Aufspielen, die Ausgaben dafür sind in den Rechnungen der päpstlichen Schatzkammer noch heute aufgeführt. In seiner Begeisterung besuchte Paul III. die Wöchnerin in ihrem Palast.

Am Krönungstag des Papstes, am 3. November 1545, wird in der Kirche S. Eustachio dann ein feierlicher Taufakt abgehalten. Bei dieser einmaligen Zeremonie – galt sie doch Zwillingen, die einen Kaiser zum Großvater und einen Papst zum Urgroßvater hatten! – fanden sich nicht weniger als dreiundzwanzig Kardinäle ein. Margarethe kann ihren Stolz nicht verbergen. Beim anschließenden Taufschmaus im Palazzo Medici erscheint auch der päpstliche Urgroßvater, der an der Taufe selbst nicht teilnahm, weil es protokollarisch irgendwie nicht passte.

Nach der Geburt ihrer Zwillinge ist das Thema Eheleben und Sexualität für die junge Ehefrau ein für allemal beendet. Auch von anderweitigen amourösen Abenteuern Margarethes ist nichts zu hören, die meiste Zeit lebte sie von ihrem Ehemann getrennt, ohne Sehnsucht nach einem Liebhaber. Ihr Ehemann, aus dem heimischen Bett verjagt, liierte sich dagegen mit verschiedenen Geliebten und zeugte vier »natürliche« Töchter.

Parma und Piacenza – ein turbulentes Erbe

Der Papst nahm sich der Karriere seines Enkels Ottavio an, den er im November 1538 zum Stadtpräfekten ernannte und ein Jahr später mit dem erblichen Lehen Camerino ausstattete. Für Ottavios Vater Pier Luigi Farnese hatte sich Paul III. ein kühnes, ziemlich gewagtes Vorhaben ausgedacht: Er erhob zwei Territorien des Kirchenstaates, Parma und Piacenza, zu *einem* Herzogtum und verlieh dieses im August 1545 seinem Sohn Pier Luigi. Karl V. wurde damit vor vollendete Tatsachen gestellt und zeigte sein deutliches Missfallen. Der Papst hatte gleichsam ein Filetstück aus dem »Patrimonium Petri« schnöde privatisiert und seiner Familie übereignet. Ein besonderer Segen lag nicht darauf, vielmehr wurde Pier Luigi von einer opponierenden Adelsclique 1547 in Piacenza ermordet.

Die verworrene Nachfolgefrage führte zu erheblichen Turbulenzen. Der Papstenkel Ottavio, Margarethes Gatte, wollte Parma als legitimer Erbe in Empfang nehmen, aber der Papst ließ es von päpstlichen Truppen besetzen, denn er wollte Parma und Piacenza nun wieder dem Kirchenstaat einverleiben. Ottavio, der nicht bereit war, auf das reiche Erbe zu verzichten, verließ heimlich Rom und eilte nach Parma. Sein Großvater war darüber maßlos empört und forderte ihn zur Rückkehr auf, Ottavio blieb und meldete schriftlich seine Ansprüche auf das Herzogtum an. Sein Bruder Kardinal Alessandro las den Brief dem Papst vor, und das versetzte den Zweiundachtzigjährigen in so rasenden Zorn, daß er dem Kardinal das Birett vom Kopf riss, es auf den Boden schleuderte und darauf herumtrampelte. Diesem Wutanfall folgte ein heftiges Fieber, und Paul III. lag sterbenskrank darnieder.

In dieser kritischen Lage besuchte Margarethe den Papst am Krankenbett und brachte wohlweislich ihren vierjährigen Sohn Alessandro mit, der andere Zwilling Carlo war vor kurzem verstorben. Der Versuch, den greisen Pontifex »weichzumachen«, gelang: Es heißt, er habe seinen Urenkel immer wieder gesegnet, in ihm sah er den Hoffnungsträger seines Geschlechts, und kurz vor seinem Tod fand er sich bereit, Parma-Piacenza dem Ottavio zu überlassen. Vermutlich haben Margarethes Einfluss und der Anblick seines Urenkels als letzter Appell an den Familiensinn des Farnesepapstes diesen umgestimmt und den Farnese das Herzogtum Parma erhalten. Als sie 1731, knapp zwei Jahrhunderte später, im Mannesstamm ausstarben, fiel das Herzogtum an die Nachkommen von Margarethe und Alessandro, an die Habsburger. »Bella gerant alii, tu, felix Austria, nube!«

Am 10. November 1549 starb Papst Paul III.

Die Herzogin

Nun war sie Duchessa di Parma, Mitte Juni 1550 brach Margarethe auf in die kleine Herzogsstadt, hoch im Norden Italiens, am Fuß des Apennin. Jetzt ist ihr zwölfjähriger Aufenthalt am Tiber zu Ende, sie wirft noch einen Blick auf ihren römischen Palast zurück, auf die Piazza Navona, dann reitet sie schnell davon. Am 2. Juli zieht sie in großer Aufmachung als neue Herzogin in Parma ein, die Stadtbevölkerung bereitet ihr einen begeisterten Empfang.

Obwohl ihr Ehemann politisch nicht immer klug agiert, lässt sie sich von niemandem dazu überreden, gegen ihn zu intrigieren, auch nicht von ihrem Vater, der ihr den Rat gibt, Ottavio zu verlassen, damit er ihn leichter aus Parma verjagen kann. Aber seltsam, jetzt wo sie ihren Gemahl demütigen könnte, stellt sie sich entschieden an seine Seite und nimmt großen Ärger mit Karl V. in Kauf, der ihr die Einkünfte ihrer Güter sperrt. Auch ein Kaiser kann kleinlich sein, zumal in der Rolle des Vaters. Beide, Margarethe und Ottavio, kämpfen gemeinsam um ihr Herzogtum und können es ihrem Sohn erhalten. Lange bleibt die reisefreudige Herzogin nicht in Parma, sie bricht 1556 nach Brüssel auf, wo sie ihren Halbbruder Philipp trifft, mit ihm zusammen reist sie nach England.

Im September 1556 wird der Vertrag zwischen Spanien und Herzog Ottavio geschlossen, der ihm und seinem Geschlecht den Besitz von Parma und Piacenza endgültig bestätigt; gleichsam als Pfand muss der kleine Alessandro sein Elternhaus verlassen und zur Erziehung an den spanischen Königshof übersiedeln, zum Zeichen, dass er nur ein Satrap von spanischen Gnaden ist. Margarethe ist untröstlich, aber politische Notwendigkeit setzt sich gnadenlos über die Gefühle einer Mutter hinweg. Sie selber bringt Alessandro nach Brüssel und übergibt ihn ihrem Halbbruder Philipp. Im Juni 1557 kehrt sie nach Piacenza zurück.

In der Höhle des Löwen: Statthalterin der Niederlande

Im Sommer 1559 tritt sie ihre große Reise an, um in den habsburgischen Niederlanden (ihr Gebiet entspricht ungefähr den heutigen Ländern Belgien und Niederlande) als Statthalterin zu regieren. Am 7. August stellt König Philipp II. persönlich seine Halbschwester Margarethe den Generalständen als seine oberste Vertreterin vor. In dem althergebrachten Staatszeremoniell wirkt Margarethe eindrucksvoll in ihrem prächtigen Kleid und mit ihren Juwelen, mit denen sie sich reichlich behängt. Sie ist körperlich robust, geht gerne auf die Jagd, pflegt vor allem die Hirschjagd und entwickelt dabei Kraft und Geschicklichkeit.

»Ihr Geist besaß eine Stärke und Festigkeit, wie man sie bei Frauen selten antrifft.«[143]

Willkommen war sie den Niederländern trotz ihrer flämischen Herkunft keineswegs, sie mokierten sich über das ewige »Weiberregiment«, denn in den letzten fünfzig Jahren hatten fast immer Frauen dieses Amt inne. Zwar war man in Flandern und Hennegau seit dem Mittelalter an tatkräftige Gräfinnen gewöhnt, die ihre kreuzzugsbegeisterten Ehemänner während ihrer langen Abwesenheiten würdig vertraten, dennoch galten auch hier Frauen, die regierten, als eine unerwünschte Ausnahmeerscheinung. Außerdem war die neue Statthalterin nun einmal Repräsentantin einer verhassten Fremdherrschaft. Sie bemühte sich redlich um einen Ausgleich der Interessen, wollte Gewaltanwendung vermeiden, appellierte an Einsicht und Vernunft, allerdings musste sie auch den ständigen Direktiven aus Madrid gehorchen, eine Quadratur des Kreises. Die Steuerlast wurde erhöht, Ketzer sollten verfolgt werden, es ging um Geld und Religion, und bald entlud sich der Zorn der Untertanen in lokalen Aufständen und schließlich in einem gewaltigen Bildersturm, in dem fanatische Protestanten hunderte von Kirchen verwüsteten und schändeten. Der moderate Regierungsstil Margarethes passte nun auch Philipp nicht mehr, und er schickte seinen eisernen General Herzog Alba aus, der jeden rebellischen Ansatz erbarmungslos niederwarf und dessen öffentliche Hinrichtungen das Bild des Landes prägten.

Hier war kein Platz mehr für eine Frau, und Margarethe reiste am 30. Dezember 1567 zurück nach Italien, lebte abwechselnd in Parma und auf ihren Gütern in den Abruzzen.

1573 besuchte sie in L'Aquila ihr Halbbruder Don Juan d'Austria, der Sieger von Lepanto. Im März 1580 folgte sie noch einmal dem Ruf König Philipps und zog wieder nach Brüssel, um zusammen mit ihrem Sohn Alessandro die Statthalterschaft auszuüben. Das Herrschaftsduo konnte die extrem schwierige Lage – die Holländer strebten mit aller Gewalt nach Selbständigkeit – nicht mehr meistern. Die beiden gerieten sich wegen einiger Kompetenzstreitigkeiten in die Haare, und es kam zu einem schweren Zerwürfnis zwischen Mutter und Sohn. Enttäuscht und verbittert kehrte sie nach Parma zurück und reiste von dort aus nur vier Tage später auf ihre Schlösser im Abruzzengebiet.

Hier lebte sie mit ihrem Hofstaat von ungefähr einhundertfünfzig Personen und hielt den Kontakt nach außen durch fleißiges Briefeschreiben aufrecht. Nach Rom ist sie nicht mehr gekommen. Die Nähe zu den Päpsten war beendet. Immer mehr wurde die alternde, korpulent gewordene Fürstin von Gicht und Fieberanfällen geplagt.

Am 18. Januar 1586 starb Margarethe auf Schloss Ortona, umsorgt von ihren Ärzten und ihrem Hofstaat, betrauert von den Menschen dieser Gegend. Von ihrer Familie war niemand bei ihr. Ein paar Monate nach ihr starb auch Ottavio. Beide haben den Zustand ihrer Ehe für die Nachwelt demonstrativ festgehalten: Sie bestimmten, dass sie in getrennten Gräbern liegen wollten. Margarethe ist begraben in der Klosterkirche San Sisto in Piacenza und Ottavio in der Kirche Santa Maria della Steccata in Parma.

Margarethe hat in der großen Welt gelebt, hatte vertrauten Umgang mit Päpsten: Elf Jahre lebte sie in der unmittelbaren Nähe von Paul III., der große Sympathien für sie hegte. Kaiser und Papst prägten ihr Leben, im päpstlichen Rom, zur Papstfamilie gehörend, hatte sie teil an Festen und Feiern und stand selber im Rampenlicht. Mit den Männern hatte sie kein Glück, dafür blieb ihr Raum für selbständige Aktivitäten. Man könnte Margarethe fast eine moderne Frau nennen: eigenständig, mobil, emanzipiert. Dem Tode nahe, erinnert sie sich, wie sie am Sterbebett des Papstes saß.

Vierzehntes Kapitel

Die Papessa von der Piazza Navona

Olimpia Maidalchini

Das endlose Konklave

Schon seit Tagen liegt eine seltsam fiebrige Atmosphäre über der Stadt, die Luft wirkt spannungsgeladen wie vor einem Gewitter. In manchen Familien herrscht erregte Nervosität, und sie schicken Stoßgebete zum Himmel. Das Konklave will nicht enden! Sechsundfünfzig Kardinäle, hermetisch abgeriegelt, suchen einen neuen Papst und dies schon seit über fünf Wochen. Das Hickhack zwischen der französischen und spanischen Partei hat einen Wahlerfolg bisher vereitelt. Der letzte Pontifex aus dem Hause Barberini saß über zwanzig Jahre auf dem Stuhl Petri, viel zu lange, meinen viele Wähler und votieren für einen älteren Kardinal, damit der Papstthron nicht zu lange besetzt bleibt und die Chancen der Nachwachsenden gemindert werden. Ein lauter Knall schafft Klarheit, das Donnern der Kanonen von der Engelsburg und das Glockengeläut der Peterskirche lassen das Volk aufhorchen. Es ist der 15. September 1644. Die Leute freuen sich, der Gewählte ist ein Römer, einer von ihnen. Um nichts zu versäumen, hat Donna Olimpia jeden Tag Späher zum Petersplatz geschickt, und jetzt kommt einer angerannt, keuchend, kaum fähig zu sprechen, und sagt nur »er ist Papst«. Wie vom Blitz getroffen bleibt sie stehen, sie muss Atem holen, also doch, er hat es geschafft, ihr Schwager wird den Thron Petri besteigen. Damit beginnt auch ihre große Zeit, sie wird an seiner Seite sein. Giambattista ist nun Papst, und sie wird bald »Papessa« genannt und das nicht zu Unrecht.

Aber sofort beginnt auch der Ärger. Nach einem alten Brauch darf das Volk den Palast des Gewählten plündern. In weiser Voraussicht hatte Donna Olimpia vorher wertvolles Mobiliar und alle Kostbarkeiten ihres Schwagers in Sicherheit gebracht, sodass für das Volk nicht viel zu holen war. Die Leute fühlen sich betrogen und schreien wütend, »la puttana«, diese Hure![144]

Noch am Abend macht sich Donna Olimpia auf den Weg. Inkognito schlüpft sie in den vatikanischen Palast. Sie küsst ihrem Schwager, dem neuen Papst mit Namen Innozenz, die Füße, und lässt ihren Freudentränen freien Lauf.

Karriere eines Kurialen

Siebzig Jahre ist er schon alt, Giambattista Pamfili alias Innozenz X., der neue Pontifex, geboren am 7. Mai 1574 in seinem Elternhaus an der Piazza Navona; der berühmte Borgia-Papst Alexander VI. gehört zu seinen Vorfahren. Sein Onkel Girolamo schickte ihn zum Studium an die römische Universität, wo er den Doktor beider Rechte erwarb. Was lag näher, als an der Kurie zu arbeiten, Juristen waren immer gefragt. Ein Sprung nach oben gelang, als sein Onkel den Kardinalspurpur erhielt und seinem Neffen Giambattista einen Posten bei der Rota, dem päpstlichen Gerichtshof, verschaffte. Dort freundete er sich mit einem Kollegen an, dem späteren Papst Gregor XV., und der wiederum verlieh ihm später den Kardinalshut. So verläuft eine Karriere im päpstlichen Rom, Beziehungen sind alles.

Das weiß auch Olimpia, als typisch italienische »Mamma« wird sie für die Familie sorgen, sie wird mit aller Kraft das Papsttum für die ganze Verwandtschaft nutzbringend auswerten.

Einheirat

Olimpia selber ist am 26. Mai 1594 in Viterbo geboren. Sie wurde schon jung verheiratet mit Paolo Nini, einem reichen Kaufmann, der in Viterbo zwei Paläste besaß und dazu noch ein Landgut. Paolo war der einzige Sohn und Erbe. Nach ihrer Hochzeit im September 1608 war ihr nur kurzes Eheglück beschieden, ihr Ehemann starb schon im Juni 1611 und ein Jahr später auch der Sohn Nino aus dieser Ehe. Geschickt verwaltete Olimpia ihren Besitz und verstand es, ihren Reichtum zu mehren. Ihr Onkel fädelte die neue Ehe mit dem fünfzigjährigen Pamfilio Pamfili ein, dem ältesten Bruder des späteren Papstes. Vermutlich war es eine Vernunftehe, Olimpia ergriff die Chance, der Provinz zu entfliehen und in die aristokratischen Kreise Roms zu gelangen. Die Pamfili waren eine »famiglia nobile«, aber um ihre Finanzen stand es nicht zum Besten. Olimpia brachte viel Geld mit in die neue Familie und zog ein in den Palast an der Piazza Navona, der allerdings recht unansehnlich war.

Dort wohnte auch ihr Schwager Giambattista, mit dem sie sich von Anfang an gut verstand. Sie förderte seinen Aufstieg an der Kurie. Ihr fühlte er sich deshalb zu großem Dank verpflichtet. Auch eine kirchliche Karriere erforderte erhebliche Geldmittel, ein Armer hatte Chancen bei den Franziskanern, aber nicht im Vatikan.

Giambattista gelang ein Karrieresprung nach oben, als er zum Nuntius in Neapel ernannt wurde. Innerhalb der päpstlichen Verwaltung war das ein wichtiger, aber schlecht bezahlter Posten, Neapel ein teures Pflaster, und der Nuntius musste repräsentieren und von Zeit zu Zeit auch mal Bestechungsgelder zahlen, um an wichtige Informationen heranzukommen. Olimpia sprang ein und übernahm alle Ausgaben,[145] und diese Nuntiatur galt als Sprungbrett für das Kardinalat. Die Schwägerin kam selber nach Neapel, umsorgte einige Zeit den Nuntius und lernte hier die Korruption in allen Schattierungen kennen. 1626 wird Gianbattista an die Kurie zurückberufen und Olimpia kehrt ebenfalls zurück.

In ihrer Ehe hatte Olimpia drei Kinder, den Sohn Camillo, geboren im Jahr 1622, und die beiden Töchter Maria und Costanza. Nach dem Tod ihres Ehemannes im Jahre 1639 kann sie sich als Witwe frei und eigenständig bewegen.

Die omnipotente Schwägerin

Ihre Tochter Costanza profitiert von der neuen Situation, im Dezember 1644 wird ihre Hochzeit in der Sixtinischen Kapelle gefeiert, und der Papst persönlich nimmt die Trauung vor. Wer kann das seinen Gästen schon bieten?

Olimpia, die Geltungsbedürftige, sieht ihr Ansehen in astronomische Höhen steigen, genießt ihre Schlüsselrolle im Vorzimmer der päpstlichen Macht. Alle zwei Tage besucht sie ihren Schwager. Sie hat sich auch schon ein Zimmer im Papstpalast einrichten lassen. Bald weiß ganz Rom, an wen man sich bei wichtigen Angelegenheiten zu wenden hat.

»Der Adel, die Gesandten, die Prälaten, die Kardinäle behandelten Olimpia mit größter Auszeichnung und suchten sie durch reiche Geschenke zu gewinnen, was ihnen bei der großen Habgier Olimpias leicht gelang. Sogar einige Eminenzen schmückten ihre Gemächer mit Olimpias Bildnis. Sie erschien häufig im Vatikan, und auch der Papst selbst besuchte sie öfter«.[146]

Olimpia hatte schnell ihren Platz im Machtgefüge des Vatikan gefunden. Und jemand mit Organisationstalent und Tatkraft wurde dringend benötigt. Innozenz selbst war zwar willig, aber er war ein Langschläfer, kam spät an den Schreibtisch, kannte keinen effizienten Arbeitsstil, und ohne Olimpia ging nichts voran. Immer wieder war er auch grob und rüde im Umgang mit den Gesandten, hier war ihre ausgleichende Art gefragt.

Die beiden feindlichen Olimpias

Bald schickte Olimpia auch ihren Sohn Camillo auf die Karriereleiter. Zunächst erhielt er im September 1644 militärische Kommandos, wurde Befehlshaber der päpstlichen Flotte; aber schon bald machte er eine Kehrtwende und ließ sich zum Kardinal ernennen, der Glanz des Purpurs erschien ihm doch kleidsamer als die Admiralsuniform. Als »Kardinalnepot« wurde er Chef des Staatssekretariates, ein nicht uninteressanter Posten. Doch nach kurzer Zeit machte ihm sein aufreibendes Amt keinen Spaß mehr; die wichtigsten Geschäfte erledigte sowieso seine Mutter. Stattdessen machte er einer jungen, reichen und attraktiven Witwe den Hof, Olimpia Aldobrandini Borghese, Fürstin von Rossano. Deren Ehemann, Fürst Paolo Borghese, war im Jahr 1646 mit vierundzwanzig Jahren gestorben, und seine Alleinerbin war eine Jahrhundertpartie, außerdem war sie eine geistvolle Frau. Da erschien es Camillo besser, den Kardinalshut zurückzugeben, und das Leben als weltlicher Barockfürst in vollen Zügen zu genießen. Der Onkel auf dem Papstthron sah das auch ein und entließ den Neffen aus dem kirchlichen Dienst, eine ziemlich ungewöhnliches Maßnahme; lediglich Cesare Borgia hatte seinerzeit den Kardinalspurpur abgelegt.

Olimpia, die Mutter, aber tobte. Vielleicht hatte sie ihren Sohn schon als kommenden Pontifex gesehen, mehr noch: Ihr war die Schwiegertochter äußerst zuwider. Ihr Schwager, der Papst, und ihr Sohn, der Kardinal, beide hörten bisher auf sie, und dieses System wollte sie verteidigen. »Zwei Sterne wohnen nicht in einer Sphäre!« Olimpias Widerstand gegen diese Verbindung war aber vergeblich. Die Schwiegertochter, nicht ohne Ironie heißt auch sie Olimpia, gewinnt das Duell um den Sohn, und von nun an umgarnt eine zweite Frau den alternden Papst und gewinnt seine Sympathie. Olimpia aber ist maßlos beleidigt, sie bleibt der Trauung ihres Sohnes fern und verhindert seine Anwesenheit in Rom. Zutiefst ist der Ehrgeiz der Mutter verletzt, und die Eifersucht auf die junge Ehefrau und »Nebenbuhlerin« macht sie rasend.

Nach wie vor aber ist der päpstliche Schwager ihr hörig, und sie sorgt für einen neuen Kardinal aus dem Familienkreis. Ihr Neffe Francesco Maidalchini, zwar erst siebzehn Jahre alt, erhält die Kardinalswürde. Dass ein Jugendlicher ohne fundierte Bildung und politische Erfahrung das Staatssekretariat leiten soll, ist aus heutiger Sicht unfassbar, und vom ersten Tag an ist seine Unfähigkeit offensichtlich. Personalentscheidungen nur aus Familieninteresse werden zu einer Blamage für alle Beteiligten. Am Ende schweigt auch der Papst, dem das ganze Chaos sicher nicht lange verborgen bleibt, nicht mehr.

Olimpia beteiligte sich an mancherlei Intrigen im Kardinalskollegium, schimpfte unbeherrscht über Entscheidungen ihres Schwagers, und dabei überspannte sie irgendwann den Bogen, und Innozenz hatte genug von ihr. Er ließ sie nicht mehr in den Vatikan und brach den Kontakt zu ihr ab. Im Herbst 1649 war sie in Ungnade gefallen. Und das war nun die Stunde ihrer Schwiegertochter. Durch Vermittlung von

Agatha, der Schwester des Papstes, kam Camillo wieder zu Gnaden, und als er mit seiner hübschen Frau und seinem zweijährigen Sohn den Papst besuchte, war dieser natürlich gerührt. Der kleine Sohn wurde bewusst als Medium der Versöhnung eingesetzt, und sein kindliches Wesen verfehlte seine Wirkung auf den alten Papst nicht. Die neue Olimpia wurde von Innozenz reich beschenkt und »in der Folgezeit besuchte sie fast jede Woche den Papst und erlangte einen nicht unbeträchtlichen Einfluss, während Camillo keine Rolle spielte.«[147]

Von Frieden konnte in der Pamfili-Familie keine Rede sein. Streit und Hader vergifteten das Klima in der Papstfamilie. Um diesen unguten Zustand zu beenden, brachte die Papstschwester Agatha zwischen den beiden Olimpias schließlich eine Versöhnung zustande, und Schwiegermutter und Schwiegertochter besuchten gemeinsam im März 1653 ihren Papst Innozenz, der sie nun beide mit Wohlwollen aufnahm. Damit begann die zweite Wirkungsphase von Olimpia Maidalchini.

Auf dem Gipfel der Macht

Alle wesentlichen Personalfragen besprach der Papst mit der Maidalchini, sie war seine entscheidende Ratgeberin und hatte mehr zu sagen als das ganze Kardinalskollegium. Die im März 1654 erfolgte letzte Kardinalserhebung war maßgeblich von ihr bestimmt. Unbestritten war sie die einflussreichste Frau an der Kurie, nie vorher und nachher in der Kirchengeschichte hat eine Frau so deutlich in das Kirchenregiment eingegriffen, »la cardinalessa« wäre die richtige Bezeichnung für sie gewesen.

Als im Heiligen Jahr 1650 überraschend viele Frauen nach Rom kamen, wunderte sich der Papst über diesen Zulauf und fand keine Erklärung. Kardinal Sforza stellte lapidar fest: »Die Pilgerinnen wollen Donna Olimpia sehen.« Nicht wenige Karikaturen kursierten in Rom: Olimpia mit der Tiara auf dem Haupt, sie als die wahre »Päpstin«.

Kirchenpolitisch musste Innozenz X., der sich politisch eng an Spanien anlehnte, eine herbe Niederlage hinnehmen. Im Westfälischen Frieden 1648 verlor die katholische Kirche die Erzbistümer Magdeburg und Bremen und zwölf Bistümer und musste endgültig die kon-

Diego Velázquez, Innozenz X.

fessionelle Zersplitterung Deutschlands – »Cuius regio, eius religio« – akzeptieren. Vergebens protestierte der Papst, er musste ohnmächtig der Entwicklung zusehen.

Don Diego malt den Heiligen Vater

Der spanische Maler Diego de Velázquez war kein Höfling, er musste dem hohen Herrn nicht schmeicheln und ihn auch nicht schöner machen als er war, er hielt sich an die Wahrheit. Innozenz ist bereits sechsundsiebzig Jahre, da muss einer keine Schönheit mehr sein, das Alter sieht man ihm an, auch manche Verbitterung, sein strenger, argwöhnischer Blick ist unverkennbar.

»Das hervorragendste Papstbild, das je geschaffen wurde, hängt in der Galleria Doria zu Rom. Es gibt die unschönen Züge wieder mit dem durchbohrenden Blick und offenbart seine Verschlossenheit und sein Mißtrauen.«[148]

Allgemein wird dieses Papstbild zu den großen berühmten Porträts der Kunstgeschichte gezählt. Vom »Heiligen Vater« ist hier wenig zu sehen, aber das Schicksal des Menschen Giambattista auf dem päpstlichen Stuhl wird sichtbar.

»Troppo vero! (Zu wahr!) soll der Papst gesagt haben, der sich jedoch mit der Arbeit so zufrieden zeigte, daß er Velasquez, der kein Geld annehmen wollte, eine goldene Kette und eine Medaille mit seinem Bild schenkte und ihn Philipp IV. für einen spanischen Ritterorden empfahl.«[149]

Klägliches Ende

Als das Lebensende Innozenz' X. absehbar war, schaffte Olimpia etliche Wertsachen beiseite und sicherte sich vorab ein reiches Erbe. Nun, da der Papst wegen seiner Altersschwäche nicht mehr handlungsfähig war, übernahm sie vollends das Regiment.

»Den achtzigjährigen, durch Wassersucht bewegungsunfähigen Papst, der ab Dezember 1654 immer kurzatmiger seinem baldigen Ende entgegenröchelt, verlassen seine Verwandten und Klienten wie die Ratten das sinkende Schiff – das ist, so sehen es Rom und die Welt, die wahre Treue der Nepoten. Sein Totenbett ist angeblich eine Pritsche mit Pferdedecke. Für sein Begräbnis fühlt sich niemand zuständig, bis die Sache im wahrsten Sinne des Wortes zum Himmel stinkt.«[150]

Der schwerkranke Papst hatte sich in den Palazzo Montecavallo zurückgezogen und starb dort am 7. Januar 1655. Am Abend wurde der Leichnam in die Peterskirche überführt und dort aufgebahrt.

Im päpstlichen Rom war es üblich, dass sich die Verwandten um die Beerdigung »ihres« Papstes zu kümmern hatten. Donna Olimpia erklärte aber, sie sei eine arme Witwe und könne die Kosten der Bestattung nicht tragen. Für ein würdiges Begräbnis ihres päpstlichen Schwagers unternahm sie nichts. Drei Tage lang lag der Leichnam achtlos in einer Rumpelkammer, in der die Maurer ihre Werkzeuge aufbewahrten. War es nur der Geiz, der Olimpia derart handeln oder vielmehr nicht handeln ließ, oder wollte sie Innozenz ein letztes Mal demütigen? Um einen Skandal zu vermeiden, übernahm ein Kanoniker, der nicht mit dem Papst verwandt war, aus Mitleid die Kosten für das Begräbnis. Bei allem Verständnis für Donna Olimpias Geschäftssinn, ist man doch erschreckt über so viel kaltschnäuzige Pietätlosigkeit einem Toten gegenüber.

Nach dem Tod ihres Schwagers wurde die Maidalchini von dessen Nachfolger Alexander VII., den sie als Kardinal durch ihre Intrigen immer ausgespielt hatte, aus Rom verbannt. Einsam und verlassen starb sie in San Martino al Cimino, nahe bei Viterbo, am 26. September des Jahres 1657. Ihr Grab fand sie in der Kirche von San Martino unter dem Hochaltar. Begreiflicherweise hinterließ sie ein beträchtliches Vermögen, das in ihrem Testament vom 28. Januar 1654 genau aufgeteilt wird. Nicht vergessen hat sie dabei, genügend Geld für sage und schreibe 2000 Messen, die für ihr Seelenheil gelesen werden sollten, vorzusehen.

Es ist naiv, den Vatikan nur als Hort der Frömmigkeit und des Betens zu sehen und Olimpia Maidalchini einseitig zu verurteilen. »Inmitten eines Schwalles von Betrug und politischem Theater, war diese klar denkende Frau ein Hort der Sicherheit für den schwankenden Papst. Ihr großer Fehler war nur, daß sie eine Mutter war und eine italienische Mutter. Das Papsttum war ihr im Grunde ein farbloser Nutzbarkeitsbegriff, gänzlich untergeordnet den grenzenlosen Vorstellungen vom Aufstieg der Familie Pamfili.«[151]

Olimpias Piazza

»Die Piazza Navona, der bezauberndste Platz von Rom, wo noch bis in die Mitte des 18. Jahrhunderts stets im August ein künstlicher See eingelassen wurde, durch den die festlich geschmückten Karossen der Prälaten und des Principats unter dem Jubel des Volkes mit großem Gespritze um die Wette fuhren – das Prisma der römischen Feste, der Rennen, der Turniere, der Maskenzüge und Regatten.«[152]

Wer heute die Piazza Navona betritt und vor Staunen nicht weiß, wohin er zuerst schauen soll, wird natürlich keine Gedenkminute für Donna Olimpia einlegen, aber sie hätte sie verdient, hat sie doch bei der Errichtung des Platzes und der Pamfili-Bauten ein entscheidendes Wort mitzureden gehabt. Der noch heute eindrucksvolle und bewundernswerte Palazzo Pamfili, erbaut 1644 bis 1650, war ihre Wohnung und fürwahr ein stattlicher Witwensitz. Die herrliche Fontana dei Fiumi hat ihre eigene Geschichte. Innozenz wollte den Auftrag an Borromini vergeben, der entsprechende Pläne eingereicht hatte. Ein Verwandter der Schwägerin hinterbrachte dies Bernini und ermunterte ihn, ebenfalls einen Riss abzugeben. Als der Papst zu Besuch im Palazzo Pamfili war, erhielt er ein üppiges Frühstück und wohl gestärkt führten ihn Kardinal Pamfili und Olimpia in einen Raum, in dem sie die Pläne und das Modell von Bernini zeigten. Mit all ihrer Überredungskunst konnten sie den Papst für den neuen Entwurf gewinnen, und Bernini bekam den Auftrag. Als der Vierflüsse-Brunnen mit einem rauschenden Fest eingeweiht wurde, hat wohl niemand an die heimliche Strippenzieherin dieses Bauwunders gedacht.

Eine »donna diabolica«?

Die spottlustigen Römer erfanden passende Namen für Olimpia Maidalchini. Sie schmähten sie als »donna diabolica«[153] und deuteten ihren Vornamen als »olim Pia«, die einstmals Fromme. In der Geschichtsschreibung ist sie nicht gut weggekommen, ein übler Ruf haftet ihr an. Ihre Habsucht und Machtgier ist auch keineswegs in Abrede zu stellen, aber haben die Papstneffen über Jahrhunderte nicht das Gleiche getan? Nicht wenige haben das Papsttum gnadenlos für die eigenen Interessen ausgebeutet. Nur weil Olimpia eine Frau war, soll ihre Habsucht schlimmer als die von Männern sein?

Sie hat wie ein Mann gehandelt, das nahm man ihr besonders übel. Wenn einer Schmiergelder zahlen musste, dann doch lieber an einen Kardinal als an eine »papessa«. Sie hat getan, was Papstfamilien vor ihr und nach ihr beherrschten, den Onkel, den Bruder, den Schwager auf dem Papstthron auszunehmen.

Ihre Stellung war keineswegs einfach, es war ja nicht so, dass sie einen laschen, phlegmatischen Mann beherrschte. Der Umgang mit Innozenz war nicht einfach und erforderte viel Einfühlungsvermögen, denn er war launisch, wenig berechenbar und störrisch. Anzeichen von Altersstarrsinn traten immer deutlicher zu Tage. Donna Olimpia konnte noch am ehesten mit ihm zurechtkommen. In manchen Momenten erkannte er seine unwürdige Abhängigkeit von ihr und zugleich sein Unvermögen, sich mit einem Befreiungsschlag aus ihrer Umklammerung zu lösen.

Während die sonstige Verwandtschaft des Papstes nicht viel taugte und die Nepoten in ihren Ämtern jämmerlich versagten, war Olimpia die tüchtigste Person der Pamfili-Sippe und als solche hat sie gewirkt. Kirchenpolitischen Schaden hat sie dabei nicht angerichtet, ohne ihre hemmungslose Raffgier könnte man sie bewundern.

Donna Olimpia ist eine außergewöhnliche Erscheinung. Ihre Stellung wurde von keiner Frau mehr erreicht. Nicht ohne Bewunderung hört man von ihr, dass sie phasenweise die ganze Kurie beherrscht hat. Dass eine Frau so großen Einfluss ausübte und gleichsam in der Rolle eines Kardinalnepoten handelte, das war wirklich neu und wirkt sensationell bis heute.

Fünfzehntes Kapitel

Tiefreligiöse Britin – selbstbewusste Schwedin

Maria Ward und Königin Christina

Das 17. Jahrhundert ist in Rom geprägt durch eine hektische Bautätigkeit, die päpstliche Residenzstadt schwelgt in Kunst und findet ihre bis heute unnachahmliche Gestalt. Die neue Peterskirche geht ihrer Vollendung entgegen, der Petersplatz erhält mit den Kolonnaden seine endgültige Form; Brunnen sprudeln über von Eleganz und Lebensfreude. Ohne Scheu betreiben die Päpste, deren außenpolitischer Spielraum wegen ihrer Abhängigkeit von Spanien eingeengt war, im Innern weiterhin einen hemmungslosen Nepotismus; die Borghese, Barberini, Pamfili bereichern sich maßlos und häufen Geld und Pfründen auf, als ob es das Konzil von Trient nie gegeben hätte. Aber genau auf die Vorschriften dieses Konzils berufen sich die Kardinäle und der Papst, als eine junge Engländerin, ihrem Gewissen folgend, mit den Ideen einer neuen Frauenerziehung, eines neuen Frauenbildes, in den Vatikan kommt, Ideen, die den Männern der Kurie zutiefst suspekt sind. Suspekt ist ihnen auch eine andere Frau, eine selbstbewusste Ex-Königin, die aus freiem Entschluss zur katholischen Kirche übergewechselt ist, zunächst als Glaubensheldin gefeiert wird, dann aber zunehmend als Störenfried abgelehnt wird, weil sie die geordnete Männerwelt der Kurialen durcheinanderbringt. Das ist das Thema unseres nächsten Kapitels: zwei außergewöhnliche Frauengestalten vom Rande des katholischen Europa und ihre Beziehungen zu den Päpsten des 17. Jahrhunderts.

Maria Ward. Zeitgenössisches Portrait.

Maria Ward (1585–1645)

Romreise mit klarem Ziel

Als vor ihnen die Silhouette der Kuppel von St. Peter auftaucht, fallen sie zu Boden, und Maria stimmt das »Te Deum« an. Die Frauen haben glücklich Rom erreicht, heute am Weihnachtsabend, dem 24. Dezember 1621. Erleichtert fallen sie sich in die Arme. Hinter ihnen liegen 1500 km Fußmarsch. Am 21. Oktober hatte die kleine Gruppe Brüssel verlassen und sich auf die gefährliche Reise begeben, und es mutet fast wie ein Wunder an, dass ihnen mitten in der wirren Zeit des Dreißigjährigen Kriegs nichts passiert ist. Die seltsame »Gemeinde« wird angeführt von der Engländerin Maria Ward, mit dabei sind ihre Schwester Barbara, Winefrid Wigmore, ihre wichtigste Gefährtin, Susanna und Margaret, ihre Sekretärinnen. Fürs Seelenheil begleitet ein Priester die Frauen. Ein junger Engländer hat sich ihnen angeschlossen und ein Knecht, der die beiden Pferde versorgt.

Die Mobilität dieser Frauengruppe verdient hohe Bewunderung. Nach außen erscheinen sie wie eine Pilgergruppe, aber ihr eigentliches Ziel in Rom sind nicht die Apostelgräber und der Ablass. Fast beschwingt überqueren sie die Piazza del Popolo und eilen über die Tiberbrücke auf St. Peter zu. Am nächsten Tag sieht Maria den Papst beim Weihnachtsgottesdienst, zu ihm will sie gehen. Und tatsächlich, Papst Gregor XV. ist bereit, sie zu empfangen.

Papstaudienz

Wieso wird eine Frau, die zwar adlig, aber keine Äbtissin ist und auch sonst keinen Status in der Kirche hat, eigentlich vom Heiligen Vater persönlich empfangen? Hinter Maria Ward stehen mächtige Gönner, Erzherzogin Isabella, der König von Spanien und der Kaiser, deren Empfehlungsschreiben sie vorweisen kann. Der Botschafter der spanischen Statthalterin in den Niederlanden nahm sich der Frauengruppe an und arrangierte die Privataudienz, die am 27. Dezember überraschend schnell gewährt wird. Eine Wartezeit von vielen Wochen ist eigentlich die Regel.

Mit einem guten Gefühl betritt Maria den Vatikan. Sie hält ihr Konzept einer Ordensgründung für überzeugend und hofft auf eine rasche Zustimmung. Papst Gregor XV. ist für sein umgängliches Wesen bekannt. Maria hat auch schon gehört, dass er die spanische Mystikerin Teresa von Avila in einigen Monaten heilig sprechen wird, sicherlich eine frauenfreundliche Geste.

Voll Demut und Hochachtung wirft sich Maria zu Füßen des Papstes nieder. Seine Heiligkeit reagiert mit Wohlwollen, als ihm Maria den Entwurf ihres Institutes überreicht; er schenkt ihr einige Ablässe und verweist die Angelegenheit an die Kongregation der Bischöfe und Regularen. Doch er hält auch den persönlichen Kontakt mit ihr.

»Im ersten Halbjahr 1622 wurde Maria dreimal vom Papst empfangen.«[154]

Die englische Lady

Schnell finden die »Englischen Fräulein«, wie sie nun genannt werden, eine Unterkunft in der Via Monserrato, aber bald plagen sie Geldsorgen, und sie müssen von Spendengeldern leben. Ihr Erbe hatte Maria schon verbraucht. Sie stammte aus dem englischen Landadel, ist geboren am 23. Januar 1585 auf Old Mulwith bei Ripon. Ihre Taufe erfolgt im Geheimen, weil unter dem strengen Regiment von Königin Elisabeth I. die Katholiken im Untergrund leben mussten. Es waren gefährliche Zeiten, Marias Großmutter verbrachte vierzehn Jahre im Gefängnis.

Maria lehnt Heiratsbewerber entschieden ab und schafft es durch mancherlei Beziehungen, England zu verlassen. Von Calais aus reist sie nach St. Omer in Flandern.

Die junge Frau, die sich mit Plänen trägt, in ein Kloster zu gehen, gerät an einen englischen Pater, der sie hartnäckig überredet, in den Klarissenorden einzutreten und zwar als Laienschwester, eine solche wird dort nämlich dringend benötigt. Das Kloster bildet eine Zweiklassengesellschaft: die Chorschwestern, denen vor allem das gemeinsame Gebet obliegt, und die Laienschwestern für die niederen Arbeiten.

Maria wurde als Bettelschwester eingesetzt, ihre Aufgabe war relativ einfach, sie musste mit einem Korb und einem Sack durch die Gegend streifen und von allen möglichen Leuten Gaben erflehen. Im Allgemeinen waren die Bettelschwestern robuste Frauen, und die vornehme Lady aus England passte nicht für diese Aufgabe. Das merkte sie bald selber, aber auch der Franziskanergeneral, der als Visitator im Kloster nach dem Rechten sah. Er riet ihr, das Kloster zu verlassen, was sie auch tat.

Die junge Engländerin kommt auf die Idee, für junge Frauen aus England in St. Omer ein eigenes Kloster zu gründen. Sie setzt dafür ihr Erbe ein, führt Gespräche mit dem Bischof und holt sich die Erlaubnis bei dem Statthalterehepaar Isabella und Albrecht in Brüssel. Sie selber wird aber nicht Äbtissin dieses Klosters, sondern kehrt 1609 wieder zurück nach England und ist weiterhin auf der Suche nach ihrem spezifischen Weg. Sie sammelt junge Frauen um sich, wie Mary Poyntz und Winefrid Wigmore; alle sind zu einem religiösen Leben entschlossen, aber noch ohne klare Form und Perspektive.

Ein neuer Frauenorden

Am 2. Mai 1609 wird Maria bei ihrem Suchen und Meditieren plötzlich klar, dass sie keine Klarissin werden will, und bald reift in ihr der Wille, einen neuen Orden zu gründen und zwar eine weibliche Form des Jesuitenordens. Ihre Gefährtinnen sollen nicht hinter Klostermauern leben, sondern aktiv in der Gesellschaft wirken; nach manchem Hin und Her sieht sie als Hauptaufgabe die Mädchenerziehung. Ihre neue Organisationsform legt sie in einem Dokument nieder »Ratio

Instituti«, das durch einen Engländer 1615 der Konzils-Kongregation in Rom übergeben wird, adressiert an den Papst Paul V. mit der Bitte um Genehmigung. Die Antwort von Kardinal Lancelotti 1616 ist nicht unfreundlich, aber unverbindlich. Maria aber interpretiert das Schreiben in ihrem Sinn als kommende Zusage. Sie hat bei ihrem Umgang mit den kurialen Behörden immer zu positiv gedacht. Anschließend hüllt sich Rom in Schweigen. Schon ab 1610 beginnt Maria mit der Gründung eines Institutes in St. Omer und 1616 entsteht eine Niederlassung in Lüttich. Auch in Köln und Trier nehmen Niederlassungen ihre Arbeit auf. Geldsorgen gefährden die Einrichtungen von Anfang an, und Maria pocht auf die Mitgift ihrer Schwestern, bekommt Schwierigkeiten mit deren Eltern, die ein festes, gesichertes Ordensstatut sehen wollen. Also ohne festen kirchlichen Rahmen geht es nicht. Maria reist nach Rom und will sich persönlich die Bestätigung holen. Sie verfasst eine neue Satzung für ihre Gemeinschaft, nennt sie »Institutum« und will ihr Konzept dem Papst persönlich überreichen.

Mädchenbildung

Sie bleibt in Rom, auch als das Geld knapp wird und man die lästige Engländerin wieder los werden will. Sie besucht die Kardinäle der Kongregation, erläutert ihr Konzept und bittet um Zustimmung. Gleichsam als Versöhnungsangebot erlaubt man ihr die Eröffnung einer Schule. Natürlich existierten schon Klosterschulen in Rom und waren bei den Eltern sehr angesehen, für die Mädchen ziemlich unmenschlich. Adlige und wohlhabende Familien brachten ihre meist siebenjährigen Töchter in Klöster. Und diese lebten nun hinter Klostermauern, abgeschirmt in der Klausur, ohne Ferien, ohne Ausgang, die Befreiung brachte erst die Heirat. Die Mädchen waren aber streng behütet, und das war den Eltern das Wichtigste.

Dagegen setzte Maria ihr neues Erziehungskonzept: die Mädchen blieben in ihren Familien und besuchten eine Tagesschule. Diese neue Einrichtung florierte glänzend. Im Mai 1623 reiste Maria Ward nach Neapel, um dort ebenfalls zwei Schulen zu gründen, eine Tagesschule und eine Internatsschule. Auch in Perugia entsteht eine Mädchenschule.

Maria Ward plant nun ein Frauenkloster nach dem Vorbild des Jesuitenordens, ohne Klausur und dem Papst direkt unterstellt. Ihre Schwestern sollen sich frei bewegen können, sie sollen Kranke betreuen und Mädchen erziehen. Eine gute Sache, denkt man, aber die päpstlichen Kurialen wittern Unheil.

Wozu diese neuen Schulen? Man soll die Mädchen im Haus halten, sie viel arbeiten lassen und streng mit ihnen umgehen. In jungen Jahren werden sie dann verheiratet oder ins Kloster geschickt. Es kann doch nicht im Interesse der Kirche liegen, den Mädchen zuviel an Bildung zu geben, dann entwickeln sie nur Trotz und Eigensinn, sind in der Ehe wie im Kloster schlecht zu »gebrauchen«. Mit diesem verkrampft festgehaltenen Frauenbild wehrt sich die Kurie gegen die Zeichen der Zeit. Marias Pläne übersteigen bei weitem das, was die Kirche bisher an Pädagogik und Mädchenbildung gekannt hat und sie sind ihrer Zeit weit voraus.

Ihr Konzept trifft auf massiven Widerstand und zwar bei der Kurie wie bei den Jesuiten. Das Konzil von Trient hat für alle Frauenorden die Klausur eingeschärft und drängte auf eine strengere Disziplin. Deshalb war ein Frauenorden ohne Klausur für die Kurie nicht akzeptabel.

Maria Ward dachte an »Jesuitinnen«. Ignatius selbst lehnte einen weiblichen Zweig entschieden ab und hat sich heftig gegen Frauen gewehrt. Die reiche Isabel Roser aus Barcelona, die Ignatius viele Jahre unterstützt hatte, kam nach Rom in der festen Absicht, Jesuitin zu werden. Sie war bereit, ihr großes Vemögen dem Orden zu übergeben. Ihr Wunsch wurde von Ignatius barsch abgewiesen. Roser wendet sich an Papst Paul III., und am Weihnachtsfest 1545 darf sie mit einer Freundin bei ihm die Gelübde ablegen. Auch sie ist ein Beispiel, wie eine Frau es schafft, direkt zum Papst vorzukommen. Ignatius bittet den Papst, das Gelübde abzuändern, und schließlich kehrt Isabel Roser nach Barcelona zurück und tritt in ein Kloster der Franziskanerinnen ein.

Auch der jetzige Jesuitengeneral, Mutius Vitelleschi, den Maria Ward Ende Dezember 1621 aufsucht, bleibt wie der Papst unverbindlich freundlich, geht aber klar auf Distanz zu ihren Plänen. Und sie will keine Kompromisse eingehen.

Herbstaudienz

Oktober 1624. Das herbstliche Frascati – ein Traum. Die milde Sonne lässt den Wein reifen und taucht die arkadische Landschaft in ein strahlendes Licht. Die Frau aus England hat sich hierher aufgemacht, immer noch durchdrungen von ihrer großen Idee.

Papst Urban VIII., mit bürgerlichem Namen Maffeo Barberini, entstammt einer der großen Adelsfamilien und hat es nach einer Karriere als Jurist und Diplomat geschafft, zum Papst gewählt zu werden. Nun verbringt er seinen Herbsturlaub in der Villa Mondragone, einer wunderbaren Schloss- und Parkanlage des Kardinals Scipione Borghese in der Bergstadt Frascati. Urban – mit sechsundfünfzig Jahren ein relativ junger Papst – ist ein begeisterter Reiter und Jäger, auch ein Heiliger Vater will das Leben genießen.

Der staatskluge Urban VIII. gibt sich stets huldvoll, dabei ist er ein autoritärer Herrscher, der keinen Widerspruch duldet. Auf diesen dynamischen Mann setzt Maria Ward ihre Hoffnung. Der Papst ist gut aufgelegt, in der Frühe ist er auf der Jagd gewesen, in seiner Jagdkleidung ist er ein stattlicher Mann, aber dafür hat Maria keinen Blick. Normalerweise kommt man zu einer Papstaudienz nicht ohne lange Wartezeiten. Maria Ward wundert sich, dass sie so schnell vorgelassen wird; denn dieses Mal reist sie ohne besondere Fürsprecher eigenmächtig nach Frascati, wie sie in einem Brief schreibt:

»Vor einigen Tagen ging Seine Heiligkeit nach Frascati und ich ging ihm in Begleitung der Mutter Margaret Horde, Mutter Elisabeth Cotton und Mutter Mary Poyntz heimlich nach (d. h. ohne den Patres oder jemand außerhalb unserer Hauses etwas zu sagen), um dort, wenn möglich um eine Audienz bei ihm nachzusuchen, was uns auch gelang, ohne daß wir jemand anderem als uns selbst dafür hätten dankbar sein müssen.«[155]

Urban war ein geistreicher Unterhalter, Dichter von lateinischen Oden, und war sichtlich angetan von der neununddreißigjährigen Engländerin, die begeistert und mit glänzenden Augen von ihrem Institut sprach. Sie verstand es, ihr Anliegen eloquent vorzutragen, strahlte Energie und Tatkraft aus, war gewiss keine Jammergestalt, und das muss ihm irgendwie gefallen haben.

Er gibt sich freundlich und lobt ihren Eifer, von ihrem Anliegen aber hält er wenig. Mit wohlwollenden Worten wurde sie verabschiedet, an eine Bestätigung ihrer Genossenschaft war nicht zu denken.

Die Causa Maria Ward

Urban betraut mit der Causa Maria Ward seine Kongregationen, einen Apparat, der einem streng juristischen Denken verhaftet ist, keine Sensibilität entwickelt für die Spiritualität einer Frau und mit mystischen Eingebungen nichts anfangen kann. Vertreter des englischen Weltklerus in Rom und Sekretäre der Kongregationen machen Stimmung gegen die Jesuitinnen. Der Institutsplan liegt nun auch bei einer zweiten Kongregation, der neu gegründeten Propaganda Fide (zur Verbreitung des Glaubens). Der Papst verfügt die Schließung der Schulen in Rom, Neapel und Perugia. Wie ein Blitz schlägt das ein, und die Mütter der Schülerinnen wenden sich hilfesuchend an Costanza Barberini, die Schwägerin des Papstes, aber ohne Erfolg. Die Schließung erfolgt im Heiligen Jahr 1625, als heilige Handlung ist das nicht in die Geschichte eingegangen.

Am 10. November 1626 verlässt Maria Ward die Ewige Stadt, wenige Tage vor der triumphalen Kirchweihe von St. Peter. Diese imposante kirchliche Selbstinszenierung passte so wenig zum schlichten pädagogischen Engagement der englischen Frauen. Maria war nicht zum Feiern zu Mute.

In München erlebt sie eine überaus freundliche Aufnahme. Kurfürst Maximilian I. wünscht eine Niederlassung Maria Wards, überlässt den Schwestern das Paradeiserhaus und gewährt Unterhalt für zehn Schwestern. Dieses Institut steht wirtschaftlich auf sicherem Boden und kann gut gedeihen. Im Juni 1627 reist Maria zur Gründung einer Mädchenschule weiter nach Wien, auch in Preßburg gelingt eine Gründung. In Rom ist man entsetzt über diese Aktivitäten. Die Engländerin engagiert sich ohne päpstliche Genehmigung und ohne kirchenrechtlichen Status. Überall wird sie genau beobachtet, der außerordentliche Nuntius Pallota in Wien beispielsweise äußert Befürchtungen wegen gefährlicher Irrungen und schreibt nach Rom:

»Die Frauen seien keiner kirchlichen Autorität unterworfen, was doppelt gefährlich sei, bei dem schwachen, zum Irrtum neigenden Geschlecht.«[156]

Vor den Kardinälen

Noch einmal, im Januar 1629, reist Maria persönlich nach Rom, sie hofft zuversichtlich auf die Bestätigung. Im selben Monat lässt Urban VIII. die Englischen Fräulein durch die Inquisition überwachen. Mitte Mai 1629 wird Maria Ward vom Papst in Privataudienz empfangen, wieder an einem besonders stimmungsvollen Ort, in Castel Gandolfo. Diesen Sommersitz in den Albaner Bergen hat Urban prächtig ausbauen lassen, hier kann er seinen Besuchern auf stilvolle Art seine päpstliche Huld erweisen. Ohne Bangen, mit gespannter Erwartung eilt Maria die Stufen empor, sinkt zu Boden, küsst die Füße seiner Heiligkeit.

Und wie gewohnt spricht der Papst sie gütig an und gewährt ihr eine überraschende Gunst, sie selber darf ihre Sache vor den Kardinälen der Kongregation vertreten. Das hört sich günstig an, und sie küsst dankbar den Fischerring.

Und doch ist es eine Farce, die sich hier abgespielt hat. Die Ablehnung ist längst entschieden und sie selbst wird heimlich von der Inquisition beobachtet.

Unter dem Vorsitz des Kardinals Borgia tagt die Partikular-Kongregation, vier Kardinäle sind anwesend. Maria tritt in den ehrwürdigen Kreis der Kirchenfürsten, die sie alle persönlich kennt. Fünfundvierzig Minuten lang kann sie ihr Konzept eines zukunftweisenden Ordens erläutern. Die Kardinäle hören sie an, eine erstaunliche Tatsache, noch nie hat eine Frau in ihrem Kreis offiziell gesprochen, das macht ihr Mut; aber ihre Ablehnung steht schon lange fest. Ein Kardinal lässt sich nicht von einer Frau umstimmen.

Ein verhängnisvoller Brief

Die Auflösung ihrer Institute wird beschlossen, und im Januar 1630 wird das Institut in St. Omer aufgehoben. Den freundlich lächelnden Papst vor Augen, versucht sie in all dem ein Missverständnis zu sehen und schreibt am 6. April 1630 in Rom an ihre Gefährtinnen in Flandern. Wie in all ihren Briefe spricht sie eine schnörkellos klare Sprache: »Ich bin sehr erstaunt, daß die Unsrigen so schnell den Mut sinken lassen, während sie doch so viel Grund zur Hoffnung haben. Was die Anordnungen zur Auflösung unseres Institutes und anderes dieser Art angeht, so sollt ihr wissen, daß die Grundlage für das, was gegen uns bestimmt worden ist, sich auf falsche Anklagen stützt und daß die Dekrete von Kardinal Bentivoglio, dem alten Feind unseres Institutes, verfaßt und ausgegangen sind. Die Anweisung kam ohne Kenntnis Seiner Heiligkeit zustande … Was auch kraft dieser Anordnung und von wem auch immer befohlen wird, es darf von den Unsrigen nicht angenommen werden …

Was ich früher schon mitteilte, bleibt gültig: Sollten Bischöfe oder Nuntien – woran ich nicht glaube – bis zur Verhängung der Exkommunikation vorgehen, so mögen sie das tun; es wird sich schon eine Hilfe finden lassen. Die Unsrigen sollen ihrem Institut treu bleiben …«[157]

Eine Abschrift dieses mutigen und gefährlichen Sendschreibens ist dem Nuntius Carafa in Köln in die Hände gefallen und dieser leitet den Brief sofort nach Rom weiter. Aus Wien schreibt Maria einen flehentlichen Hilferuf an den Papst, er möge ihr Lebenswerk nicht zerstören und verspricht ihm Gehorsam in all seinen Entscheidungen. Den Brief schickt sie an Kardinal Borghese, dass er ihn dem Papst persönlich übergebe. Die Antwort lässt nicht lange auf sich warten. Im Januar 1631 unterschreibt der Papst ein Dekret, das die Verhaftung von Maria Ward befiehlt.

In den Fängen der Inquisition

Eine demutsvolle Bittstellerin kann Rom ertragen, aber offener Widerspruch ist ein Fall für das Heilige Offizium, die Inquisition. Am 7. Februar 1631 fährt nachmittags um vier Uhr eine Kutsche mit zugezogenen Vorhängen vor dem Paradeiserhaus in München vor. Ihr entsteigen drei schwarzgekleidete Männer, die hastig ins Haus eilen. Dekan Jakob Golla ist mit zwei Kanonikern in geheimer Mission unterwegs. Er trifft Maria Ward im Krankenzimmer und eröffnet ihr das Schreiben der Inquisition, in dem ihre Verhaftung verfügt ist. Als

Häretikerin, Schismatikerin und Rebellin gegen den Heiligen Stuhl ist sie festzunehmen. Maria Ward wird im Klarissenkloster am Anger interniert.

Der Abschied von ihren Gefährtinnen wird ihr verboten und die Klarissen empfangen sie als Ketzerin, mit der sie kein Wort reden dürfen und auch nicht wollen. Marias Gefängniszelle ist ein winziges Zimmer mit zwei kleinen vergitterten Fenstern, es ist der Raum, in dem man üblicherweise eine Sterbenskranke ihr Ende erwarten ließ. Die Tür ist mit einer Kette fest verschlossen, vier Schwestern müssen Tag und Nacht das Zimmer bewachen. Aber völlig isolieren ließ sich Maria nicht. Wie in englischen Gefängnissen üblich, schrieb sie mit Zitronensaft kurze Texte auf die Einwickelpapiere der Speisen, die sie täglich vom Paradeiserhaus erhielt. Die Notizen konnten nur bei Kerzenlicht gelesen werden. Damit hält die Gefangene den Kontakt nach außen und bestürmt ihre Gefährtinnen, Briefe nach Rom zu schreiben, um das »Missverständnis« aufzuklären.

Ihre Bewacher wollen Maria, die in ihrer Zelle lebensbedrohlich erkrankt ist, sogar die Sterbesakramente verweigern. Schließlich bringen die vielen Bittschriften nach Rom doch Erfolg, nach zwei Monaten Haft kann Maria am 14. April wieder ins Paradeiserhaus zurückkehren.

Am 13. Januar 1631 unterzeichnet Papst Urban VIII. feierlich das Dokument, das bei den Schwestern im Paradeiserhaus blankes Entsetzen auslöst. Diese Bulle,[158] »Pastoralis Romani Pontificis«, ist knapp und sachlich, das Institut ist aufgelöst, jedes Zusammenleben ist den Schwestern verboten. Der Stab über Maria und ihre Mitschwestern ist gebrochen:

»Unter dem Vorwand für das Heil der Mitmenschen zu arbeiten, unternahmen sie vielerlei, was der weiblichen Schwäche, der Bescheidenheit und jungfräulichen Schamhaftigkeit nicht zustehe.«[159]

Maria Ward selbst wird nach Rom vor die Inquisition zitiert. Am 24. Oktober 1631 beginnt sie ihre letzte Romreise, im März 1632 ist sie in Rom angelangt und erhält prompt und zum Erstaunen vieler wieder eine Audienz beim Papst selbst. Die Engländerin, nun deutlich gealtert, wirft sich im prächtigen Audienzsaal zu Füßen Urbans nieder und will als erstes das zurückweisen, was sie so tief verletzt hat. »Heiliger Vater, ich bin keine Häretikerin und bin nie eine gewesen«, doch mit gewohnter Freundlichkeit unterbricht sie der Papst und sagt:

»Wir glauben es, wir glauben es; wir und die Kardinäle sind nicht nur befriedigt, sondern auch erbaut über Ihren Gehorsam. Wir wissen, daß Sie in heiliger Weise (santamente) Ihr Institut führten, bis wir es anders wollten; und es hat uns erbaut, als Sie dann bereitwillig Gehorsam leisteten.« Er sagte auch, dass ihr die Prüfung nicht als große Sache erscheinen dürfe; so seien auch andere Päpste mit den Dienern Gottes vorgegangen.[160]

Der Papst erlaubt ihr auch, dass sie und ihre englischen Fräulein in Rom zusammenleben dürfen, und Maria findet ein passendes Haus nahe bei S. Maria Maggiore. Was er ihr nicht sagt, ist, dass sie weiterhin von der Inquisition überwacht wird. Ansonsten verhält er sich großzügig.

»Der Papst stellte ihr einen Wagen aus seinem eigenen Marstall, seinen Leibarzt und seine Apotheke zur Verfügung und schickte ihr Wein von seinem Tisch.«[161]

Unter strömenden Regen verlässt Maria Ward am 10. September 1637 endgültig das päpstliche Rom. Sie geht nach Paris, dann weiter zur Kur nach Spa, besucht Lüttich und Köln und kehrt im Mai 1639 zurück in ihre Heimat. Sie reist über London nach Hewarth, wo sie am 30. Januar 1645 stirbt.

Der falsche Weg – zur falschen Zeit

Der direkte Weg an die Spitze, in diesem Fall zum Kirchenoberhaupt, muss nicht zum Erfolg führen. Maria Ward meint bis zum Schluss, dass die Freundlichkeit des Papstes ehrlich und unverstellt ist. Mit Erstaunen ist zu vermerken, dass sie die Gelegenheit erhielt, mit dem Papst persönlich zu verhandeln und dass der mächtige Urban sich so oft mit dieser Frau abgab. Der übliche Instanzenweg sah anders aus.

Wer trifft in Rom die Entscheidungen? Papst Urban bietet nichts als wohlwollende Worte und verweist immer auf seinen kurialen Apparat, seine Kongregationen. Dabei tritt er in der Regel sehr selbstherrlich auf und von ihm ist auch der Ausspruch überliefert, er allein verstehe mehr als alle Kardinäle zusammen.[162] Am Ende sah sich

Maria durch die jovial freundliche Art des Papstes getäuscht und es war ihr nicht möglich, die eigentlichen Hintergründe von Entscheidungen zu begreifen. Sie hat gekämpft um eine kirchliche Rechtsform, die man Männern zugestand, aber Frauen nicht gewähren wollte. In ihrer Arroganz hatten die Kurienvertreter nur Ablehnung für sie übrig. Sie waren nicht einmal in der Lage, die tiefe Religiosität dieser Frau zu begreifen.

Die Behandlung von Maria zeigt die mangelnde Innovationsfreude der Kurie und ein tiefsitzendes Misstrauen gegen selbständige Frauen. Ohne Bischof und Papst hatte sie sich mit anderen Frauen zusammengeschlossen, ein Institut für eine pädagogische und soziale Aufgabe gegründet, keinen Büßerorden. Es ging ihr nicht um Selbstheiligung in einem Kloster, sondern die dringend notwendige Mädchenerziehung war das Ziel und zwar sollten auch die Mädchen einfacher Leute Bildung erhalten.

Ein regelrechtes Verhör bei der Inquisition ist Maria Ward erspart geblieben.[163] Die oberste Glaubensbehörde war in jenen Tagen vollauf mit einem anderen Fall beschäftigt, nämlich dem Prozess gegen Galileo Galilei. Maria, als Häretikerin gebrandmarkt, musste auch nicht abschwören, wie man dies von Galilei verlangte, der am 22. Juni 1633 mit einem weißen Büßerhemd bekleidet, niederknien und seine Thesen verleugnen musste, tief gedemütigt von einer Kirche, der er wie Maria Ward die Treue hielt. Deutlicher als in ihrem Fall bleibt in der Causa Galilei die menschliche Schwäche und Fehlerhaftigkeit Seiner Heiligkeit Papst Urban VIII. über Jahrhunderte hinweg sichtbar, dabei war gerade er so sehr auf Ruhm und Ansehen bedacht.

Späte Rehabilitierung

Maria Wards Konzept einer modernen, zukunftsweisenden Mädchenbildung ging nicht unter, einige Institute überlebten. Unter dem Schutz von Landesherren und Bischöfen konnten sich weitere Schulen zu blühenden Einrichtungen entwickeln. 1749 wurde die Gemeinschaft kirchlich anerkannt; zugleich wurde aber streng verboten, Maria Ward als Gründerin zu verehren, und Bilder von ihr hatten auf dem Speicher zu verschwinden. Seltsam kleinlich kam diese Anweisung aus Rom, Maria sollte, verfemt in alle Ewigkeit, als abschreckendes Beispiel für die Nachwelt abgestraft bleiben. Erst 1909 wurde Maria Ward durch Papst Pius X. rehabilitiert, Pius XI. erlaubte die ersten Vorarbeiten für eine Seligsprechung. Erst fast ein Jahrhundert später, zum 30. Januar 2004, wurde genehmigt, dass sich die Schwestern nun offiziell als Mitglieder der Congregation Jesu (CJ) bezeichnen dürfen, gemäß dem Willen der Gründerin, die sich ja als Jesuitin sah. Dreitausend Schwestern feiern nun weltweit am 30. Januar ihren Maria-Ward-Tag, den Todestag der – Heiligen? Nein, Maria ist von der Kirche bisher weder als Heilige noch als Selige anerkannt; vielleicht deshalb nicht, weil bei einem Kanonisationsprozess die empörende Behandlung einer außergewöhnlichen und tiefreligiösen Frau durch Päpste und Kardinäle ins Bewusstsein der Öffentlichkeit kommen würde.

Maria Ward gehört zu den großen Gestalten der Kirchengeschichte, eine Frau mit einem abenteuerlichen Lebensweg. Persönlich von liebenswürdiger Art, schreckte sie vor keinen Gefahren zurück, reiste zu Fuß kreuz und quer durch Europa und trat unerschrocken vor einen Papst, der sie mit seiner äußerlichen Freundlichkeit hinhielt und täuschte. Sie war beseelt von ihrem zukunftsweisenden Projekt und verfolgte einen Traum, der für sie persönlich unerfüllbar blieb.

Christina von Schweden (1626–1689)

»Man kann alle Menschen betrügen, aber nicht sich selbst«[164]

Einzug einer Bekehrten

Der päpstliche Zeremonienmeister ist gestresst, der kalte Schweiß steht ihm auf der Stirn, seit Tagen und Wochen erfüllt hektische Nervosität den Papstpalast. Endlich ist der Tag da, es ist der 20. Dezember 1655. Die beiden Kardinäle Carlo de'Medici und Friedrich von Hessen werden ausgeschickt, um die schwedische Königin vor den Mauern der Stadt abzuholen. Die beiden sind für diesen Ehrendienst ausgewählt worden, weil sie hochadliger Herkunft sind. Es gilt, ein Jahrhundertereignis zu begehen.

Christina steigt in die mit goldenen Schnitzfiguren verzierte päpstliche Prachtkarosse und zieht am Abend in die Ewige Stadt ein. Beim Schein der Fackeln fiebert ihr eine riesige Menschenmenge entgegen. Die Römer wollen eine Königin sehen, eine abgedankte zwar, aber eine, die in den Schoß der Kirche zurückgekehrt ist, eine wahrhaft exotische Gestalt: ist sie Mann oder Frau? Doch die Volksmenge wartet vergebens, die Karosse der nordischen Potentatin schlüpft unauffällig durch ein rasch geöffnetes Seitentor und verschwindet im Bauch des Vatikans. Das ist die erste Überraschung.

Die Königin kann für einige Tage im Vatikan wohnen, völlig ungewöhnlich, eine Frau mit dem Papst unter einem Dach. Im Torre dei Venti, dem Turm der Winde, wird sie bis zum 26. Dezember bleiben, in Räumen, die mit wunderbaren Fresken geschmückt sind und in denen heute ein Teil des vatikanischen Geheimarchivs untergebracht ist. Der Papst selbst hat die Räume ausgewählt und sie vorher genau inspiziert, wobei ihm auch eine – biblisch geprägte – Inschrift aufgefallen ist: »Alles Böse kommt aus dem Norden.« Was tut man nicht alles für eine Königin, die Inschrift wird mit grüner Farbe übertüncht, nichts soll das Auge Christinas beleidigen. Alexander VII. hat sich um alles gekümmert und natürlich will er seinen Gast persönlich begrüßen. Spätabends wird Christina in den Thronsaal gebeten.

Dabei werden alle Feinheiten des Protokolls beachtet: Die Ex-Königin sitzt nicht zu Füßen des Papstes, sondern neben ihm, aber sie sitzt auf einem armlosen Sessel, den man nach einem Entwurf Berninis eigens für sie hat anfertigen lassen. Unter den vatikanischen Möbeln fand sich nämlich kein würdiger Sessel ohne Armlehne, nur regierende Fürsten dürfen vor dem Pontifex in einem Sessel mit Armlehne Platz nehmen. Diese Kleinigkeit zeigt, mit wie viel Aufmerksamkeit man diesen Besuch vorbereitet hatte.

Alexander erwähnt auch seine Geschenke; sie erhält eine prächtig geschmückte Karosse mit sechs Pferden, ein besonderes Reitpferd, zwei Sänften, kostbar mit Samt ausgestattet. Christina küsst die Füße des Papstes und den Ring an seiner Hand. Die ansonsten schlagfertige Königin ist durch diese Atmosphäre erregt und verwirrt, sodass es ihr schwer fällt, in wohl gesetzten Worten dem Papst zu antworten, der sich ihr freundlich und lächelnd zuneigt.

Zwei Tage später wird dann der offizielle »adventus« begangen, denn der eigentliche Einzug erfolgte ja inkognito. Die schon Angekommene erlebt eine pomphafte Theateraufführung, an der sie mitwirkt, sie zieht mit ihrem Gefolge – zweihundert Personen – wieder hinaus vor die Stadt. Die Tochter Gustav Adolfs soll im Triumphzug in die Stadt eingeholt werden, das Papsttum will diese Neuerwerbung, die junge Frau, die dem verhassten Aberglauben der Lutheraner abgeschworen hat, aller Welt wie eine Trophäe vorführen, und für diese Propagandaveranstaltung wird keine Mühe gescheut. Die Römer sind aufgerufen, Häuser und Straßen zu schmücken, noch nie wurde so viel Aufwand betrieben.

Dabei beginnt der Tag mit Ärger. Die Zofen tun, was Christina ihnen befiehlt, heute nur widerwillig. Sie bringen ihre Reitkleidung, Christina zieht Männerhosen an, schlüpft in die Reitstiefel, auf den kurzen Haaren sitzt ein Kavaliershut mit Straußenfedern, sie schaut aus, als wolle sie auf die Jagd gehen oder Soldaten im Heerlager besuchen. Die vornehmsten Männer ihrer Begleitung warten im Flur, um sie abzuholen; die Tür geht auf und Christina erscheint, eine Frau in Männerkleidung. Skandal! Den Abgesandten des Heiligen Vaters, Holstenius, trifft beinahe der Schlag, die anderen starren sie entsetzt an, rufen »unmöglich, das geht nicht«, aber sie stampft trotzig mit den Füßen, will von Anfang an den Römern zeigen, wer sie wirklich ist. Holstenius redet beschwörend auf sie ein, und endlich tauscht sie die Hose gegen ein Kleid und willigt ein, im Damensattel zu reiten, und nun geht es hinaus zur Villa Giulia. Hier wird das Mittagsmahl serviert. Am Nachmittag setzt sich der riesige Zug in Bewegung.

Die junge Königin reitet auf einem besonders schönen Schimmel zwischen zwei Kardinälen, umgeben von der Schweizergarde in ihren bunten Uniformen. Alles, was Rang und Namen hat, ist auf den Beinen. Über ihr Äußeres waren die Römer etwas erstaunt.

»Klein von Gestalt, etwas schief gewachsen, machte sie in ihrem Reitkleid mit den männlichen, nicht gerade schönen Zügen, der Adlernase und den kurzgeschnittenen Haaren einen seltsamen Eindruck. Aber ihr stolzes, kühnes Wesen imponierte. Aus den großen, dunklen Augen sprühten der Geist und die Energie ihres großen Vaters. Man fand allgemein, daß sie mehr einem Manne gleiche, wozu auch ihre sonore, starke Stimme beitrug.«[165]

Der Triumphzug führt durch die Porta del Popolo. Von der Engelsburg werden hundert Salutschüsse abgefeuert, und am späten Nachmittag langt der Zug vor der Peterskirche an, Christina zieht feierlich in das Gotteshaus ein, verweilt kurz vor den Apostelgräbern und wird von den Kardinälen in die Sixtinische Kapelle geleitet, wo Alexander VII. in vollem Ornat, die Mitra auf dem Haupt, die neue königliche Katholikin empfängt, die hier nicht zu Boden sinken muss. Er nimmt sie vielmehr in seine Arme, küsst sie auf die Stirn und begrüßt sie als »Geliebte Tochter«. Der Papst bestimmt den 23. Dezember im Kirchenstaat zum allgemeinen Feiertag als besondere Huldigung für Christina.

Das festliche Pontifikalamt am Weihnachtsfeiertag wurde von Alexander VII. persönlich zelebriert und er reichte der schwedischen Königin die Kommunion, anschließend empfing sie das Sakrament der Firmung und legte sich einen neuen Vornamen zu, nämlich »Alexandra«. Der Papst empfahl ihr dazu den Namen Maria, den sie aber nie führte. Sie unterschrieb künftig Christina Alexandra.[166] Ihr neuer Name sollte eine Ehrung für den Papst sein. Das Festbankett fand am 26. Dezember in den Stanzen des Vatikans statt, wo sich die Königin vermutlich mehr an den Bildern Raffaels delektierte als an den dargebotenen Speisen.

Der Einfallsreichtum des päpstlichen Zeremonienmeisters hat auch hier protokollarisch alles geregelt. Da der Papst nicht mit einer Frau gemeinsam an einem Tisch sitzen durfte, speisten die beiden jeder an einem eigenen Tisch, aber unter einem gemeinsamen Baldachin. Anschließend zog Christina in den Palazzo Farnese, der ihr vom Herzog von Parma überlassen worden war. Sie nahm die Huldigungen der römischen Gesellschaft entgegen, empfing kostbare Geschenke wie Gemälde, Wandteppiche, Kutschen mit Stallknechten und Pferden, und der Pontifex selbst verehrte ihr eine hohe Geldsumme.

Alexander VII., das große Memento mori

Als kurz nach der Papstwahl der neue Kammerdiener zum ersten Mal das Schlafgemach des Papstes Alexander VII. betritt, fällt ihm fast die Schüssel mit Wasser aus der Hand. Er traut seinen Augen nicht; in dem farbenprächtig geschmückten Raum mit seinen Brokatvorhängen steht neben der päpstlichen Liegestatt ein hölzerner Sarg mit der Aufschrift »Memento mori« (Gedenke des Todes), es ist barockes Welttheater und eine Geste, wie die Zeit sie liebte. Der schlichte Holzsarg erinnerte den Papst an seinen Krönungstag, als er in die Peterskirche einzog. Dreimal macht die Prozession halt, vor den Papst tritt ein Mönch und verbrennt an einer Kerze etwas Werg und ruft dabei »Pater sancte, sic transit gloria mundi« (Heiliger Vater, so vergeht der Ruhm der Welt).

Alexander war kein prunkender Fürst, er pflegte einen bescheidenen Lebensstil und war persönlich ein frommer Mann. Fabio Chigi, so hieß er mit bürgerlichem Namen, verbrachte zwölf Jahre als Nuntius in Deutschland; seit April 1655 war er nun Papst, auch für ihn persönlich eine überraschende Wahl. Seine Krönungsfeier hielt er betont schlicht, Christinas Ankunft in Rom allerdings hatte er pedantisch und penibel vorbereiten lassen; der dabei entfaltete Prunk war kein Selbstzweck, die Welt sollte die »ecclesia triumphans« bewundern, sollte sehen, dass es eine Rückkehr zum wahren katholischen Glauben gibt. Über den tatsächlichen politischen Einfluss des Heiligen Stuhles machte sich der Papst dagegen keine Illusionen. Beim Westfälischen Frieden hat er als Nuntius gegen die neue Machtverteilung in Europa protestiert, aber der Sieg des Protestantismus war nicht zu leugnen, und mit Frankreich, das aus Eigeninteresse die protestantischen Mächte beschützte, musste er als Papst einen demütigenden Frieden schließen.

Wenn schon die Achtung der europäischen Mächte deutlich geringer wurde, so sollte doch die Residenzstadt Rom immer mehr erstrahlen. Alexander ließ einen neuen Glanzpunkt setzen, nämlich die Kolonnaden des Petersplatzes, errichtet zwischen 1656 und 1671 von Lorenzo Bernini.

Eine kostspielige Konvertitin

Nach den euphorischen, weit übertriebenen Begrüßungsfeierlichkeiten folgte schnell die Ernüchterung. Die erwartete bußfertige Konvertitin, die in Demut und tiefer Frömmigkeit alle Welt beeindrucken sollte, entpuppte sich als eine emanzipierte junge Frau, die zwar katholisch sein wollte, aber nicht im Stil der Gegenreformation.

Finanziell wurde die Schwedin ein Fass ohne Boden. Der Vatikan konnte sie nicht fallen lassen, es war eine Prestigesache. Der Papst hatte sich ihr ausgeliefert, er konnte nicht mehr zurück und musste zahlen. Sie war keine Privatperson, die man auf ihren Schulden sitzen lassen konnte. Man sah sie als Teil des päpstlichen Hofes, als persönlichen Gast des Papstes. Mit ihren politischen Ambitionen störte sie zudem allzu oft die Politik des Heiligen Stuhles, der es schwer genug hatte, Neutralität zu wahren.

Königin eines mächtigen Reiches

Hinter der schwedischen Königin sah alle Welt ihren Vater Gustav Adolf, der entscheidend in den Dreißigjährigen Krieg eingegriffen hatte und Schweden zu einer Großmacht werden ließ. Auch seine Gegner achteten ihn als großen Feldherren und Staatsmann.

Alles wartete auf einen Sohn, als sich die schwedische Königin Maria Eleonora am 8. Dezember 1626, einem Sonntag, zur Geburt in ihre Gemächer zurückzog. Und alle sind enttäuscht, dass es »leider« nur ein Mädchen ist, das auch von der eigenen Mutter abgelehnt wird. Einzig der Vater geht souverän über all das hinweg, freut sich königlich über seine neugeborene Tochter und lässt sie wie einen Knaben erziehen. Doch rasch fällt ein Schatten auf das Leben der noch nicht Sechsjährigen, Gustav Adolf fällt im Herbst 1632 in der Schlacht von Lützen. Christina, sein einziges überlebendes Kind, ist plötzlich Königin von Schweden. Sie wird nach Jahren der Regentschaft durch den Großkanzler Oxenstierna im Jahr 1644 als Achtzehnjährige zur Königin ausgerufen.

Christinas Jugend ist geprägt durch einen immensen Lerneifer. Neben ihrer Muttersprache beherrschte sie Deutsch, Französisch, Holländisch und Italienisch, außerdem Latein und Griechisch, sogar die Anfänge von Hebräisch und Arabisch. Begeistert las sie die Stoiker, Epiktet, Seneca und Marc Aurel, schwere Kost für eine Jugendliche. Bald sprach man von ihr als der »schwedischen Minerva«. Daneben hatte sie Oxenstierna mit den Grundsätzen der Staatskunst vertraut gemacht. Auch speziell männliche Fähigkeiten eignete sie sich mit Freude an, wie Reiten, Fechten, Schießen, Jagen.

Schon als Christina am 30. Oktober 1650 in Stockholm zur Königin gekrönt wurde, galt ihr Hof in ganz Europa als Zentrum von Wissenschaft und Kunst. Der französische Gelehrte Blaise Pascal bewunderte in einem Brief die geistvolle junge Monarchin:

»Erst in unseren Tagen ist das Wunder geschehen und verwirklicht sich in einer jungen Königin, in der der Ernst der Erfahrung sich mit der zärtlichen Anmut der Jugend vermählt, in der die Freiheit des Geistes die Bürde des Königtums, der Glanz der Erkenntnis die Lieblichkeit der weiblichen Natur durchdringt. Eure Majestät ist es, die der Welt dieses einzigartige Beispiel geliefert hat.«[167]

René Descartes eilte nach Stockholm, seine Gespräche mit der Königin waren aber für beide nicht befriedigend. Der französische Gesandte Pierre-Hector Chanut zeigte sich fasziniert von der Bildung und dem Auftreten der jungen Monarchin. Ein überzeugter Katholik, gewann er das Vertrauen der Königin dieses streng protestantischen Landes, sie erlaubte ihm auch, in seiner Residenz katholische Gottesdienste abhalten zu lassen. Begeistert schrieb er dem französichen König: »Sie spricht Französisch, als sei sie im Louvre geboren, ihr Geist ist lebhaft und schrankenlos wissbegierig, ihre Seele ist weise und zurückhaltend, würde man ihr die Krone nehmen, wäre sie noch eine der empfehlenswertesten Personen, die es gibt.«[168]

Abschied von Schweden

Ihr Weg als schwedische Königin war vorgezeichnet, und dazu gehörte eine passende Heirat. Längst hatte Christina das übliche Heiratsalter überschritten, aber ihr Cousin, der Pfalzgraf Karl Gustav, der aus Zweibrücken nach Schweden geflohen war und ohnehin Erbrechte auf den schwedischen Thron hatte, stand als ernsthafter Bewerber bereit, den aber wollte sie nicht.

Bald wurde es ihrer Umgebung deutlich: Christina war zur Ablehnung, zur Abdankung entschlossen, auch der alte Oxenstierna konnte sie durch die beschwörende Erinnerung an das Vermächtnis ihres Vaters nicht erweichen, und die Anhänglichkeit des Volkes war ihr fremd geworden. Es wird ein Abschied auf Raten. Am 2. Mai 1654 versammelt sich der Reichstag im alten Königsschloss von Uppsala. Hier erklärt sie formell ihren Rücktritt. Sie wäre wohl am liebsten gleich außer Landes gegangen, doch die Form musste gewahrt werden.

Am 16. Juni fand dann endlich die Zeremonie der Abdankung statt. Christina verlas ihre Erklärung zum Thronverzicht. Karl Gustav, Prinz von Pfalz-Zweibrücken, erklärte sich bereit zur Nachfolge.

Die letzte Szene ist nicht ohne Dramatik. Christina wird mit dem Krönungsmantel umkleidet, auf dem Haupt trägt sie die Krone, sie nimmt Zepter und Reichsapfel entgegen. Noch einmal zieht sie in den Festsaal ein, vor ihr der Reichsmarschall mit dem Schwert auf beiden Händen und der Schatzmeister mit dem Schlüssel auf einem Samtkissen. Sie geht die Stufen empor zu ihrem Thron, ihr Gesicht blass und angestrengt, die Augen blicken wie fiebrig umher. Die Anwesenden sind atemlos still und spüren die historische Dimension. Wie eine Entkleidungsszene läuft nun alles ab, schwedische Große kommen zum Thron, nehmen Reichsapfel und Zepter aus ihrer Hand entgegen, ebenso den Krönungsmantel. Der Reichsdrost Brahe hat die Aufgabe, ihr die Krone vom Haupt zu nehmen; er hält inne, wird von Rührung übermannt, er kann es nicht. Da nimmt Christina selber die Krone, hebt sie empor und reicht sie einem Reichsrat. In einem einfachen weißen Kleid steht sie vorne, angestarrt, nun nicht mehr bewundert, kein Jubel. Ohne eine Träne nimmt sie Abschied von der Macht und, begleitet von Karl Gustav, verlässt sie den Saal.

Sie wollte sofort abreisen, aber sie musste sich jetzt mehr als früher in das festgelegte Zeremoniell fügen. Sie reitet in einem Zug von Uppsala nach Stockholm neben Karl Gustav. Aber sie hat keine Lust mehr, das Volk freundlich zu grüßen, innerlich ist sie schon längst fort.

»Heute Abend kurz vor Torschluss will ich ausreiten, ein Ritt in die Wälder, ein Ritt ohne Wiederkehr.« Christina machte sich mit wenigen Getreuen aus dem Staub, zog Männerkleider an, ritt auf Feldwegen, übernachtete in einfachen Herbergen. Nur mühsam konnte das Inkognito gewahrt werden. Erste öffentliche Station war Hamburg, dorthin war ihr Hofstaat vorausgeschickt worden. Weiter geht ihr Weg nach Münster; den dortigen Jesuiten wird ein adliger Herr gemeldet, Graf Dohna, der sich dann als Christina zu erkennen gibt. Fluchtartig reitet sie weiter, meidet Holland, kommt über Antwerpen nach Brüssel. Der Erzherzog bereitete ihr einen imposanten Empfang, am 23. Dezember 1654 fuhr sie in einer prächtigen Karosse in die Stadt.

Et unam sanctam catholicam et apostolicam ecclesiam[169]

Ein überraschtes Erschrecken fährt durch die Bankreihen in der Franziskanerkirche in Innsbruck, als die schwedische Königin laut, deutlich und akzentuiert zu lesen beginnt: »Credo in unum Deum«. Sie hält eine Pergamentrolle in der Hand, auf der in großen Lettern das Nizäische Glaubensbekenntnis geschrieben ist. Sie liest weiter, ohne zu stocken, sie kennt den Text, hat ihn mit dem päpstlichen Abgesandten Holstenius aufs Genaueste eingeübt.

Christina kniet vorne auf den Stufen des Altares, in einem schlichten schwarzen Samtkleid, ihr einziger Schmuck ist ein Kreuz aus Diamanten. Mit klarer Stimme rezitiert sie das ganze Bekenntnis, zuvor hat sie ihrem bisherigen Glauben abgeschworen, nun gilt es, den neuen zu bekennen. Im Inneren tobt kein Widerstreit, kein Zaudern, kein Zögern, als sie die katholische Kirche bekennt. Zur Bekräftigung und zum Schwur legt sie ihre rechte Hand auf das Evangelienbuch.

Ob sie nun all das wirklich glaubt? Zumindest ist ihr neuer Glaube aktenkundig, Christina ist jetzt eine Konvertitin zum Herzeigen und zum Triumphieren. In der Franziskanerkirche begann die Orgel mächtig zu klingen, begleitet von Trompeten und Pauken, der katholische Jubel erfüllt den Kirchenraum.

Eigentlich war sie ja schon längst katholisch, und die Zeremonie in Innsbruck nur eine Demonstration nach außen, vom Papst als öffentliches Bekenntnis eingefordert. Schon am 24. Dezember 1654 hatte sie ihre eigentliche Konversion vollzogen, in der Hauskapelle des Schlosses in Brüssel sprach sie das Glaubensbekenntnis und empfing die Kommunion. Das Ganze sollte im Geheimen vor sich gehen, wurde aber doch bald in Schweden ruchbar, wo ihr Schritt helle Empörung auslöste. Eine Wasa, die Tochter Gustav Adolfs, der sein Blut für den lutherischen Glauben dahingegeben hatte, stand vor ihren Landsleuten als Verräterin und Abtrünnige da.

Alle Wege führen nach Rom

Von Innsbruck setzte Christina ihre Reise über den Brenner fort; mit zwölf Planwagen und einer großen Eskorte von Reitern erreichte sie Brixen. Nach Trient schickte Alexander VII. einen Wagenzug mit einer luxuriösen Haushaltseinrichtung. Ein Esstisch für zwölf Personen, dazu eine vergoldete Kredenz, Bestecke und silberne Teller.

In Mantua hat man sich für sie etwas Besonderes einfallen lassen; Christina hatte ihre Kavalierskleidung angezogen, zwei Pistolen steckten in ihrem Gürtel. Als sie mit dem jungen Herzog über die Pobrücke ritt, donnerten die Kanonen, Trommeln und Pfeifen ertönten, Christina fühlte sich wie in einem Heerlager und war begeistert. Vergnügt saß sie am Lagerfeuer und erzählte im Fackelschein Soldatengeschichten, die jeden Landsknecht hätten erröten lassen. Die Mantuaner waren voll Bewunderung für diese schneidige und überhaupt nicht zimperliche Frau. Sah so eine reuige und bußfertige Konvertitin aus?

Am 12. Dezember 1655 erreichte sie Pesaro. Bei einem abendlichen Tanzfest lernte Christina das Brüderpaar Santinelli und den Marchese Gian Rinaldo Monaldesco kennen. Er stammte aus altem Adel, war verarmt, konnte aber wundervoll tanzen, und Christina nahm ihn und die Brüder Santinelli in ihren Hofstaat auf, mit verhängnisvollen Folgen, wie sich noch zeigen wird.

Zwischen Bewunderung und Ernüchterung

Für die junge Katholikin lässt es der Papst an nichts fehlen, er feiert ihre Konversion als einen persönlichen Erfolg. Doch Christinas überraschender Glaubenswechsel hatte wohl vielfältige Motive. Da ist ihre Begeisterung für Italien, für italienische Kunst, die Farbigkeit und Buntheit der römischen Kirche, und sie sah in ihrem Weg eine Sensation, einen Paukenschlag, sie wollte eine Provokation. Im Vorfeld ihrer Entscheidung standen die Kontakte mit Gesandten der katholischen

Länder, sie durften unter ihrem Personal auch Beichtväter halten, mit denen Christina Gespräche über Glaubensfragen geführt hat. Aber Christina ist von keiner dieser Personen unmittelbar bekehrt worden, sie hat ihre Entscheidung, die sicher eine Gewissensentscheidung war, allein getroffen, und sie selbst hat die Gründe ihrer Konversion nie klar benannt.

Noch vor der Ankunft Christinas hatte Alexander VII. die Kardinäle ermahnt, die römische Kirche würdig zu verkörpern. Sie sollten daran denken, dass Konvertiten in ihrem frischen Glaubenseifer das religiöse Leben mit kritischen Augen betrachten. Der Papst erwartete offenbar eine tief gläubige, von Demut erfüllte neue Katholikin. Christina wollte aber keineswegs, wie sie es nannte, als »Betschwester« angesehen werden. Sie spottete über die Reliquienverehrung, provozierte durch ein unweibliches Auftreten und eine auffallende Kleidung, redete laut während der Messe und weigerte sich beharrlich, zur Beichte zu gehen. Vorsichtig versuchte der Papst einzugreifen, schickte ihr fromme Bücher, ließ ihr einen Rosenkranz überbringen und konnte nur mühsam seine Enttäuschung verbergen.

Das vornehme Rom huldigte ihr; alle bewunderten Christinas Intelligenz und ihren Kunstverstand. Sie brachte Stimmung in die Stadt und eine neue kulturelle Blüte. Damit fand sie anfangs viel Sympathie, einige Kardinäle drehten fast durch. Kardinal Francesco Colonna erschien nachts vor dem Palazzo Farnese, um mit leidenschaftlicher Stimme der schönen Schwedin ein Ständchen darzubringen. Das wurde Christina lästig, sie beschwerte sich bei Alexander VII. und Colonna musste für einige Zeit aus Rom verschwinden. Der Karneval wurde besonders aufwändig gefeiert unter dem Motto »Karneval der Königin«. Diese aber fiel immer wieder durch ihre Extravaganzen auf, im Theater zeigte sie ihren Unmut durch grelle Pfiffe und derbe Scherze, Rom staunte über ihr gelegentlich rüpelhaftes, vulgäres Auftreten. Und Rom ging auf Distanz zu ihr.

Politische Intrigen

Was macht eine dreißigjährige Frau den ganzen Tag in Rom, alleinstehend, gebildet, aber ohne echte Beschäftigung? Sie mischt sich ein.

Christina hat sich nie als Privatperson gesehen, sie weiß um ihren Einfluss beim Papst. Und durch sie kann man in Rom Einfluss gewinnen. Das erwartet zunächst der spanische König Philipp IV., der ihre Konversion besonders begrüßt hat. Bald aber lässt die Königin den spanischen Gesandten, eine etwas komplizierte Natur, links liegen und wendet sich dem galanten französischen Botschafter zu. Der Papst selber ist Frankreich gegenüber reserviert, das seine Wahl vereiteln wollte.

Die Königin ergriff eindeutig Partei für Frankreich und entließ demonstrativ ihr spanisches Personal. In mehreren Audienzen beim Pontifex wollte Christina Stimmung für die Franzosen machen und damit die Sympathie Mazarins gewinnen, des starken Mannes am französischen Hof. Für den Heiligen Stuhl ist eine einseitige Parteinahme für oder gegen Frankreich ziemlich gefährlich. Immer mehr wird der Papst in ihre politischen Intrigen verwickelt. Blass und erschüttert soll er dem Kardinal Azzolino gesagt haben: »Schaffe mir diese Frau vom Hals, sie ist die Schlange an meinem Busen, die mich töten wird.« Und er fügt hinzu, lass sie reisen, so rasch wie möglich und gib ihr Geld, Schiffe und Ausrüstung.

Und tatsächlich, im Juli 1656 reist die Schwedenkönigin mit einem kleinen Hofstaat vom Tiber an die Seine. In Marseille geht sie an Land, wird über Fontainebleau nach Paris geleitet, wo sie am 8. September 1656 ankommt. In Compiègne begegnete ihr der achtzehnjährige Ludwig XIV. in Begleitung des Kardinals Mazarin, dem sie in einem vertraulichen Gespräch die Eroberung des spanisch beherrschten Neapel nahelegt, mit ihr als künftiger Königin von Neapel. Mazarin geht nur zum Schein auf das gewagte Projekt ein.

Im Frühjahr 1657 machte sich Christina erneut auf den Weg nach Frankreich, und nahm Wohnung im Schloss Fontainebleau. Die finanziell angeschlagene Exil-Königin war kein erwünschter Staatsgast mehr, wurde eher widerwillig geduldet. Sie wartete nun auf eine Audienz bei Mazarin und fand ihre Lage demütigend, was sie auch sein sollte. In dieser schwierigen Phase ließ sie sich zu einer Tat hinreißen, die damals großes Aufsehen erregte und ihren Ruf nachhaltig beschädigte.

Die Affäre Monaldesco
Die ganze Angelegenheit ist nach wie vor rätselhaft, die Hintergründe des schaurigen Dramas liegen im Dunkel. Der etwas undurchsichtige Marchese Monaldesco war – wir erinnern uns – von Christina 1655 spontan engagiert worden, und er war inzwischen zum einflussreichen Höfling und vielleicht zur »Grauen Eminenz« der umtriebigen Königin aufgestiegen, bis die Gunst der Königin abrupt ins Gegenteil umschlug. Der Augenzeuge Pater Le Bel, Prior eines nahegelegenen Klosters, der auf Christinas Wunsch dem Marchese die Beichte abnehmen sollte, hat einen Bericht über die dramatischen Vorgänge niedergeschrieben. Es war der 10. November 1657. Die wutentbrannte Königin ließ Monaldesco in die Hirschgalerie des Schlosses Fontainebleau rufen. Pater Le Bel kommt dazu, hinter ihm Christinas Vertrauter Santinelli, ihr Hauptmann Landini und ein Gardist. Alle drei tragen den bloßen Degen in der Hand. Christina zeigt Monaldesco einige Briefe, dieser gesteht die Fälschung und fleht um Gnade, was die Schwedenkönigin überhaupt nicht berührt. Sie will die sofortige Hinrichtung des Verräters. Monaldesco weint und fleht, der Pater redet auf sie ein, spricht ihr das Recht zu diesem eigenmächtigen Vorgehen ab; mit kalter, erstarrter Miene beharrt sie auf dem Tod des Schuldigen und geht wie versteinert davon. Nun beginnt eine grausame Metzelei, der Marchese wehrt sich mit bloßen Händen, drei seiner Finger fallen zu Boden, wie ein gehetztes Reh rennt er in der Galerie umher. Weil er ein Panzerhemd trägt, ist er nicht leicht zu töten, erst nach Stunden verblutet er.

Kaum ist er tot, jagt ein französischer Diener nach Paris, die grausige Bluttat zu berichten. Ludwig XIV. und Mazarin sind schockiert. In einem französischen Königsschloss wurde ein Mensch brutal zu Tode gebracht. Ohne Anklage, ohne Verhör, unter frevelhafter Übergehung der souveränen Rechte des Königs! Ein Schrei der Empörung ging durchs Land, erreichte alle Fürstenhöfe und nicht zuletzt den Vatikan. Das Rätselraten begann über diesen Akt mörderischer Willkür, es ging nicht nur um den Tod eines kleinen Höflings, Juristen stritten, ob Christina auf fremdem Boden das Recht zu einer solchen Tat hatte. Sie aber ließ Mazarin wissen:

»Ich habe keinen Grund, meine Tat zu bereuen, aber tausend, mich ihrer zu freuen.«[170]

Für sie steht eindeutig fest, dass sie auch als abgedankte Monarchin die volle Souveränität über ihren Hofstaat besitzt, wo immer sie sich aufhält. Nicht wenige aus ihrem Personal beschwindelten Christina, manche fälschten Briefe wie Monaldesco. Warum aber die Königin plötzlich derart gnadenlos reagierte und ihren Favoriten kurzerhand niedermetzeln ließ, dafür fehlt bis heute jede plausible Erklärung. Ihre Angst vor diesem Mann muss ins Maßlose gewachsen sein, sie musste ihn auslöschen und zum Schweigen bringen.

Der französische Hof wollte keinen Eklat, man machte der Königin ein Angebot, die ganze Angelegenheit zu entschärfen und sie als Duell, als Streit zwischen Domestiken auszugeben. Aber darauf ließ die Königin sich nicht ein. Einige Monate später konnte Christina am Königshof in Paris vorsprechen; nach einem kühlen Empfang wurde ihr die baldige Abreise nahegelegt. Kardinal Mazarin bot ihr seinen römischen Palast als neue Wohnung an. In den Palazzo Farnese konnte sie nicht mehr zurückkehren, weil sie ihn verwüstet verlassen hatte, ihre Diener hatten teilweise Türen und Schränke als Heizmaterial benützt.

Der Papst und der Kardinal

Im Mai 1658 taucht Christina wieder in Rom auf und erlebt einen denkbar frostigen Empfang. Keine Fanfaren, niemand will sie sehen. Alexander VII., der in Castel Gandolfo weilt, lehnt den angekündigten Besuch Christinas kategorisch ab. Die Empörung am päpstlichen Hof zeigt den Überdruss an dieser selbstherrlichen Konvertitin und Exilmonarchin. »Ich will die mittellose Frau nicht mehr in Rom sehen«, soll der Papst gesagt haben, und er fügt zornig hinzu:

»Alle Gedanken dieser Königin sind barbarisch, sie wird nie eine gute Tochter unserer heiligen Kirche werden.«[171]

Vom Juni 1660 bis Mitte 1662 ist die schwedische Königin wieder auf Reisen. Sie will rasch nach Schweden, um sich nach dem frühen Tode Karls X. Gustav – der rastlose Kriegsmann stürzte jäh vom Pferd –, ihre verbrieften Einkünfte zu sichern (die man ihr nach ihrem Glaubensabfall nur zögerlich ausgezahlt hatte), der Pontifex spendiert ihr zwanzigtausend Taler Reisegeld. Als sie sich dafür persönlich im Vatikan bedanken will, wird sie nicht vorgelassen. Zwei Jahre weilt sie in Schweden und Hamburg, kommt wieder zurück nach Rom, und dieses Mal ist ihr ein freundlicher Empfang beschieden. Der nun schon gebrechliche Alexander VII. zeigt wieder Sympathie für Christina.

Zu ihrem Wohlbefinden in Rom trug die langjährige Beziehung mit dem Kardinal Decio Azzolino wesentlich bei. Der versierte kuriale Diplomat hatte in jungen Jahren die Förderung von Olimpia Maidalchini[172] genossen. Er war der Wortführer einer Gruppe reformfreundlicher junger Kardinäle, die das Papsttum aus der Einflusssphäre der politischen Mächte heraushalten wollten und eine Art »pressure group« bildeten, bekannt unter dem Namen »lo squadrone volante«.[173] Die schwedische Königin fühlte sich dieser Kardinalsschwadron verbunden und suchte sie zu unterstützen. Azzolino war bald nach Christinas Konversion vom Papst zur Betreuung der Schwedin abgeordnet worden, verwaltete auch einen Teil ihrer Finanzen, beide lasen bei ihren ausgedehnten Treffen aber auch gemeinsam Epikur und Platon und diskutierten unermüdlich über Kunstfragen. Es entwickelte sich eine enge Freundschaft, vielleicht auch mehr. Nur eine »platonische Liebe«? Eine intensive sexuelle Beziehung passt auf den ersten Blick nicht in das Charakterbild der Königin, andererseits wurden die allzu häufigen Besuche Azzolinos vom Papst zunächst gerügt, schließlich aber geduldet. Christina und Azzolino haben eine sehr umfangreiche Korrespondenz geführt, nur ein geringer Teil davon ist erhalten.[174] Pikant erscheint, dass ein Teil der Briefe chiffriert ist, das lässt einiges vermuten. Dem schwedischen Historiker Carl von Bildt gelang es, die Texte zu entschlüsseln, und ohne Zweifel kommt darin ein Liebespaar zum Vorschein. Beide sprechen jedenfalls die Sprache von Verliebten.

Zeit des Glanzes

Bei der Papstwahl am 20. Juni 1667 gewinnt Kardinal Giulio Rospigliosi (Clemens IX.), den Christina sehr sympathisch findet und der sofort ihren Freund Azzolino zum päpstlichen Staatssekretär ernennt.

Christina erfährt die gute Nachricht während eines längeren Aufenthaltes in Hamburg, den sie auf Einladung ihres Bankiers Texeiras dort verbringt.

Da das abgekühlte Verhältnis zum Heiligen Stuhl nun wieder durch offene Sympathie abgelöst wurde, konnte Christina auf päpstliche Unterstützung für ein neues Projekt hoffen: die Erringung der polnischen Krone. Der Thron dieses katholischen Landes war 1668 verwaist, da der aus dem Hause Wasa stammende Johann II. abgedankt hatte, und der polnische Adel hatte einen Nachfolger zu wählen. Christina war ein Spross der seit 1587 in Polen regierenden Wasa, sie war katholisch, und ihre Bewerbung wurde von Rom unterstützt; Azzolino schrieb an den Nuntius, und der Papst versprach diesem einen Kardinalshut, wenn er Christina auf den polnischen Thron bringe. Aber nüchtern betrachtet, hatte sie von Anfang an nicht die geringste Chance, Königin von Polen zu werden, und es setzte sich ein den Habsburgern genehmer Kandidat durch.

Im November 1668 erscheint die Königin wieder in Rom und wird von Clemens IX. festlich empfangen, wie eine längst erwartete Freundin. Pastor erwähnt ein eigenhändiges Schreiben des neuen Papstes an Christina vom 22. Juni 1667[175], in dem dieser ihr für die Mitwirkung bei seiner Wahl ausdrücklich dankt und sie seiner besonderen Liebe versichert. Dieser Dank des neuen Papstes hatte seine Berechtigung.

»Christina spielte in den Verhandlungen, die zur Wahl Giulio Rospigliosis als Papst im Jahre 1667 führten, eine zentrale Rolle, obwohl sie zur Zeit der Wahl nicht in Rom anwesend war.

Nichtsdestoweniger war es Christina, die eine Allianz zwischen Frankreich und den Kardinälen der Squadrone Volante initiierte, was schließlich zur Wahl Rospigliosis führte«.[176]

Nun ist für Christina der Himmel über Rom wolkenlos, der neue Papst lädt sie zu Festen und Theateraufführungen ein, er besucht persönlich die Gemäldesammlung der Königin, die zur ungekrönten Herrscherin Roms, zur *Padrona di Roma* wird, den kunstliebenden Pontifex und seinen Staatssekretär Azzolino zur Seite. Dank einer noblen päpstlichen Pension von jährlich zwölftausend Scudi kann die eifrige Sammlerin ihre berühmte Bildergalerie bereichern. Die von

Christina ins Leben gerufene Akademie floriert. In dem von ihr gegründeten Theater *Tor di Nona* lässt sie Frauen als Sängerinnen auftreten, eine absolute Sensation. Im Karneval erscheint sie als Göttin Diana auf einem Prunkwagen, der von sechs Schimmeln gezogen wird. Der gebildete und mildtätige Clemens IX. brachte Rom für zweieinhalb Jahre Frieden und eine kulturelle Blüte. Besonders bekannt blieb er als Mäzen der neuen Kunstform der Oper, die in seiner Amtszeit eine regelrechte Blütezeit erlebte. Persönlich sparsam, führte er eine Armenspeisung ein und hörte in St. Peter wie ein einfacher Priester die Beichte, eine für die damalige Zeit höchst ungewöhnliche Tätigkeit eines Papstes.

Der Tod des Heiligen Vaters im Dezember 1669 ist für Christina und Azzolino eine Katastrophe. »Zu den wenigen Vertrauten, die an sein Sterbebett durften, gehörte Christina von Schweden.«[177] Diese kleine Notiz belegt, wie eng die Beziehung zwischen Papst und Königin war und welch hohen Stellenwert sie genoss. Fast jeden Monat hatte Christina zu Besuch im Vatikan geweilt und das offensichtliche Wohlwollen dieses kunstsinnigen Pontifex genossen.

Vier Monate Tauziehen

Am 20. Dezember 1669 zogen die Kardinäle ins Konklave ein, streng abgeschirmt von der Außenwelt. Erst am 29. April 1670 hatten sie ihr Werk vollbracht und präsentierten der Welt einen neuen Papst. Dieses viermonatige Konklave könnte man gut als Theaterspiel aufführen, was hier an Intrigen, Verdächtigungen, Anfeindungen ablief, ist schlicht unvorstellbar. Einhundertzwanzig Tage sind Kardinäle eingesperrt auf engstem Raum, eine spanische und französische Fraktion blockieren sich gegenseitig, und am Ende der alles andere als überzeugenden Veranstaltung steht eine Verlegenheitslösung, gewählt wird der achtzigjährige Emilio Altieri, der sich Clemens X. nennt. Er war keineswegs glücklich über seine Wahl. Nach einem Bericht des päpstlichen Zeremonienmeisters Pietro Bona[178] fing er heftig zu weinen an, wehrte sich energisch, musste aber nachgeben. Er selbst war vielleicht der einzige, der die Fehlentscheidung wahrnahm.

Christina nahm von außen kräftig Einfluss, machte bei den Botschaftern Stimmung für den Kandidaten, den Azzolino favorisierte. Sie war fast eine Mitwählerin in der Person »ihres Kardinals«, beide waren sich einig über ihren Kandidaten Pietro Vidoni. Vielleicht hat sie in der Öffentlichkeit zu deutlich Reklame gemacht. Jedenfalls war Christina bestens informiert, denn Azzolino gelang es, in einem täglichen Briefwechsel mit seiner Freundin Informationen auszutauschen, was nach den Statuten der Papstwahl strikt verboten war.

Spanien und Frankreich haben jeweils gegen einen Kandidaten ihr Veto eingelegt, *Exklusive* genannt. Indem man den politischen Mächten, dem Kaiser, den Königen von Frankreich und Spanien, ein faktisches Mitspracherecht einräumte, wurde das Amt politisiert und damit beschädigt. Die Frage war nicht mehr, wer kann am besten die Kirche leiten und den Glauben festigen, sondern wer ist den Franzosen und den Spaniern genehm.

Bei der ersten Stimmabgabe waren sechsundfünfzig Kardinäle anwesend, zwölf davon gehörten zur Gruppe der »squadrone volante«, der Gruppe der unabhängigen Kardinäle, die von Azzolino angeführt wurden.

Der neue Papst zeigte keinerlei Sympathie für die schwedische Königin, vorbei waren die Zeiten einer harmonischen Beziehung. Er ließ das Theater *Tor di Nona* schließen und verbot im Heiligen Jahr 1675 sämtliche Theateraufführungen; auch auf Christinas Privatbühne im Palazzo Riario. Zu einer diplomatischen Annäherung zwischen Schweden und dem Vatikan kam es, als Christina einen persönlichen Boten nach Schweden sandte. Immer wieder rief sie die nordischen Staaten zu mehr religiöser Toleranz auf, auch für die Juden setzte sie sich ein. In Rom gehörte die Verhöhnung von Juden zum Karnevalsvergnügen, man trieb Juden zusammen mit Tieren durch die Straßen und erfreute sich an diesem grausamen Treiben. Die Königin brachte Clemens X. dazu, diese judenfeindlichen Spektakel zu verbieten.

Sechs Jahre Pontfikat waren Clemens beschieden. Er ließ seinen Verwandten weitgehend freie Hand, und diese sorgten für die schamlose Bereicherung der Familie Altieri. Ihren prächtigen, imposanten Palast wollte der Papst aber selbst nicht betreten, weil er die Kritik der Römer scheute.

»Der Pontifikat Clemens' X. weist keine Maßnahmen und Ereignisse von größerem Belang auf.«[179]

Letzte Jahre einer Königin

Seppelt nennt Innozenz XI., den Nachfolger des farblosen Clemens X., eine der idealsten Gestalten der Papstgeschichte.

»Auch solche Gelehrte, die dem Papsttum ablehnend und feindselig gegenüberstehen, sprechen von ihm mit größter Hochachtung. Das Papsttum, so schrieb Ranke, erscheint uns hier in seinem löblichsten Berufe: vermittelnd, Frieden stiftend.«[180]

Benedetto Odescalchi war bei seiner Wahl fünfundsechzig Jahre alt. Seine asketische Lebensführung behielt er auch als Pontifex bei; er fing wieder an zu sparen, sanierte die päpstlichen Finanzen und schaffte Ordnung in der Verwaltung. Trotz französischer Intrigen brachte er ein Bündnis gegen die Türken zustande. Christina bewog den Papst, den Kaiser im Kampf gegen die Türken zu unterstützen. Innozenz nahm das wohl allzu wörtlich, strich der Herrscherin die vatikanische Pension und schickte das gesparte Geld dem Kaiser. Heftige Wutausbrüche der Königin konnten daran nichts ändern.

Ein neuer Konflikt zwischen dem Papst und der selbstbewussten Schwedin ist unter dem Schlagwort »Quartiersfreiheit« in die Geschichte eingegangen. Ausländische Gesandte wie auch Königin Christina beanspruchten für ihre Residenzen völlige Immunität, einen exterritorialen Status. Dieser Freiraum wurde auf päpstliche Order auf den Palast und den persönlichen Hofstaat beschränkt, bis dato hatte das ganze Viertel dazu gehört. Christina spottete über das neue Gesetz, sie nutzte hemmungslos ihren Sonderstatus, gewährte Verbrechern Asyl, nur um den Papst zu ärgern. Als die päpstlichen Wachen in Christinas Viertel einen Mann festnehmen wollten, wurden sie von der Garde der Königin daran gehindert. Das bedeutete Krieg mit dem Vatikan, und Rom geriet in Aufregung. Innozenz blieb konsequent und zwang Christina, sich nach und nach den päpstlichen Anweisungen zu fügen. Der Ausspruch des Papstes »Lassen wir sie, sie ist ein Frauenzimmer!« brachte sie auf die Barrikaden. Schlimmeres hätte man ihr nicht sagen können.

Insgesamt ist die Zeit unter Innozenz XI. geprägt durch ein kühles, distanziertes Verhältnis zu Christina. Als sie 1685 wie gewohnt dem Papst persönlich ein glückliches Osterfest wünschen wollte, blieben ihr die Tore des Papstpalastes verschlossen, ein öffentlicher Affront, der sie beleidigte. Ihr zeremonieller Rang als Königin wurde aber weiterhin respektiert, z. B. hatte ein neu ernannter Kardinal nicht nur dem gesamten Heiligen Kollegium seinen Antrittsbesuch abzustatten, sondern auch der Königin von Schweden.[181]

Mit zunehmenden Jahren wurde die Königin ruhiger und besonnener und vermied Provokationen. Die skeptische und distanzierte Katholikin wandelte sich zu einer Frau, die sich mit den Frömmigkeitsformen der Zeit arrangierte und die Positionen der Papstkirche übernahm.

Im April 1689 fühlte sich die Königin schlecht, die Wassersucht machte ihr zu schaffen, sie wurde bettlägerig und gelassen sah sie ihren Tod vor Augen. Ihr alter Gefährte Azzolino wich nicht von ihrer Seite. Neben ihrem Bett stand sein Lehnstuhl, in dem er nachts etwas Schlaf fand. In der Nacht zum 19. April schlief er unruhig, ständig wachte er auf und horchte auf ihren Atem, ein leises Stöhnen war für ihn Beruhigung, gegen Morgen schlief er ein, wachte wieder schreckhaft auf, fasste nach ihrer Hand, die kalt und reglos war. Christina war gestorben.

Vier Tage blieb ihr Leichnam aufgebahrt im Palazzo Riario, angetan mit einem weißen, goldbestickten Kleid, mit Krone und Zepter, den Zeichen ihrer Würde. Der offene Sarg wurde in die Kirche Santa Maria in Valicella überführt, die heute unter dem Namen Chiesa Nuova bekannt ist und in der zwei Monate später der Kardinal selber seine letzte Ruhestätte finden wird.

In einer großen Prozession wurde die tote Königin in den Petersdom überführt. Alles, was Rang und Namen hat, nimmt teil am Trauerzug, sämtliche Kardinäle, unter ihnen der untröstliche Azzolino, folgen ihrem Sarg, Orden und Gemeinschaften geben ihr die letzte Ehre ebenso wie die Schweizergarde, noch einmal wollte das päpstliche Rom die bekehrte Königin aller Welt vorführen.

Sie selbst hatte ein schlichtes Begräbnis im Pantheon gewünscht, aber der Papst wollte es anders und ließ Christina in der Grablege der

Päpste, in den Grotten von St. Peter, beisetzen. Innozenz ließ bei Carlo Fontana ein prunkvolles Marmorgrabmal in Auftrag geben, das 1702 von Papst Clemens XI. eingeweiht wurde und das noch heute allen Besuchern der Peterskirche ins Auge sticht.

Azzolino wurde von Christina zum Universalerben eingesetzt, aber er hatte nur noch sieben Wochen Zeit, Teile des Nachlasses zu sichten. Fieberhaft begann er, ihre gemeinsame Korrespondenz zu ordnen, entschloss sich zu einem großen Autodafe und warf täglich Stapel von Briefen in das Feuer seines Kamins. Er wollte nicht, dass die Nachwelt in schlechter Weise über sie beide denken sollte. Am 8. Juni 1689 waren nur noch einige Stöße vorhanden, als er vor dem Kamin tot zu Boden sank, einen noch unverbrannten Brief in der Hand. Sein Vermögen und Christinas Erbe gingen auf seinen Neffen Pompeo Azzolino über, der auch die Schulden übernehmen musste und schnell alles verkaufte. Teile des Erbes sind über ganz Europa verstreut, ihre einzigartige Handschriftensammlung, es handelt sich dabei um ungefähr zweitausend Manuskripte aus dem 4. bis 14. Jahrhundert, zählt heute zu den kostbarsten Schätzen der Vatikanischen Bibliothek.

Die schillernde Gestalt Christinas in Worte zu fassen, ist ein schwieriges Unterfangen. Sie passt in kein Klischee und lässt sich nur schwer einordnen. Sie sprengt die traditionelle Rolle einer Frau und gibt ihren Zeitgenossen Rätsel auf. Viele Züge einer modernen Frau kann man in ihr sehen, nicht zuletzt ihr männlich geprägtes Auftreten als »Amazone«. Christina erscheint als eine exzentrische Dame mit kapriziösem und oft burschikosem Verhalten, zugleich ist sie eine intellektuelle und hoch gebildete Frau, die viele Sprachen spricht. Souverän trifft sie Entscheidungen und entschließt sich zu einem ungewöhnlichen Lebensweg, zu dem auch manche Torheiten und leider Gewalttaten wie die Ermordung ihres Günstlings Monaldesco gehören.

Mit den Päpsten macht sie wechselnde Erfahrungen, zu verschieden sind die vier Heiligen Väter, denen sie in Rom begegnet. Und wenn sie sich in die päpstliche Politik einmischte oder den Päpsten Widerstand leistete, ist das ein nicht unsympathischer Zug. Ungewöhnlich bleibt, dass eine Frau derart bedeutungsvoll und bestimmend im päpstlichen Rom in Erscheinung treten konnte.

Vierter Teil

Zwischen Marienverehrung und Frauenemanzipation

Die Zeit des 19. und 20. Jahrhunderts

Sechzehntes Kapitel

Beharrung

Der Umgang der Päpste mit den Frauen

Im 18. und 19. Jahrhundert sind keine herausragenden oder bemerkenswerten Frauengestalten zu nennen, die mit einem Papst längere oder engere Kontakte hatten. Nach dem Verlust des Kirchenstaates 1870 verschanzen sich die Päpste hinter den Mauern ihres Palastes und nehmen die gesellschaftlichen Veränderungen, wie sie vor allem durch die Industrialisierung bedingt waren, nicht genügend wahr. Das Papsttum bleibt in einer Abwehrhaltung gegen alles Neue und hat auch den Frauen wenig zu sagen.

Die Päpste dieser Zeit treten als innige Marienverehrer auf und fördern marianische Frömmigkeit auf vielerlei Weise. Als Höhepunkte erscheinen die Verkündigung zweier Dogmen: 1854 Mariä unbefleckte Empfängnis, 1950 Marias leibliche Aufnahme in den Himmel.

Eigentlich sind diese Dogmen überflüssig, sie dienen eher der Abrundung der Marienlehre, und eine Antwort auf die Frauenproblematik der Zeit stellen sie nicht dar. Zwei berühmte neue Wallfahrtsorte, Lourdes und Fatima, erleben ihren rasanten Aufstieg und werden überwiegend von Frauen besucht. Die Frömmigkeit und Kirchengläubigkeit der allermeisten Frauen täuscht über manche Erniedrigung und Unterdrückung hinweg. Die meisten Prediger tun sich nicht schwer, aus den Worten Mariens als Magd des Herrn für alle Frauen das Magdsein als biblisch gebotene Lebensform zu verkünden.

Die Not der Frauen und die Hartherzigkeit der Kirche

Mit strenger Umklammerung hielt die Kirche die Frauen fest in ihren Armen. Der Klerus diktierte, wie man zu leben hatte. Mitleid war nie Kennzeichen einer Institution, die vor allem die Wahrheit, d. h. die von ihr selbst definierte Lehre, verteidigte, aber die praktischen Sorgen und Probleme der Frauen nicht wahrnahm. Die Not der Frauen mit ständigen Schwangerschaften und hoher Kindersterblichkeit, Ausbeutung am Arbeitsplatz und häufiger Unterdrückung in der Ehe, all das kam nicht wirklich in das päpstliche Bewusstsein. Wie die »geliebten Töchter«, so genannt in den päpstlichen Ansprachen, wirklich lebten und nicht selten auch litten, davon drang nur wenig zum Oberhaupt der Kirche.

Da waren einmal die vielen Schwangerschaften. Manche Pfarrherren haben im Beichtstuhl ihre Macht ausgeübt und den Frauen alle Verhütungsmethoden untersagt. Die Geduld der Frauen mit den Anweisungen und dem Handeln der Kirche war grenzenlos.

Soziale Themen interessierten das Papsttum erst Ende des 19. Jahrhunderts unter Leo XIII.

In der kirchlichen Praxis vor Ort hatte sich noch bis ins 20. Jahrhundert eine gewisse Hartherzigkeit Frauen gegenüber festgesetzt. Die Behandlung der unehelichen Kinder beispielsweise war skandalös. Bei ihrer Taufe wurden die Glocken nicht geläutet, und bis in unsere Tage war die uneheliche Geburt ein Weihehindernis für die Priesterkandidaten. Die Verachtung der ledigen Mutter, die selbstverständlich kein rein kirchliches, sondern ein allgemeines soziales Phänomen war, wurde in den Dörfern nicht selten vom Pfarrer geschürt, das »gefallene Mädchen« konnte in kirchlichen Kreisen keine Hilfe finden. Erst mit der Debatte über den Schwangerschaftsabbruch änderte sich dies zum Positiven.

Auch in unseren Tagen sind nicht alle Formen kirchlicher, päpstlicher Hartherzigkeit überwunden. Geschiedene, die in einer neuen Partnerschaft leben, sind von den kirchlichen Sakramenten ausgeschlossen, und dies trifft wiederum besonders Frauen, weil diese in erster Linie aktiv am kirchlichen Leben teilnehmen möchten. Versuche von einigen deutschen Bischöfen, dies zu ändern, sind gescheitert. Rom blieb konsequent und gnadenlos.

Tausende von Bittgesuchen von Priestern, die einen Antrag auf Laisierung gestellt haben, liegen jahrelang unbeantwortet in vatikanischen Registraturen. Auch hier sind oft Frauen besonders getroffen, die ihren Arbeitsplatz als Erzieherin oder Gemeindereferentin verlieren. Rom regiert weiterhin mit strenger Hand, und das päpstliche Herrschaftssystem will eisern und unbarmherzig Prinzipien aufrechterhalten und hat kein Verständnis für Einzelschicksale.

In das verstaubte Frauenbild der Päpste brachte der revolutionäre Johannes XXIII. neue Facetten und vor allem Erwartungen. Das Konzil sah die Kirche nicht mehr als Hirten und Schafe, sondern als Volk Gottes, und dieser Begriff verhieß auch eine Aufwertung der Frauen. Immerhin waren auch siebzehn Frauen als Zuhörerinnen zu den Konzilssitzungen geladen, damals eine Sensation.

Leben nach dem eigenen Gewissen

Inzwischen haben sich viele katholische Frauen selber aus der kirchlicher Bevormundung befreit. Sie jubeln dem Papst begeistert zu, schlucken dessen ungeachtet aber die Pille, die ihnen Befreiung aus der Diktatur ungewollter Schwangerschaften bringt. Sie entscheiden selber über ihre Kinderzahl, die päpstlichen Verlautbarungen belasten nicht ihr eigenes Gewissen.

Der Papst wird beklatscht und gefeiert, ihm wird nicht direkt widersprochen, aber die gewöhnliche Christin ist ihm nicht mehr hörig. Frauen finden ihn als Menschen sympathisch, loben seine Friedensaufrufe und kommen in Scharen zu den Papstgottesdiensten, um ihn zu sehen; seine Ansprachen und Lehrschreiben stoßen aber auf Ablehnung oder schlicht auf Desinteresse. Die Basis hat sich längst von der Kirchenleitung abgekoppelt und geht beispielsweise in der Ökumene eigene Wege. Der Papst verliert in unseren Tagen nicht an Sympathie, wohl aber an Gehorsam.

Johannes Paul II. und die Frauen

Von Anfang an fiel auf, wie unverkrampft und offen Papst Johannes Paul II. (1978–2005) bei Audienzen und während seiner zahlreichen Reisen auf Frauen zuging und durch freundliche Gesten Sympathie bekundete. Er zeigte »zu den Frauen eine Zuneigung, die sich völlig unbefangen äußert und eine radikale Änderung des bisherigen päpstlichen Verhaltens bedeutet. Noch nie zuvor hatte man einen Papst gesehen, der junge Mädchen und Frauen mitten auf die Stirne küsst, sie an seine Brust drückt, sie an der Hand nimmt.«[182]

Er tat dies vor aller Öffentlichkeit. Johannes Paul war ein Papst »zum Anfassen«, er ging in die Öffentlichkeit und auf Reisen wie nie zuvor ein Kirchenoberhaupt. Gelegentlich hörte er auch die Stimme des Volkes, wie bei seiner ersten Reise nach Amerika im Jahre 1979. Eine Ordensfrau wagte sich aus der Deckung hervor, Theresa Kanes, die Vorsitzende der Konferenz der amerikanischen Ordensfrauen. Sie sprach den Papst in der Öffentlichkeit an und »sie ersucht ihn, darauf hinzuwirken, dass der Frau alle Ämter in der Kirche zugänglich gemacht werden«.[183]

Schöne Worte für die Frauen fand der Papst bei seinen Ansprachen wie von selbst, beispielsweise sprach er bei einem Grußwort folgendes:

»Wer kann sich vorstellen, welche großen Vorteile sich für die Seelsorge ergeben werden, welch neue Schönheit das Antlitz der Kirche gewinnen wird, wenn der Genius der Frau in den verschiedenen Bereichen ihres Lebens voll zum Tragen kommen wird?«[184]

Der »Genius der Frauen« gehörte zu den päpstlichen Lieblingsworten und erschien immer wieder. Allerdings setzte Johannes Paul dafür keine Zeichen, er unternahm nichts, den Frauen neue, verantwortungsvolle Aufgabengebiete zu erschließen.

Von welchen Frauen nahm Johannes Paul II. tatsächlich Notiz und wer erhielt Gelegenheit zu einem Gespräch mit ihm? Nach wie vor gilt wie im Mittelalter und in der Renaissance, dass ein gewisser Bekanntheitsgrad die Türen zum Vatikan öffnet.

Eine Auflistung von Namen soll hier nicht erstellt werden, aber eine Frau ist doch ausführlicher zu würdigen. Keine Frau hat durch Johannes Paul II. eine derart hohe Beachtung und Aufmerksamkeit erhalten wie Mutter Teresa, bis hin zu ihrer überstürzten Seligsprechung. Der Papst hat nie ein Hehl daraus gemacht, dass er ihr mit besonderer Sympathie zugetan war.

Siebzehntes Kapitel

Engel der Armen und Vertraute des Papstes

Mutter Teresa

»Laß nie zu,
daß du jemandem begegnest,
der nicht nach der Begegnung mit dir glücklich ist.«
Mutter Teresa

Missionarin, Lehrerin, Armenfürsorgerin

Agnes Gonxha Bojaxhiu, unter diesem Namen wurde Mutter Teresa am 27. August 1910 in Skopje geboren, das damals zum osmanischen Reich gehörte. Ihre Eltern waren Albaner aus vermögenden Familien. Agnes engagierte sich in der Pfarrjugend, begeisterte sich für die Mission und wünschte sich, selber als Missionarin zu wirken. Bereits mit achtzehn Jahren verlässt sie ihre Familie und macht sich am 26. September 1928 auf den Weg nach Irland, nach Rathfarnham bei Dublin, wo sich das Mutterhaus der so genannten Loreto-Schwestern befand. Hier begann sie als so genannte Novizin ihren klösterlichen Lebensweg.

Schon bald geht es, und dafür konnte sich eine junge Frau damals sehr begeistern, nach Indien, in das Kloster in Darjeeling. Ab Mai 1929 absolviert sie dort ihr Noviziat, lernt Hindi und Bengali.

Am 24. Mai 1937 legt sie die ewigen Gelübde ab, sie verspricht, ihr ganzes Leben als Klosterfrau zu verbringen und erhält den Namen

»Mutter Teresa«, wie das bei den Loreto-Schwestern üblich ist. Das »Mutter« ist also keine Funktionsbezeichnung. Sie übernimmt eine interessante Aufgabe als Lehrerin an der dem Orden unterstehenden St. Mary's High School in Kalkutta. Mutter Teresa war also nicht von Anfang an bei den Armen tätig.

Die Lehrtätigkeit machte ihr sichtlich Spaß, und bald wurde sie zur Direktorin der Schule ernannt. Sie erlebte schöne Jahre an einer höheren Schule und in einem Kloster, das bescheiden, aber nicht allzu asketisch war. Einen direkten Weg zur Heiligkeit konnte man das nicht nennen.

Am 10. September 1946 sitzt die Lehrerin, mit ihren sechsunddreißig Jahren sprüht sie von Energie und Tatkraft, im Zug von Kalkutta nach Darjeeling. Sie lässt ihre Gedanken schweifen, liest in der Bibel und spürt intuitiv ihre eigentliche Berufung; »Tag der Entscheidung« nennt sie künftig den 10. September, der ihr die innere Klarheit gebracht hat, von nun an in den Slums von Kalkutta zu arbeiten. Der Dienst an den Ärmsten der Armen soll ihr Lebensinhalt werden, und sie will hierfür eine Gemeinschaft um sich sammeln. Dazu sind zunächst einige Hindernisse zu überwinden. Sie benötigt die Erlaubnis ihrer Generaloberin; dann schreibt sie nach Rom, und Papst Pius XII. gestattet ihr die »Exklaustrierung«, d. h. sie bleibt Nonne, darf aber außerhalb des Klosters leben. Warum man für diese schlichte Bitte das Oberhaupt der Kirche bemühen muss, bleibt das Geheimnis vatikanischer Bürokratie.

Am 16. August 1948 legt sie ihre Ordenstracht ab, um einen weißen Sari mit blauen Streifen anzuziehen. Diese Kleidung trugen damals Abfallsammlerinnen, und sie wollte bewusst die Tracht der Armen tragen. Dieser Sari wird zum Markenzeichen Mutter Teresas, und damit ist sie überall auf der Welt leicht identifizierbar. Sie lässt sich Grundkenntnisse in Krankenpflege beibringen und fängt in einem Armenviertel von Kalkutta an. Sie kauft eine Hütte, in der sie eine Schule einrichtet, und kümmert sich um Kranke und Sterbende. In einem ekelerregenden Umfeld hält sie Sterbende im Arm, verbindet eiternde Wunden, rettet hungernde Kinder und spricht mit verlassenen Alten. Selbst arm will sie den Ärmsten und den Verstoßenen Zuneigung geben und ihnen Würde verleihen. Bald schließen sich ihr Gefährtinnen an, im Jahr 1950 hat sie zehn junge Frauen um sich geschart und schickt ihr Ordensstatut nach Rom.

Der »Engel von Kalkutta« und sein Orden

Im Oktober 1950 wurde ihre Kongregation der »Missionarinnen der Nächstenliebe« von Pius XII. genehmigt. 1953 kann sie ein eigenes Mutterhaus erwerben und bald folgen wichtige Einrichtungen in Kalkutta wie ein Sterbehaus, ein Kinderheim, eine Lepraklinik und in einer rasanten Entwicklung dehnt sich die Gemeinschaft mit einer Reihe von Niederlassungen ab 1959 über ganz Indien aus. Prominente Gönner, vor allem in Amerika, gewähren finanzielle Unterstützung, und Mutter Teresa erhält von Rom die Erlaubnis, auch in anderen Ländern ähnliche Häuser zu gründen.

Heute sind in ca. 125 Ländern ungefähr 4500 Schwestern tätig; weltweit ist ein großes, globales Werk entstanden, das vor allem in Brennpunkten der Armut tätig ist und viele ganz unterschiedliche Einrichtungen und Gruppen, mit Ordensleuten wie Laien, umfasst bzw. mit ihnen kooperiert. In Deutschland existieren sieben Niederlassungen. 1985 wird ein erstes Aids-Pflegeheim in New York eingerichtet.

Nach ungefähr zwanzig Jahren Tätigkeit hatte sich ihr selbstloser Einsatz für die Armen weit herumgesprochen, und Mutter Teresa wurde mit Auszeichnungen regelrecht überhäuft, bis hin zum Friedensnobelpreis von 1979. Die Kirche selbst eröffnete den Reigen hochrangiger Ehrungen. Im Januar 1971 erhält sie in Rom den neu gestifteten »Friedenspreis Papst Johannes XXIII.« verliehen, der nüchterne und nicht gerade emotionsfreudige Paul VI. richtet bewegende Worte an sie. Von nun an ist sie im päpstlichen Rom eine bekannte und geehrte Persönlichkeit und ein gern gesehener Gast.

Kritische Stimmen

Wer sich einer kometenhaften Publicity erfreut – die Boulevardpresse berichtete ausführlich über ihre Begegnungen mit Lady Diana, der »Königin der Herzen« –, sollte sich über kritische Stimmen nicht wundern, auch nicht über ungerechte. Tief verletzt fühlte sich die Ordensgründerin durch eine Sendung im Britischen Fernsehen im November 1994 mit dem Titel »Hell's Angel« von Christopher Hitchens. In Indien warf ihr der ranghöchste Hindu-Priester vor, dass sie in Nordindien unter Einsatz von hohen Geldbeträgen massiv christlich missionieren wolle.

Aus aller Welt flossen reichlich Spenden, und auch die vielen Auszeichnungen brachten große Summen in die Ordenskasse. Mutter Teresa war in allem so glaubwürdig, dass niemand an der richtigen Verwendung der Spenden zweifelte. Aber ein geheimnisvoller Schleier lag über ihren Finanzen, wobei die heutige Zeit eine gewisse Transparenz bei Spendengeldern erwartet.

Von Anfang an will die Ordensfrau keine gepflegten Sozialstationen und keine modern eingerichteten Kliniken unterhalten. Sie will den Allerärmsten, die überall abgewiesen werden und für die niemand sorgt, mit einfachen Mitteln helfen. Und das Wichtigste ist ihr die menschliche Zuwendung. In ihrem rigorosen Drang zur Einfachheit kann ihr nicht immer gefolgt werden.

»Die Bedingungen für die Ärmsten der Armen und die Arbeitsbedingungen der Schwestern bleiben primitiv und unter fachlichen Aspekten völlig unzureichend. Es ist allgemein bekannt, daß Mutter Teresa sich zwar Krankenhäuser zur Verfügung stellen ließ, aber den Fahrstuhl darin verhinderte, daß sie professionelle medizinische Geräte, die vielen Patienten Besserung und vielleicht sogar Heilung verschaffen könnten, in ihren Sterbe- und Krankenhäusern nicht zuließ, daß die Schwestern beim Waschen der Leprakranken keine Handschuhe tragen durften und viele dergleichen Beispiele mehr.«[185]

Nicht jeder kann die Spiritualität Mutter Teresas verstehen, die nicht Leiden verhindern will, sondern im Erdulden von Leiden den wahren Weg zu Gott sieht, sie ist geprägt durch eine tiefe Leidensmystik, die ihr eigentliches Geheimnis ausmacht.

In der Gestalt von Mutter Teresa wird aber auch nach Meinung von Kritikern »eine Typologie von Heiligkeit sichtbar, der nicht so sehr die Bedürfnisse der Gläubigen zugrunde liegen, sondern eher die Interessen der offiziellen katholischen Kirche: In gut organisierten Werbefeldzügen und massenhaft verbreiteten Publikationen dient sie als Repräsentantin offizieller katholischer Auffassungen. Insbesondere im Zusammenhang mit den Problemen der Dritten Welt und vor allem Indiens wurde Mutter Teresa zur Propagandistin der kirchenamtlichen Politik.«[186]

Praktische Hilfe statt Hilfskonzepten

Abstrakte Konzepte waren nicht ihre Sache, die Schlichtheit ihres Tuns und die Achtung vor jedem Menschen sind für sie kennzeichnend. Sie wollte keine Leitlinien für eine sinnvolle Entwicklungspolitik und keine Strategien für die Bekämpfung der Armut verkünden, sie war eine Frau der Praxis. Ihr Thema war nicht die Rolle der Kirche im Verhältnis zu den Armen.

Zeit ihres Lebens verteidigte die Friedensnobelpreisträgerin die traditionellen Werte der katholischen Kirche. Sie hielt nichts von Scheidung, Empfängnisverhütung und Abtreibung.

Kritikern, die ihr vorwarfen, nichts gegen die Ursachen sozialer Not zu unternehmen, entgegnete sie, der Not leidende Mensch könne nicht darauf warten, dass sich die gesellschaftlichen Verhältnisse änderten. »Man muß keine perfekten Konzepte haben und vorlegen, man muß einfach anfangen. Ich habe gemacht, was ich für richtig gehalten habe.« Ihr Lebenswerk bezeichnete sie als »Tropfen der Erleichterung in einem Meer des Leidens – aber wenn es diesen Tropfen nicht gäbe, würde er im Meer fehlen«.

Ihre Arbeit in den Slums von Kalkutta kann nicht *die* katholische Antwort auf die Probleme der Dritten Welt sein. Ohne Geburtenkontrolle lassen sich Hunger und Elend in der Welt nicht in den Griff bekommen. Es gilt, die Entstehung der Not zu bekämpfen, und ohne globale Strategien gibt es keine Fortschritte.

Der Papst und die Ordensfrau

Zum ersten Mal begegneten sich beide beim Eucharistischen Weltkongress in Philadelphia im Jahr 1976, wo der polnische Kardinal Karol Woytila auf einer Veranstaltung zusammen mit Mutter Teresa auftrat. Weit über das übliche Maß hinaus haben sich der Papst und die Nonne getroffen und ihre Zuneigung und Sympathie nicht verborgen. Eine gewisse Seelenverwandtschaft verband sie, gemeinsame Überzeugungen und eine ausgeprägte Fähigkeit, die weltweite Öffentlichkeit anzusprechen und zu mobilisieren. »Des Papstes weiblicher Spiegel« wurde Mutter Teresa in einem Artikel genannt, sie war eine stramme, absolut linientreue Katholikin, sie vertrat überall und vor allem auf internationalen Konferenzen die Positionen des Vatikans. Sie war ein Sprachrohr des Papstes, und diesem gefiel ihre Geradlinigkeit und konsequente Haltung.

Als Mutter Teresa 1979 den Friedensnobelpreis erhielt, machte sie auf dem Rückweg von Oslo Station in Rom, um dem hocherfreuten Papst zu berichten. Auch nach dem Attentat auf Johannes Paul durfte Mutter Teresa den kranken Heiligen Vater besuchen. Seit Jahrhunderten hat wohl keine Frau mehr Interesse und Sympathie eines Pontifex gefunden als die Nonne in Kalkutta. Keine Frau wurde öfter zusammen mit ihm fotografiert als sie.

Ihre beiderseitigen Reisen schaffen immer wieder Raum für persönliche Begegnungen, von denen wir hier nur wenige schildern wollen. Auf seiner ersten Indienreise trifft Johannes Paul am 4. Februar 1986 Mutter Teresa in Kalkutta. Sie fühlt sich durch den Papstbesuch besonders geehrt. Eine dreiviertel Stunde verbringt der Papst in ihrem Sterbehaus, und sie nennt das den schönsten Tag in ihrem Leben.

Im September 1989 erlebte Mutter Teresa – nicht zum ersten Mal – einen körperlichen Zusammenbruch. Aus Rom sandte Johannes Paul eine persönliche Botschaft:

»Man hat mir von Eurer plötzlichen Erkrankung berichtet, und ich beeile mich, Euch meiner Gebete und geistigen Nähe zu versichern. Gegenwärtig empfehle ich Euch der Fürbitte unserer gnadenreichen Mutter Maria, der Helferin der Kranken, und entbiete Euch herzlich meinen apostolischen Segen.«[187]

Auf ihrer großen Amerikareise 1991/92 war sie u. a. Gast im Weißen Haus und informierte den amerikanischen Präsidenten über ihre Arbeit. Anfang 1992 erkrankte sie wieder schwer und lag einige Wochen im Krankenhaus.

»Als der Papst anrief, konnten die Ärzte nur mit großer Mühe verhindern, daß Mutter Teresa ihre Sauerstoffmaske herunterriß, um sich am Telefon besser verständlich zu machen.«[188]

Im Mai 1997, und Mutter Teresa ist über sechsundachtzig Jahre alt, reist sie noch einmal nach Rom, um dem Papst ihre Nachfolgerin Schwester Nirmala vorzustellen. Es ist wie ein Abschiedsbesuch. Im Rollstuhl wird sie in den Vatikan gefahren und stellt sich mit dem Papst zusammen den Fotografen. Als Teresa sich verabschiedet, schaut ihr Johannes Paul wehmütig nach, im Blick ihre körperliche Hinfälligkeit und im Blick eine Frau, die für sein Pontifikat eine herausragende Gestalt war, ein Symbol über Grenzen hinweg.

Die Selige

Am 5. September 1997 stirbt der »Engel von Kalkutta«, umgeben von einigen Schwestern und betrauert von der ganzen Welt.

In seinem Beileidstelegramm nach Kalkutta nennt Johannes Paul Mutter Teresa eine Frau von unerschütterlichem Glauben, ein Geschenk an die Kirche und an die Welt. Die Erinnerung an ihre ungewöhnliche geistliche Vision werde bleiben.

Am 6. September wurden die sterblichen Überreste der Verstorbenen in die katholische St.-Thomas-Kirche von Kalkutta überführt. Ihr einbalsamierter Leichnam war dort in einem gläsernen Sarg aufgebahrt. Über 100 000 Menschen aller Schichten und Religionen haben der verstorbenen Ordensgründerin die letzte Ehre erwiesen.

Schon längst sahen viele Menschen in Mutter Teresa eine Heilige. Über Religionsgrenzen hinweg ist sie zu einer Symbolgestalt erhoben worden. Die Medien hatten längst vollzogen, was der Papst in feierlich kirchliche Worte kleidete. Unter Umgehung der vorgeschriebenen Fristen ließ er in Rekordzeit den Seligsprechungsprozess für Mutter Teresa durchziehen.

Längst gehörte »der Engel der Armen« aller Welt; auch kirchenferne Jugendliche sehen in ihr eine Idealgestalt. Die Ordensgründerin zählt zu den großen Frauen des 20. Jahrhunderts. Ihr Gesamtwerk lässt sich in vielerlei Zahlen ausdrücken, am Ende war sie Managerin eines gewaltigen sozialen und religiösen Imperiums. Alles bisher

Gesagte berührt aber nur die Oberfläche. Das Geheimnis von Mutter Teresa ist ihre tiefe, mystisch geprägte und ganzheitliche Religiosität, die hier nicht weiter erläutert werden soll, sondern als ihr innerer Weg in einem Raum der Unbegreifbarkeit belassen wird.

Tief gebeugt und mit zitternder Stimme hat Papst Johannes Paul II. am Sonntag, dem 19. Oktober 2003, die Ordensgründerin Mutter Teresa selig gesprochen. 300 000 Gläubige aus aller Welt strömten auf den Petersplatz. Vermutlich hat noch nie ein Papst eine derartige Zeremonie vorgenommen für eine Frau, der er persönlich sehr verbunden war. Gewiss bleiben seine inneren Gefühle verhüllt in den liturgischen Worten, aber in seiner Ansprache wird er doch sehr konkret, wenn er sagt: »Ab und zu kam sie und erzählte mir von ihren Erfahrungen.« Mutter Teresa verkörperte das Frauenbild des Papstes in idealer Weise.

Achtzehntes Kapitel

Männerregiment für alle Zeit?

Papsttum und Kirche im Zeitalter der Frauenemanzipation

Alltagspraxis

Überall Männer, in allen wichtigen Funktionen nichts als Männer, so präsentierte sich bis vor kurzem der Vatikan. Der Eindruck einer Männerkirche hat übermächtige Gestalt. Und wo sind die Frauen? Natürlich sie einige Auserwählte da, eine verschwindend kleine Zahl. Sie sind angestellt, um zu dienen, als Übersetzerinnen, Sekretärinnen, Telefonistinnen, Krankenschwestern oder als Haushälterin und Köchin.[189]

Dieses veraltete Klischee einer Frauenrolle, hier in Rom hat es sich erhalten. Die Frauen dürfen Texte tippen, die Männer verfasst haben. Zum Inhalt werden sie nicht gefragt; dass sie selber Texte verfassen können, wer traut das schon einer Frau in päpstlichen Behörden und Organisationen zu? In der Glaubenskongregation sieht die weibliche Besetzung so aus:

»Da gibt es die promovierte Theologin Marie Hendrickx, die als Sachbearbeiterin beschäftigt ist, ansonsten arbeiten im Heiligen Offizium drei Sekretärinnen und eine Bibliothekarin.«[190]

Bei Radio Vatikan finden relativ viele Frauen einen Arbeitsplatz, die Chefs sind aber grundsätzlich Männer. Im ganzen Vatikan ist bisher Frauen nur eine Nebenrolle zugedacht und dazu noch eine sehr bescheidene und untergeordnete. Jegliche Entscheidungskompetenz liegt in der Hand von Männern. Allerdings hat kürzlich (24. 4. 2004) die Nachricht überrascht, dass zum ersten Mal eine Frau auf die dritthöchste Position in einer Kongregation des Vatikans berufen wurde. Die Nonne Enrica Rosanna vom Salesianer-Orden wurde zur Unterstaatssekretärin der Kongregation für die Institute für das gottgeweihte Leben ernannt.

Bei dieser Kongregation geht es sowieso um Ordensleute und diese sind, was nicht überrascht, überwiegend weiblich. Es war also höchste Zeit, dass eine Frau hier etwas mitzureden hat.

Außerdem erhielten in jüngster Zeit zwei Frauen ihre Aufnahme in die päpstliche Theologische Kommission, nämlich Barbara Hallensleben und die Amerikanerin Butler, Professorin für systematische Theologie.

Glücklich über die erstmalige Berufung von Frauen in die Theologische Kommission zeigte sich der ehemalige Kommissions-Vorsitzende Kardinal Georges Cottier. Gegenüber der Nachrichtenagentur Reuters nannte Cottier die Ernennungen »sehr positiv«. Frauen könnten bei bestimmten Problemen »ihre eigene Sensibilität zur Geltung bringen, wo Männer womöglich eine andere Sichtweise haben«, so der Kardinal.

Die aus Deutschland stammende Theologin Barbara Hallensleben wertete ihre Berufung als natürliche Konsequenz aus den Reformen des Zweiten Vatikanischen Konzils in den sechziger Jahren, in dessen Folge immer mehr Frauen katholische Theologie studiert haben.

Mitspracherechte für Frauen

Der Erzbischof von Brüssel, Kardinal Godfried Danneels, fordert eine stärkere Beteiligung von Frauen in Leitungsfunktionen der katholischen Kirche. Leitungsämter müssten nicht unbedingt von Priestern eingenommen werden. So könne er keinen Grund sehen, warum Frauen nicht auch Kongregationen der römischen Kurie leiten sollten. In seiner eigenen Diözese habe er bereits Leitungsfunktionen mit Frauen besetzt. Es gebe keinen Grund dafür, dass die Machtstrukturen in der Kirche männlich dominiert bleiben müssten.[191]

Kann es sich die katholische Kirche auf Dauer leisten, in ihren obersten Leitungsgremien Frauen von jeder Verantwortung und

Beteiligung auszusperren? Könnte man sich eine Kardinalin vorstellen? In der Renaissance war sie die Mätresse, die Lebensgefährtin eines Kardinals, der oft über Jahrzehnte ohne Priesterweihe sein Amt ausübte. Paul III. trug sechsundzwanzig Jahre den Kardinalspurpur ohne Priesterweihe, die er erst im Alter von einundfünfzig Jahren empfing.

Wenn es schon einmal Kardinäle ohne Weihe gab, und das war über einige Jahrhunderte so, dann könnten auch Frauen diese Stellung einnehmen. Die kirchliche Tradition war vielfältiger, als man heute wahr haben will. Eine Kardinalin – heute unvorstellbar – warum eigentlich?

Allerdings finden Frauen nur dann einen Platz in der kirchlichen Hierarchie, wenn die Ämter neu definiert werden. Es kann nicht genügen, wenn durch Gutmütigkeit eines Amtsträgers einige Alibi-Frauen auf mittleren Posten platziert werden. Der Zugang muss auf breiter Basis möglich sein. Und es muss Bewegung in das ganze System kommen, eine Entkoppelung sollte stattfinden, es sollte Amtsträger mit Weihe und ohne Weihe geben. Für die Papstwahl benötigt man doch beispielsweise keine Bischofsweihe.

Die Richter der Rota, des obersten kirchlichen Gerichtshofes, sind alle Männer, die in letzter Instanz z. B. in Eheverfahren entscheiden; als ob eine Frau nicht auch Kirchenrecht studieren und von Ehefragen etwas verstehen könnte.

Müssen die päpstlichen Diplomaten allesamt die Bischofsweihe haben? Und braucht man für Sekretärsdienste in einem vatikanischen Schreibbüro die Priesterweihe? Ist es nicht die Entwertung eines Sakramentes, wenn es nur notwendig ist für eine persönliche Karriere? Alle führenden Funktionen und auch viele normale Beamtenstellen sind mit Geistlichen besetzt, der Vatikan ist ein Priesterstaat, ca. 1300 Mitarbeiter haben die Priesterweihe.

Kritische Theologinnen

Noch in der Nachkriegszeit hatten alle Professoren der Theologie die Priesterweihe, eine zwanghafte Verknüpfung ohne Notwendigkeit. Aber damit konnte man auch die Frauen von diesen Lehrstühlen fernhalten.

Ute Ranke-Heinemann.

Die Theologin Elisabeth Gössmann kann ein Lied davon singen. Nach einer glanzvollen Promotion reichte sie 1963 in München bei der Katholischen Fakultät ihre Habilitationsschrift ein, sie scheiterte am Einspruch der deutschen Bischöfe. Ihre Habilitation gelang dann im Fach Philosophie, ihre jahrelangen Bemühungen um eine Professur waren erfolglos. »Wer zu früh kommt, den bestraft das Leben,« musste sie schmerzlich erfahren. Sie ging dann nach Japan und erhielt dort eine Professur. In ihrem neuen Buch »Geburtsfehler weiblich« schildert sie ihr vergebliches Bemühen, als katholische Theologin in Deutschland lehren zu dürfen. Die Angst vor den Frauen war in dieser Zeit offensichtlich unüberwindbar, und die Direktiven für die Verweigerungshaltung kamen aus Rom. In der Zwischenzeit haben ein paar

Frauen Zugang zu einigen Lehrstühlen gefunden, aber die Klagen häufen sich, dass Rom die Berufung von Frauen verhindert.

Als erste Frau hat in den achtziger Jahren eine Theologin eine Professur erhalten, Uta Ranke-Heinemann, deren Vater Gustav Heinemann von 1969 bis 1974 Bundespräsident war. Sie studierte zunächst dreizehn Semester evangelische Theologie. 1953 tritt sie zum Katholizismus über und beginnt sofort das Studium der katholische Theologie in München und promoviert 1954 zum Dr. theol. Vor 1954 hatte es weltweit noch keine Frauenpromotion in katholischer Theologie gegeben. In München war sie Kommilitonin von Joseph Ratzinger, mit dem sie sich gut verstanden hat. Sie wird Dozentin an der Pädagogischen Hochschule in Neuss und erreicht 1969 die Habilitation im Fach Katholische Theologie, weltweit als erste Frau. Im Jahr 1980 erhält sie den Lehrstuhl für Katholische Theologie an der Universität Duisburg, ehe sie 1985 an die Universität Essen wechselt, wo sie Neues Testament und Alte Kirchengeschichte lehrte.

Die anfangs kirchentreue Professorin entwickelte sich immer mehr zu einer scharfen Kritikerin. Lange Zeit hat die Kirche »Geduld« mit ihr, aber Uta Ranke-Heinemann bleibt kompromisslos, und so wird ihr 1987 die Lehrerlaubnis entzogen, weil sie an der Jungfrauengeburt Marias zweifelt. Ende 1987 bekommt sie einen neuen, kirchenunabhängigen Lehrstuhl für Religionsgeschichte an der Universität Essen. Mit ihrem Buch »Eunuchen für das Himmelreich« gelang ihr ein Welterfolg. Beim Papstbesuch 1980 drehte die Professorin richtig auf und empörte sich im »Stern« über die Kosten des Papstbesuchs: »Dazu bedarf es hier nicht der gigantischen Fassade und der 20 Millionen Mark Pilgerreisekosten ... Brot und Spiele verlangten die Menschen aller Zeiten ... Jetzt wird ihnen der Papst als unübersehbares Schauspiel geboten: im Flutlicht am helllichten Tag angestrahlt zur Lichtgestalt. Die Herde ist im Begriff, sich das Erhabenste und Teuerste zu leisten, den Hirten selbst zu konsumieren – vor dem Butzweiler Riesenkreuz. Wer mir nachfolgen will, nehme sein Kreuz auf sich. Wenn das Spektakel vorbei ist, bleibt das Kreuz verwaist zurück. Und niemand nimmt es auf sich außer der Steuerzahler.«[192]

Eine Botschaft des Kardinals – das letzte Wort zur Frauenfrage?
Ein gewaltiges Rauschen im Blätterwald drang bis nach Rom in den Palazzo des damaligen, obersten Glaubenshüters Kardinal Joseph Ratzinger und hat ihn in seiner Lautstärke wohl auch überrascht. Sein »Schreiben an die Bischöfe der Katholischen Kirche über die Zusammenarbeit von Mann und Frau in der Kirche und in der Welt vom 31. Juli 2004« richtete sich nicht direkt an die Frauen, sondern eben an die Bischöfe, und deren Antwort war klar, sie fanden den Text positiv und zukunftsweisend.

Wieder einmal wird von Männern über die Rolle der Frauen geredet, und nicht zu Unrecht tituliert ein Leitartikel das Dokument als »Männerwerk«.[193] Dies ist allerdings kein Diskussionspapier, der Kardinal will nicht mit den katholischen Frauen in einen Dialog eintreten, sondern er bietet ihnen eine kirchenamtliche Stellungnahme, die selbstverständlich die Auffassung des Papstes, des unmittelbaren Vorgesetzten und (wie wir heute wissen) Vorgängers von Kardinal Ratzinger, genau widerspiegelt; es ist die offizielle Sicht der Frauenfrage, ein Text, wie die Kirche die Frau sieht. Es zeigt das heutige Frauenbild des Vatikans. Es hätte dem Papier gut angestanden, wenn Frauen als Mitautoren genannt worden wären, es kann sie ja tatsächlich gegeben haben. Vielleicht kann man einen Text an alle Frauen der Welt gar nicht schreiben, so unterschiedlich sind die Lebensbedingungen.

Die ersten Interpreten der päpstlichen Verlautbarung sind die Journalisten. Ihre Aussagen und Interpretationen nimmt das Kirchenvolk vorab zur Kenntnis, bevor es den Originaltext zu lesen bekommt: So schreibt die »Welt« schon am 31. Juli 2004, dem Tag des Erscheinens des Lehrschreibens unter der Überschrift »Der Papst denkt über Frauen nach« und zitiert ein paar Kernsätze. Deutlicher wird schon die Süddeutsche Zeitung vom 31. 7. 04 mit der Überschrift:

»Papst verurteilt feministische Ideen« und dem Untertitel »Oberhaupt der katholischen Kirche sieht Gefahren für Familie und Gesellschaft«.

Eine harsche Kritik von evangelischer Seite formulierte die Bischöfin der Evangelischen Landeskirche von Hannover, Margot Käßmann. »Es macht mich schlicht fassungslos, wie der Vatikan hier von den

Frauen und der feministischen Bewegung spricht, das sind Klischees, ja Feindbilder.« Sie nennt den Text »ein tieftrauriges Stück Papier, eine verpasste Chance, ein Beharren, das nicht sieht, wo Kräfte der Erneuerung wachsen – in allen Kirchen und unter allen Frauen über die Konfessionsgrenzen hinweg.«[194]

Kardinal Ratzinger schreibt, und niemand hätte es anders erwartet, in einer gehobenen und sehr theologischen Sprache, dabei führt er viele Papstworte und Bibelzitate an, was er eigentlich will, wird eher unterschwellig deutlich. Er setzt sich mit Tendenzen der feministischen Theologie und der so genannten Gender-Forschung kritisch auseinander. Das Papier warnt vor Gefahren, die wohl nur Fachleute als solche erkennen. Schon der erste Satz ruft Erstaunen hervor:

»Erfahren in der Menschlichkeit, ist die Kirche immer an den Belangen von Mann und Frau interessiert.«[195]

Vorab nimmt der Autor für seine Kirche eine Kompetenz in Anspruch, die man ihm nicht abnimmt. Schon ein oberflächlicher Blick in die Kirchengeschichte lässt beim Thema Menschlichkeit die Kirche nicht gerade glänzen. Wer hat sich für die Gleichberechtigung von Frauen eingesetzt? Die Kirche war es bestimmt nicht. Der Text spart nicht mit Lobesworten allgemeiner Art über die Frauen, spricht von der »unersetzlichen Rolle der Frau in allen Bereichen des familiären und gesellschaftlichen Lebens« und sieht sehr wohl die moderne Frau, die sich beruflich engagieren will und die Familie und Beruf unter einen Hut bringen und in der Arbeitswelt ihren Mann stehen muss.

Der Kardinal verlangt die »Förderung der Frau innerhalb der Gesellschaft« und wendet sich gegen »jegliche ungerechte geschlechtliche Diskriminierung«.

Ratzinger übernimmt wichtige gesellschaftspolitische Forderungen, wenn er schreibt:

»dass die Frauen in der Welt der Arbeit und des gesellschaftlichen Lebens gegenwärtig sein und zu verantwortungsvollen Stellen Zugang haben sollen.«[196]

Sehr konkret will der vatikanische Text nicht werden, er schwebt eher über den Frauen, als dass er ihre konkreten Fragen aufnimmt.

Was in der Gesellschaft eingefordert wird, bietet die Kirche selber keineswegs an: »Zugang zu verantwortungsvollen Stellen«.

Der Text der Glaubenskongregation vermeidet es sorgfältig, in die Niederungen des alltäglichen Lebens hinabzusteigen. Deshalb findet er kein Wort darüber, wie die Kirche mit den geschiedenen Frauen umzugehen gedenkt oder mit Frauen, die sich im Dienst dieser Kirche als Religionslehrerinnen oder Pastoralreferentinnen abmühen. Sind sie in kirchlichen Berufen nur geduldet oder willkommen und wie sind ihre Perspektiven?

Das päpstliche Wort richtet sich an die Mitbrüder Bischöfe, aber es fehlt eine Ermunterung an diese, Frauen im kirchlichen Dienst zu fördern, etwas Positives für die Frauen zu unternehmen. Über die Rolle der Kirche als Arbeitgeberin für Frauen hätte man gerne einige erhellende Sätze gehört.

Das römische Frauenbild verharrt in den tradierten kirchlichen Vorstellungen. Zwei Gesichtspunkte fallen dabei auf:

Der Vatikan registriert durchaus soziale Veränderungen, hat hier ein modernes Frauenbild im Blick und stellt für die Frauen Forderungen an Politik und Gesellschaft.

Innerkirchlich allerdings ist ein deutlicher Stillstand eingetreten. Beispiele für den Umgang mit den Frauen in der Kirche vermeidet das neue Lehrschreiben penibel, Frauenförderung in kirchlichen Einrichtungen und Gleichberechtigung im Raum der Kirche sind keine Themen.

Zu dem heißen Eisen »Frauenordination«[197] hat sich Papst Johannes Paul II. jede weitere Diskussion verbeten, er hat das Thema ein für allemal als entschieden erklärt und eine Kursänderung für seine Nachfolger sehr erschwert.

»Der Versuch des Vatikan, die Debatte über die Ordination von Frauen vom Tisch zu bekommen, hat nur dazu geführt, noch mehr Frauen zu verärgern. Wenn die Kirche im 21. Jahrhundert gebildete Frauen auf dieselbe Weise verlieren wird, wie sie im 19. Jahrhundert die Männer der Arbeiterklasse verloren hat, wird sie in ernsthaften Schwierigkeiten sein. Vor allem die wachsende Entfremdung der gebildeten katholischen Frauen wird sich als problematisch erweisen,

Papst Benedikt XVI.

denn es waren traditionell Frauen, die die Kirchen in Europa füllten und ehrerbietiger auf klerikalen Einfluß reagierten als Männer.«[198]

Das Frauenthema erhält in nächster Zeit eine hohe Brisanz, und allein schöne Worte aus Rom helfen dann nicht weiter. Die Frauen wollen ernst genommen werden, ansonsten ziehen sie stillschweigend ihre Konsequenzen. Eine von den deutschen Bischöfen in Auftrag gegebene Umfrage zum Thema »Frauen und Kirche« zeigt das deutlich. Demnach wird die Institution Kirche allgemein »von der Mehrheit katholischer Frauen als viel zu stark von Männern geprägt empfunden. Die große Mehrheit bezweifelt, daß die Kirche die Anliegen und Probleme der Frauen von heute versteht und sich auch für die Interessen von Frauen einsetzt. Gerade 20 Prozent der katholischen Frauen attestieren der Kirche Verständnis für die Anliegen und Probleme von Frauen.«[199]

Das päpstliche Frauenbild erfordert in der Praxis noch vielerlei Korrekturen und das vor allem im eigenen Haus.

Und wer am Schluss noch einen Blick in den amtlich deklarierten, offiziellen Heiligenhimmel wirft, sieht sich als Frau unter einer verschwindenden Minderheit. Rein rechnerisch haben die Petrusnachfolger weit mehr Männer zur Ehre der Altäre erhoben als Frauen, auch darin liegt eine Aussage über das päpstliche Frauenbild. Gleichberechtigung auf den Altären, so abwegig sind die Forderungen der Frauen nun auch wieder nicht.

Der am 2. April 2005 verstorbene Johannes Paul II. hat zu Lebzeiten in einer charismatischen Weise die Sympathie und Zuneigung sehr vieler Frauen gefunden, unabhängig von seinen moralischen Ermahnungen. Als sich nach seinem Tod Millionen von Menschen aufmachten, um den toten Pontifex zu ehren, wurden Zeichen von Rührung und Anteilnahme in einem ungeahnten Ausmaß sichtbar und durch die Medien einer staunenden Öffentlichkeit vorgeführt. Die Welt schaute zu, überrascht und fassungslos, wie ein toter Papst die Institution des Petrusamtes lebendiger und aktueller erscheinen ließ, als man je vermuten konnte.

Das strahlende Lächeln des neuen Papstes Benedikt XVI. auf der Loggia von St. Peter am Abend des 19. April 2005 mag als ein Zeichen gedeutet werden, dass sich der strenge Glaubenshüter Ratzinger in einen Glaubensverkünder einer frohen Botschaft wandeln könnte. Unter vielen Erwartungen wird auch die Frauenfrage zu einer wichtigen Aufgabe seines Pontifikates. Niemand rechnet mit einem revolutionären Kurswechsel, aber die Aufwertung der Frauen lässt sich nicht aufschieben.

Im April 2005 brach eine gigantische Papst-Euphorie los und erfüllte orgienhaft alle Medien. In einer faszinierenden Choreographie und mit inszenatorischer Kraft wurden eindrucksvolle Feiern zelebriert, bei denen die Teilnahme und die Begeisterung der Menschen völlig überraschte. Das Papsttum wurde von einer großen Weltöffentlichkeit wahrgenommen.

Bei der Feier zu seinem Amtsbeginn am 24. April 2005 wurde der neue Papst Benedikt XVI. umjubelt und mit Freudenrufen gefeiert. Auf ihm ruhen nun die Hoffnungen vieler Menschen und vor allem vieler Frauen.

Anmerkungen

1 Elisabeth Gössmann, in Jost, Wie Theologen Frauen sehen, S. 53.

2 Decker, Die Päpste und die Hexen. Der Autor hatte Gelegenheit, das Archiv der Glaubenskongregation einzusehen und präsentiert in seinem Buch viele Fallbeispiele.

3 Küng, Kleine Kirchengeschichte, S. 147.

4 Hofmann, Frauen, die die Kirche prägten, S. 113.

5 Ebenda.

6 Im Original: »Petri dignitas etiam in indigno herede non deficit«.

7 Ravenna wurde im Jahr 539 von Belisar, dem Feldherrn Justinians erobert und gehörte fortan zum Herrschaftsgebiet der byzantinischen Kaiser. Die Kirche San Vitale wurde von 526 bis 547 erbaut.

8 Anhänger der Lehre, die in Jesus Christus allein die göttliche Natur erkennt, anstatt zwei, nämlich die göttliche und menschliche wie die sogenannten Dyophysiten.

9 Cesaretti, Theodora, S. 285.

10 A. a. O., S. 287.

11 A. a. O., S. 385.

12 Sie sind benannt nach Arius (ca. 250–336), der die Göttlichkeit Christi ablehnt. Seine Lehre wurde auf dem Konzil von Nikäa im Jahr 325 verurteilt. Arius hatte aber weiterhin viele Anhänger, vor allem im Osten.

13 Wörtlich »mundus senescens«: Lexikon der Päpste, S. 102.

14 Brief Gregors, Ep. IV 4, Zitat bei Stockmeier, Peter in Bavaria Sancta, S. 13.

15 A. a. O., S. 15.

16 Die Papstfabeln des Mittelalters von Ignaz von Döllinger sind erstmals 1863 erschienen.

17 Donna W. Cross, Die Päpstin – Historischer Roman: 1996 in deutscher Übersetzung erschienen, hat als Taschenbuch hohe Auflagen erreicht. Die Sympathie für dieses Werk hält an. Das Buch von Cross ist nicht das erste literarische Werk über die Päpstin Johanna bzw. Päpstin Jutta; bereits Boccaccio erwähnt sie, und im 19. und 20. Jh. tritt sie u. a. bei Achim von Arnim und Rudolf Borchardt auf. Die bekannteste literarische Darstellung vor Ross ist der stark antiklerikale Historienroman »Die Päpstin Johanna« (1866) von Emmanuìl Roidis.

18 Gemeint sind damit Grammatik, Rhetorik und Dialektik.

19 Text bei Gössmann, Mulier Papa, S. 33f. Dieses Werk bietet eine wissenschaftlich fundierte Rezeptionsgeschichte der Gestalt der Päpstin Johanna.

20 A. a. O., S. 19.

[21] Ein Mangel der Natur, das Nicht-Mannsein, bzw. die Weiblichkeit lassen eine gültige Priesterweihe nicht zu.

[22] Auch Mariuccia, Verkleinerungsform von Maria.

[23] Natürlich existiert auch schon ein Roman und zwar von Eric Walz, Die Herrin der Päpste, München 2003.

[24] Weil die Quellenlage undeutlich bleibt, ist die Sache mit dem Papstsohn nicht einwandfrei festzustellen. Die meisten Historiker nennen Johannes Papstsohn. Abweichend davon schreibt Zimmermann, Das Papsttum im Mittelalter, S. 98: von Papst Johannes XI., den der neue »Liber Pontificalis« ungeniert, aber doch wohl falscher Fama folgend, als Sohn weiland Papst Sergius' III. bezeichnet.

[25] Seppelt, Päpste, Bd. 2, S. 347.

[26] Gregorovius, Geschichte der Stadt Rom, Bd. I, S. 581.

[27] Vatikanlexikon, S. 342.

[28] Nach Giomi ist Marozia erst im Jahr 937 verstorben: Giomi, Berta e Marozia, S. 285.

[29] Gregorovius, Geschichte der Stadt Rom, Bd. I, S. 626.

[30] A. a. O., S. 583.

[31] Seppelt, Päpste, Bd. 2., S. 355.

[32] Haller, Das Papsttum, Bd. 2., S. 195.

[33] Pleticha (Hg.), Deutsche Geschichte, Bd. I, S. 279.
Der lateinische Text findet sich im Register Gregors VII., hg. von Erich Caspar, einige Beispiele (S. 202 f.):
Quod ille solus possit deponere episcopos vel reconciliare
Quod solus possit uti imperialibus insigniis
Quod illi liceat imperatores deponere.

[34] Pleticha (Hg.): Deutsche Geschichte, Bd. I, S. 288.

[35] Ebenda.

[36] Golinelli, Mathilde, S. 112.

[37] A. a. O., S. 156.

[38] Goez, Elke: Beatrix, S. 30. Nach Golinelli hat Mathilde ein Mädchen geboren, das sie Beatrix nennt und das im August 1071 stirbt. Golinelli, Mathilde, S. 149.

[39] A. a. O., S. 157.

[40] Blumenthal, Gregor VII., S. 152.

[41] Goez, S. 33.

[42] A. a. O., S. 170.

[43] Golinelli, Mathilde, S. 232.

[44] Zitat bei Golinelli, S. 166.

[45] A. a. O., S. 235.

[46] Miniatur in der Vita Mathildis von Donizo, Biblioteca Apostolica Vaticana.

Der Text lautet: Rex rogat abbatem, Mathildim supplicat (Der König bittet den Abt, Mathilde fleht er an).

47 Fumagalli, Mathilde, S. 40.

48 Wies, Kaiser Heinrich IV., S. 209.

49 Golinelli, Mathilde, S. 295.

50 Fumagalli, Mathilde, S. 14.

51 Pastor, Päpste, Bd. 13/2, S. 932.

52 Rudolf Holbach in Haverkamp (Hg.), Hildegard von Bingen in ihrem historischen Umfeld, S. 76.

53 Gemeint ist die Hildegard-Briefhandschrift von Zwiefalten.

54 Hildegard von Bingen, Briefwechsel, S. 32.

55 Spätere Redaktoren wollten einen kompletten Briefwechsel zusammenstellen und haben dabei auch ihrer Fantasie freien Raum gelassen, Antwortbriefe der Päpste sind kaum vorhanden. Dazu schreibt Monika Klaes: »*Die Papstbriefe selbst sind dagegen entweder gefälscht oder umadressiert und verändert; nur das Schreiben Papst Alexanders III., das sich aber nicht an Hildegard, sondern an den Propst Wezzelin von St. Andreas in Köln richtet, scheint echt zu sein. Durch diese Eingriffe entsteht das Bild eines Briefaustausches mit jedem der seit 1145 herrschenden Päpste, wobei die Initiative dem jeweiligen Papst zugewiesen wird.*« In Forster (Hg.): Hildegard von Bingen, S. 161.

56 Hildegard von Bingen, Briefwechsel, S. 30.

57 Ebenda.

58 Ebenda, S. 39f.

59 Ebenda, S. 41f.

60 Ebenda, S. 118.

61 Vier Briefe Hildegards an den Kaiser sind überliefert und ein Brief von ihm.

62 A. a. O., S. 174.

63 In 1 Tim. 2, 11–12 heißt es: »Eine Frau soll sich still und in aller Unterordnung belehren lassen. Dass eine Frau lehrt, erlaube ich nicht.«

64 Dinzelbacher, Das politische Wirken der Mystikerinnen in Kirche und Staat, S. 274.

65 Text bei Rotzetter, Klara von Assisi, S. 123.

66 Vgl. dazu Kreidler-Kos, Klara von Assisi, S. 109 f.

67 Kreidler-Kos, Klara von Assisi, S. 125.

68 Rotzetter, Klara von Assisi, S. 201.

69 A. a. O., S. 328.

70 Kapitel 63 des VI. Buches der Offenbarungen der heiligen Birgitta: Text bei Holböck, Gottes Nordlicht, S. 76. Aus dem gesamten Text wurden einige wichtige Sätze herausgenommen.

71 Offenbarungen, Buch IV, Kap. 33, Text bei Holböck, Nordlicht, S. 116.

72 Gregorovius, Geschichte der Stadt Rom im Mittelalter, Bd. II, S. 769.

73 Offenbarungen, Buch IV, Kap. 138, Text bei Schiwy, Birgitta, S. 316.

74 Holböck, Nordlicht, S. 151.

75 Offenbarungen, Buch IV, Kap. 142, Text bei Schiwy, Birgitta, S. 380.

76 Unter dieser Überschrift ist in der Süddeutschen Zeitung vom 3. 2. 2004 über den 700. Geburtstag Birgittas berichtet worden mit dem Untertitel: »Warum sich in Schweden 110 000 Menschen für Birgitta begeistern?«

77 Apostolisches Schreiben als »Motu Proprio«, erlassen zur Ausrufung der hl. Birgitta von Schweden, der hl. Katharina von Siena, der hl. Teresia Benedicta a Cruce zu Mitpatroninnen Europas, Verlautbarungen des Apostolischen Stuhls Nr. 140: Herausgeber: Sekretariat der Deutschen Bischofskonferenz, Kaiserstraße 163, 53113 Bonn.

78 Italienisch Caterina.

79 Text bei Gnädiger, Caterina von Siena, S. 89.

80 Walter Nigg, Katharina von Siena, S. 34.

81 Katharina von Siena, Ich will mich einmischen, S. 35.

82 Schreiber, Geschichte der Päpste, S. 178.

83 Raymundus de Capua, Das Leben der heiligen Katharina, S. 148.

84 Walter Nigg, Katharina von Siena, S. 8.

85 Katharina von Siena, Ich will mich einmischen, S. 43.

86 Text bei Scarpa (Hg.), Zehn italienische Lyrikerinnen, S. 5.

87 Braudel, Modell Italien, S. 71.

88 Seppelt, Geschichte der Päpste, Bd. 4, S. 355.

89 Rahner, Jgnatius von Loyola, Briefwechsel mit Frauen, S. 43.

90 Zitat bei Walter, Der Prächtige, S. 251.

91 Pastor, Päpste, Bd. 4/1, S. 379.

92 Aufzählung aller Kinder und ihrer Versorgung durch den Papst bei Natalie Tomas, The Medici women, S. 129.

93 Braudel Fernand, Modell Italien, S. 156.

94 Pastor, Päpste, Bd. 4/1, S. 415.

95 Münkler, Lexikon der Renaissance, S. 101.

96 Pastor, Päpste, Bd. 4/1, S. 375.

97 Grillandi, Lucrezia Borgia, S. 70.

98 Pastor, Päpste, Bd. 3, S. 372.

99 La venere papale, S. 77.

100 Cloulas, Die Borgias S. 124. Der Originaltext bei Pastor, Bd. 3, S. 1084.

101 Gregorovius, Lucrezia Borgia, S. 74.

102 Grillandi, Lucrezia Borgia, S. 84.

103 Ausführlichere Informationen bei Alois Uhl, Papstkinder.

104 Zitat bei Agostino Paravicini Bagliani, Der Leib des Papstes, S. 129.

105 Castiglione, Das Buch vom Hofmann, S. 294.

Baldassare Castiglione (1478–1529): Il Cortegiano, erschienen 1528, wurde weithin berühmt und gehört zu den wichtigen Quellenschriften der Hochrenaissance.

106 Pastor, Päpste, Bd. 3/2, S. 724.

107 Pier Nicola Pagliara in Hochrenaissance im Vatikan, S. 213.

108 Castiglione, S. 489.

109 Pastor, S. 905.

110 Paris des Grassis, Diarium, zitiert bei Pastor, Päpste Bd. 3/2, S. 685.

111 »La fama della onnipotenza della sua intercessione si diffuse rapidamente negli ambienti della Curia romana«, in Dizionario Biografico, Bd. 45, 1995, S. 82.

112 Jos. E. Vercruysse in Archivum Historiae Pontificiae, Bd. 38, S. 66, Costanza erfreute sich der besonderen Gunst des Papstes.

113 Pastor, Päpste, Bd. 5, S. 136, Fußnote 6.

114 Dizionario Biografico, Bd. 45, 1995, S. 81.

115 Pastor, Päpste, Bd. 4/2, S. 631.

116 Michelangelo, Lebensberichte, Briefe, S. 435.

117 A. a. O., S. 431.

118 A. a. O., S. 463.

119 Pastor, Päpste, Bd. 4/2, S. 642.

120 Vittoria Colonna, Ausstellungskatalog, S. 53.

121 Schurr, Vittoria Colonna, S. 22.

122 Cambria, Adele: Das geheime Italien der Frauen, S. 70.

123 Pastor, Päpste, Bd. 5, S. 337.

124 Schurr, Vittoria Colonna, S. 13.

125 Dizionario Biografico, Bd. 27, 1981, S. 451.

126 Militello, Mütter und Geliebte, S. 162.

127 Pagano, Nuovi Documenti su Vittoria Colonna e Reginald Pole.

128 Pastor, Päpste, Bd. 5, S. 134.

129 Text bei: Vittoria Colonna, Ausstellungskatalog, S. 106.

130 Pastor, Päpste, Bd. 5, S. 345.

131 Schurr, S. 37.

132 Schurr, A. a. O., S. 4.

133 Sylvia Ferino-Pagden, in Vittoria Colonna, Ausstellungskatalog, S. 13.

134 Pastor, Päpste, Bd. 5, S. 252.

135 Ebenda, Fußnote 7.

136 A. a. O., S. 249.

137 Peschke, Das Kochbuch der Renaissance, S. 18.

138 Auch Margarita d'Austria, Margherita d'Austria, auch Margareta, Margarethe von Österreich.

139 De Dijn, Rosine, Des Kaisers Frauen, S. 174.

[140] Rachfahl, Margaretha von Parma, S. 15.
[141] Falkner, Andreas, Ignatius von Loyola, S. 179.
[142] Rahner, Jgnatius von Loyola, Briefwechsel mit Frauen, S. 107.
[143] Rachfahl, S. 27.
[144] »ci ha fregato la puttana« (sie hat uns betrogen, die Hure), zitiert bei Ciaffei, La Pimpaccia, S. 53.
[145] Chiomenti Vassalli, Donna Olimpia: »Olimpia appoggiò moralmente ed economicamente il cognato in quella missione delicata e difficile« S. 30.
[146] Pastor, Päpste, Bd. 14/1, S. 30.
[147] A.a.O., S. 34.
[148] Seppelt, Geschichte der Päpste, Bd. 5, S. 320.
[149] Pastor, Päpste, Bd. 14/1, S. 26.
[150] Reinhardt, Geschichte Italiens, S. 144.
[151] Raffalt, Fantasia Romana, S. 152.
[152] Raffalt, Concerto Romano, S. 374.
[153] Capranica, Donna Olimpia Pamfili, S. 8.
[154] Wetter, Immolata, Maria Ward: Missverständnisse und Klärung, S. 15.
[155] Chambers, Bd. 2, S. 116, zitiert bei Köhler, Maria Ward, S. 150.
[156] Zitat bei Wetter, Missverständnisse, S. 16.
[157] Zitiert bei Köhler, S. 230 f.
[158] Mit Bulle bezeichnet man ein wichtiges päpstliches Dokument, das mit dem (Blei-)Siegel des Papstes, der *bulla*, versehen ist. Vgl. Th. Frenz, in: Lexikon des Mittelalters, Bd II, Sp. 934f.
[159] Zitat bei Wetter, Maria Ward, unter dem Schatten, S. 15.
[160] Zitat Ebenda. Die Antwort Urbans ist in drei Versionen überliefert, dieser Text hier stammt aus der italienischen Vita.
[161] Pastor, Päpste, Bd. 13/2 S. 609.
[162] Leopold von Ranke, Die Päpste, S. 613.
[163] Ab Januar 1998 war der Zugang zu den Dokumenten des Hl. Offiziums möglich. Das Archiv der Glaubenskongregation wurde geöffnet. Es geht um die Dokumente der Inquisition. Was wurde gefunden? 18 Schreiben Maria Wards und ihrer Gefährtinnen an den Papst und die Kardinäle der Inquisition finden sich in den über 150 Dokumenten (1630–1640). Angabe bei Wetter, Maria Ward, unter dem Schatten, S. 7 u. 13.
[164] Diesen Satz schrieb Christina in L'Ouvrage du Loisir, Zitat bei Heyden-Rynsch, Christina von Schweden, S. 221.
[165] Pastor, Päpste, Bd. 14/1, S. 344.
[166] Sie verwendet auch die italienische Form Cristina Alessandra.
[167] Fussenegger, Herrscherinnen, S. 109.
[168] Zitat bei Heyden-Rynsch, Christina von Schweden, S. 70.
[169] Ich glaube an die eine heilige, katholische und apostolische Kirche.

170 Lavater-Sloman, Ein Schicksal, S. 311.

171 A.a.O., S. 318.

172 l'appoggio della cognata d'Innocenzo, l'onnipotente Olimpia Maidalchini: Dizionario Biografico, Bd. 4, 1962, S. 768.

173 »Fliegende Schwadron oder Fliegende Staffel«, rührt von einer spöttischen Bemerkung des spanischen Botschafters her.

174 Azzolinos literarischer Nachlass ist teilweise in Stockholm und in der Biblioteca Comunale di Iesi zu finden.

175 Pastor, Päpste, Bd. 14/1, S. 537, Fußnote 2.

176 Marie-Louise Rodén, Christina von Schweden und der päpstliche Hof, im Katalog der Ausstellung in Osnabrück, S. 176

177 Heyden-Rynsch, Christina von Schweden, S. 165.

178 Dizionario Biografico, Bd. 26, 1982, S. 298.

179 Seppelt, Päpste, Bd. 5, S. 344.

180 A.a.O., S. 396.

181 Marie-Louise Rodén, S. 180.

182 Accattoli, Johannes Paul II., S. 229.

183 Ebenda, S. 101.

184 Ebenda, S. 230.

185 Sammer, Mutter Teresa, S. 144.

186 Fischer, Werner: Mutter Teresa, Ein Heiligkeitsmodell kritisch betrachtet, S. 2.
Der Autor hat über dieses Thema promoviert.

187 Spink, Mutter Teresa, S. 262.

188 Ebenda, S. 305.

189 Eine Frau des päpstlichen Hauspersonals hat ein Buch geschrieben: Sr. M. Pascalina Lehnert: Ich durfte ihm dienen – Erinnerungen an Papst Pius XII. Mit zwei Schwestern versieht sie den Haushalt des Papstes, lebt ständig in seiner Nähe und bekommt alles mit. Sie beschreibt die päpstliche Wohnung, den Tagesablauf und die Arbeitsweise und Religiosität des Papstes.
Ingrid Stampa, die Haushälterin von Benedikt XVI., ist in den Medien schon vorgestellt worden.

190 Brill, Klaus: Beim Papst im Zimmer, S. 42.

191 Pressenotiz im Internet vom 5. 9. 2003.

192 Alberts, Werner: Uta Ranke-Heinemann, S. 63.

193 Leitartikel in der Süddeutschen Zeitung vom 2. 8. 2004.

194 Süddeutsche Zeitung vom 4. 8. 2004.

195 Das Schreiben ist veröffentlicht von der Deutschen Bischofskonferenz als Nr. 166 der Verlautbarungen des Apostolischen Stuhls, S. 5.

196 Ebenda, S. 19.

Zitiert wird auch ein Brief von Papst Johannes Paul II. an die Frauen vom 29. Juni 1995, herausg. v. der Deutschen Bischofskonferenz als Nr. 122 der Verlautbarungen des Apostolischen Stuhls.

[197] Weitere Einzelheiten zu der kontroversen Diskussion über die Priesterweihe von Frauen bei Sabine Demel, Frauen und kirchliches Amt.

[198] Reese, Thomas: Im Inneren des Vatikan, S. 381.

[199] Frauen und Kirche, Eine Repräsentativbefragung, 1. Februar 1993, S. 179.

Ausgewählte Literatur

allgemein

Achenbach, Rüdiger; Kriege, Hartmut: Die Päpste und die Macht, Düsseldorf 2002.

Barth, Reinhard; Bedürftig, Friedemann: Taschenlexikon Päpste, München 2000.

Büchel, Daniel; Reinhardt, Volker (Hg): Die Kreise der Nepoten, Bern 2001.

Burchard, Johannes: Tagebuch: Ausgabe von Luca Bianchi: Alla corte di cinque Papi, Milano 1988.

Burke, Peter: Die europäische Renaissance, München 1998.

Burman, Edward: Italienische Dynastien, Bergisch-Gladbach 1991.

Cambria, Adele: Das geheime Italien der Frauen, Wien 1991.

Cardini, Franco: An den Höfen der Päpste, Glanz und Größe der Weltmacht Vatikan, Augsburg 1996.

Castiglione, Baldesar: Das Buch vom Hofmann, übersetzt von Fritz Baumgart, München 1986.

Chamberlin, E. R.: Unheilige Päpste, Tübingen u. Stuttgart 1971.

Cleugh, James: Die Medici – Macht und Glanz einer europäischen Familie, Augsburg 1996.

Decker, Rainer: Die Päpste und die Hexen, Darmstadt 2003.

Denzler, Georg: Das Papsttum: Geschichte und Gegenwart, München 1997.

Dizionario biografico degli Italiani, Rom 1960ff.

Enciclopedia dei Papi, Roma, 2000, 3 Bände.

Fuhrmann, Horst: Die Päpste: von Petrus bis Johannes Paul II., München 1998.

Garin, Eugenio (Hg.): Der Mensch der Renaissance, Frankfurt/M. 1996.

Gregorovius, Ferdinand: Geschichte der Stadt Rom, 3 Bände, München 1988.

Haller, J.: Das Papsttum, Idee und Wirklichkeit, 5 Bände, Tübingen 1950–1953.

Hochrenaissance im Vatikan: Kunst und Kultur im Rom der Päpste, Hg.: Kunst- und Ausstellungshalle der Bundesrepublik Deutschland, Ausstellungskatalog, Bonn 1999.

Hofmann, Johannes: Frauen, die die Kirche prägten, St. Ottilien 1998.

Hufton, Olwen: Frauenleben – eine europäische Geschichte 1500 – 1800, Frankfurt/M. 1998.

Johnson, Paul (Hg.): Das Papsttum, von seinen Anfängen bis zur Gegenwart, Stuttgart 1998.

Jost, Renate; Kubera, Ursula (Hg.): Wie Theologen Frauen sehen – von der Macht der Bilder, Freiburg 1993.

King, Margaret L.: Frauen in der Renaissance, München 1998.

Kühner, Hans: Lexikon der Päpste, Wiesbaden 1977, Neuaufl. 1991.

Küng, Hans: Kleine Geschichte der katholischen Kirche, Berlin 2002.

Lexikon der Päpste und des Papsttums, Freiburg 2001.

Lexikon des Mittelalters, 9 Bände, München und Zürich 1977–1998.

Münkler, Herfried und Marina: Lexikon der Renaissance, München 2000.

Paravicini Bagliani, Agostino: Der Leib des Papstes – eine Theologie der Hinfälligkeit, München 1997.

Pastor, Ludwig von: Geschichte der Päpste seit dem Ausgang des Mittelalters, 16 Bände, Freiburg 1886–1933.

Pleticha, Heinrich (Hg.): Deutsche Geschichte, Gütersloh 1998.

Raffalt, Reinhard: Fantasia Romana, München 1959.

Raffalt, Reinhard: Concerto Romano, München 1960.

Ranke, Leopold von: Die römischen Päpste in den letzten vier Jahrhunderten, Essen 1996.

Re, Del (Hg): Vatikanlexikon, Augsburg 1998.

Reese, Thomas J.: Im Inneren des Vatikan: Politik und Organisation der katholischen Kirche, Frankfurt/M. 1998.

Reinhardt, Volker (Hg.): Die großen Familien Italiens, Stuttgart 1992.

Reinhardt, Volker: Die Renaissance in Italien, München 2002.

Reinhardt, Volker: Geschichte Italiens, München 2003.

Schimmelpfennig, Bernhard: Das Papsttum: von der Antike bis zur Renaissance, 3. unveränd. Aufl., Darmstadt 1988.

Seppelt, F. X.: Geschichte der Päpste von den Anfängen bis zur Mitte des 20. Jahrhunderts, 5 Bände, Bd. 4 und 5 neu bearbeitet von G. Schwaiger, 1954–1959.

Uhl, Alois: Papstkinder – Lebensbilder aus der Zeit der Renaissance, Düsseldorf 2003.

Völkel, Markus: Römische Kardinalshaushalte des 17. Jahrhunderts, Tübingen 1993.

Walter, Karin (Hg.): Sanft und rebellisch: Mütter der Christenheit – von Frauen neu entdeckt, Freiburg 1990.

Weber, Christoph: Genealogien zur Papstgeschichte, Stuttgart 1999ff., 4 Bände.

Weber, Christoph: Senatus Divinus: Verborgene Strukturen im Kardinalskollegium der frühen Neuzeit (1500–1800), Frankfurt/M. 1996.

Wucher, Albert: Die Päpste, Freiburg 2000.

zu Kapitel I und II

Cesaretti, Paolo: Theodora, Herrscherin von Byzanz, Düsseldorf und Zürich 2004.

Gössmann, Elisabeth: Mulier Papa – der Skandal eines weiblichen Papstes, München 1994.

Kruse, Ingeborg: Johanna von Ingelheim, Das wahre Leben der Päpstin Johanna, Berlin 2002.

Schwaiger, Georg (Hg.): Bavaria Sancta, Bd. III. Regensburg 1973.

Stanford, Peter: Die wahre Geschichte der Päpstin Johanna, Berlin 1999.

zu Kapitel III

Giomi, Luciano: Berta e Marozia, Roma 1983.

Zimmermann, Harald: Das dunkle Jahrhundert, Graz 1971.

Zimmermann, Harald: Das Papsttum im Mittelalter, Stuttgart 1981.

zu Kapitel IV

Blumenthal, Uta-Renate: Gregor VII. – Papst zwischen Canossa und Kirchenreform, Darmstadt 2001.

Caspar, Erich (Hg.): Das Register Gregors VII., 2 Bände, Berlin 1920.

Ferri, Edgarda: La Grancontessa: Vita, Avventure e Misteri di Matilde di Canossa, Milano 2002.

Fumagalli, Vito: Mathilde von Canossa, Berlin 1998.

Golinelli, Paolo: Mathilde und der Gang nach Canossa: Im Herzen des Mittelalters, Düsseldorf 1998.

Goez, Elke: Beatrix von Canossa und Tuszien: Eine Untersuchung zur Geschichte des 11. Jahrhunderts, Sigmaringen 1995.

Goez, Elke und Werner (Hg.): Die Urkunden und Briefe der Markgräfin Mathilde von Tuszien, Hannover 1998.

Pernoud, Régine: Leben der Frauen im Hochmittelalter, Pfaffenweiler 1991.

Wies, Ernst W.: Kaiser Heinrich IV. – Canossa und der Kampf um die Weltherrschaft, München 1996.

Zimmermann, Harald: Der Canossagang von 1077: Wirkungen und Wirklichkeit, Akademie der Wissenschaften und der Literatur, Jahrgang 1975, Nr. 5, Mainz 1975.

zu Kapitel V und VI

allgemein

Bertini, Ferruccio (Hg.): Heloise und ihre Schwestern: acht Frauenporträts aus dem Mittelalter, München 1991.

Dinzelbacher, Peter: Das politische Wirken der Mystikerinnen in Kirche und Staat in: Ders./D.R. Bauer (Hg.): Religiöse Frauenbewegung und mystische Frömmigkeit im Mittelalter, Köln/Wien 1988.

Feld, Helmut: Frauen des Mittelalters: zwanzig geistige Profile, Köln, Weimar, Wien 2000.

Hehl, Ernst-Dieter (Hg.): Das Papsttum in der Welt des 12. Jahrhunderts, Stuttgart 2002.

Thiele, Johannes (Hg.): Mein Herz schmilzt wie Eis am Feuer: Die religiöse Frauenbewegung des Mittelalters in Porträts, Stuttgart 1988.

speziell zu Hildegard von Bingen

Berndt, Rainer (Hg.): Im Angesicht Gottes suche der Mensch sich selbst. Hildegard von Bingen, Berlin 2001 (mit Beiträgen von Franz Joseph Felten, Franz Staab, Ursula Vones-Liebenstein u. a.).

Beuys, Barbara: Denn ich bin krank vor Liebe. Das Leben der Hildegard von Bingen, München 2001.

Forster, Edeltraud (Hg.): Hildegard von Bingen – Prophetin durch die Zeit, Freiburg 1998.

Haverkamp, Alfred (Hg.): Hildegard von Bingen in ihrem historischen Umfeld, Mainz 2000.

Hildegard von Bingen: Nun höre und lerne, damit du errötest, Briefwechsel, übersetzt von Adelgundis Führkötter, Freiburg 1997.

Hildegard von Bingen: Scivias – Wisse die Wege, übersetzt u. herausgegeben von Walburga Storch, Augsburg 1991.

Horst, Eberhard: Hildegard von Bingen, München 2000.

Kotzur, Hans-Jürgen (Hg.): Hildegard von Bingen, Ausstellungskatalog, Mainz 1998.

speziell zu Klara von Assisi

Bartoli, Marco: Klara von Assisi, Werl 1993.

Felten, Franz Joseph: Papst Gregor IX., Freiburg 1986.

Kreidler-Kos, Martina: Klara von Assisi: Schattenfrau und Lichtgestalt, Tübingen, 2. Auflage 2003.

Rotzetter, Anton: Klara von Assisi: Die erste franziskanische Frau, Freiburg 1993.

speziell zu Birgitta von Schweden

Findeisen, Jörg-Peter: Birgitta – Gottes Botin im mittelalterlichen Europa, Limburg 2003.

Holböck, Ferdinand: Gottes Nordlicht, Stein am Rhein, 3. Auflage 1998.

Schiwy, Günter: Birgitta von Schweden: Mystikerin und Visionärin des späten Mittelalters, München 2003.

Stolpe, Sven: Die Offenbarungen der heiligen Birgitta von Schweden, Frankfurt/M. 1961 .

speziell zu Katharina von Siena

Gnädinger, Louise (Hg.): Caterina von Siena, Olten 1980.

Helbig, Hanno: Katharina von Siena – Mystik und Politik, München 2000.

Katharina von Siena, Ich will mich einmischen in die Welt, hg. v. Manfred Baumotte, Zürich, Düsseldorf 1997.

Nigg, Walter; Katharina von Siena, Freiburg 1980.

Raymundus de Capua: Das Leben der heiligen Katharina von Siena, hg. v. Adrian Schenker, Düsseldorf 1965.

zu Kapitel VII-XV

allgemein

Braudel, Fernand: Modell Italien: 1450 – 1650, Stuttgart 1999.

Burke, Peter: Städtische Kultur in Italien zwischen Hochrenaissance und Barock, Frankfurt/M. 1996.

Colonna, Vittoria: Ausstellungskatalog des Kunsthistorischen Museums, Wien 1997.

Eder, Anna: Das liebenswürdige Geschwätz meines Geschlechts: Frauengespräche in Texten italienischer, französischer und deutscher Autorinnen, Frankfurt/M. 1997.

Hoeges, Dirk (Hg.): Frauen der italienischen Renaissance, Frankfurt/M. 1999.

Hufton, Olwen: Frauenleben in Europa, Frankfurt/M. 1998.

Michelangelo: Lebensberichte, Briefe, Gespräche, Gedichte, hg. und übersetzt von Hannelise Hinderberger, München 1996.

Osols-Wehden, Irmgard (Hg.): Frauen der italienischen Renaissance: Dichterinnen, Malerinnen, Mäzeninnen, Darmstadt 1999.

Pagano, Sergio / Ranieri, Concetta: Nuovi documenti su Vittoria Colonna e Reginald Pole, Città del Vaticano 1989.

Peschke, Hans-Peter von: Das Kochbuch der Renaissance, Düsseldorf 2001.

Rahner, Hugo: Ignatius von Loyola, Briefwechsel mit Frauen, Freiburg 1956.

Scarpa, Emanuela (Hg.): Zehn italienische Lyrikerinnen der Renaissance, Tübingen 1997.

Shaw, Christine: Julius II., The Warrior Pope, Oxford 1993.

Signorotto, Gianvittorio / Visceglia, Maria Antonietta (Hg.): Court and Politics in papal Rome, 1492 – 1700, Cambridge 2002.

Tomas, Natalie: The Medici women: Gender and Power in Renaissance Florence, Hampshire 2003.

Walter, Ingeborg: Der Prächtige. Lorenzo de'Medici und seine Zeit, München 2003.

speziell zu den Borgia

Brambach, Joachim: Die Borgia: Faszination einer Renaissance-Familie, München 1995.

Grillandi, Massimo: Lucrezia Borgia, Düsseldorf 1991.

Cloulas, Ivan: Die Borgias: Biographie einer Familiendynastie, 4. Aufl. Düsseldorf 1994.

Ferrara, Orestes: Alexander VI. Borgia, Zürich 1957.

Gregorovius, Ferdinand: Lucrezia Borgia, Stuttgart, 1871, Ausgabe München 1982.

Hermann-Röttgen, Marion (Hg.): Die Borgia zwischen Wissenschaft und Kunst – ein Kongress in Schwäbisch Hall, Stuttgart 1996.

La Bella, Angelo: La venere papale, Valentano 1995.

Mallett, Michael: The Borgias, Chicago 1987.

Müller, Martin (Hg.): Kirchenfürsten und Intriganten, Ungewöhnliche Hofnachrichten aus dem Tagebuch des Johannes Burcardus, Zürich 1985.

Poeschel, Sabine: Alexander Maximus: das Bildprogramm des Appartamento Borgia im Vatikan, Weimar 1999.

Ruggeri, Alvaro: Alessandro VI. Borgia, Roma 2003.

Schraut, Elisabeth (Hg.): Die Renaissancefamilie Borgia: Geschichte und Legende, Sigmaringen 1992.

Schüller-Pirolli, Susanne: Die Borgia-Dynastie: Legende und Geschichte, München 1985.

Spinosa, Antonio: La Saga dei Borgia, Milano 1999.

speziell zu den Farnese

Canosa, Romano: Vita di Margherita d'Austria, Ortona 1998.

D'Onofrio, Ines: Il carteggio intimo di Margarita d'Austria, Napoli 1919.

Dijn, Rosine de: Des Kaisers Frauen, Stuttgart 1999.

Falkner, Andreas und Imhof, Paul (Hg.): Ignatius von Loyola und die Gesellschaft Jesu, Würzburg 1990.

Fornari, Carlo: Giulia Farnese: una donna schiava della propria bellezza, Parma 1995.

Jurewitz-Freischmidt, Sylvia: Karl V. und seine Regentinnen: Die Frauen und der universale Traum, Gernsbach 2000.

Kohler, Alfred: Karl V. – Eine Biographie, München 1999.

Lefevre, Renato: Madama Margarita d'Austria, Roma 1986.

Rachfahl, Felix: Margaretha von Parma, Statthalterin der Niederlande, München 1898.

Rocca, Emilio Nasalli: I Farnese: Storia di una grande famiglia italiana, Milano 1995.

Vitali, Christoph: Der Glanz der Farnese, München 1995.

Zapperi, Roberto: Tizian, Paul III. und seine Enkel, Frankfurt/M. 1990.

Zapperi, Roberto: Die vier Frauen des Papstes: Das Leben Pauls III. zwischen Legende und Zensur, München 1997.

speziell zu Olimpia Maidalchini

Capranica, Luigi: Donna Olimpia Pamfili, Roma 1988.

Chiomenti Vassalli, Donata: Donna Olimpia, o del nepotismo nel Seicento, Roma 1979.

Ciaffei, Giuseppe: La Pimpaccia di Piazza Navona, Roma 1978.

speziell zu Maria Ward

Görres, Ida Friederike: Das große Spiel der Maria Ward, Leipzig 1958.

Köhler, Mathilde: Ein Frauenschicksal des 17. Jahrhunderts, München 1984.

Militello, Cettina: Mütter und Geliebte, Nonnen und Rebellinnen: Frauen, die Geschichte machten, Graz, Wien, Köln 1997.

Wetter, Immolata: Maria Ward unter dem Schatten der Inquisition, München 2003.

Wetter, Immolata: Maria Ward, Missverständnisse und Klärung. Augsburger Universitätsreden, Bd. 22, Augsburg 1993.

speziell zu Christina von Schweden

Christina, Königin von Schweden: Katalog der Ausstellung im Kulturgeschichtlichen Museum Osnabrück 23.11.1997 – 1.3.1998, Osnabrück, 2. Aufl. 1998.

Findeisen, Jörg-Peter: Christina von Schweden: Legende durch Jahrhunderte, Frankfurt/M. 1992.

Fussenegger, Gertrud: Herrscherinnen: Frauen, die Geschichte machten, Stuttgart 1991.

Grabner, Sigrid: Christine von Schweden, Rebellin auf dem Thron, München 1999, Historischer Roman.

Heyden-Rynsch, Verena von der: Christina von Schweden: die rätselhafte Monarchin, Weimar 2000.

Stolpe, Sven: Königin Christine von Schweden, Frankfurt/M. 1962.

zu Kapitel XVI-XVIII

Accattoli, Luigi: Johannes Paul II. – Die Biografie, Graz, Wien, Köln 2000.

Ahl, Ruth: Eure Töchter werden Prophetinnen sein ... Kleine Einführung in die Feministische Theologie, Freiburg 1990.

Alberts, Werner: Uta Ranke-Heinemann – Abschied vom Christentum, Düsseldorf 2004.

Allen jr., John L.: Joseph Ratzinger, Düsseldorf 2005.

Beinert, Wolfgang (Hg.): Frauenbefreiung und Kirche, Regensburg 1987.

Brill, Klaus: Beim Papst im Zimmer brennt noch Licht: Recherchen im Vatikan, Wien 1999.

Demel, Sabine: Frauen und kirchliches Amt – Vom Ende eines Tabus in der katholischen Kirche, Freiburg 2004.

Englisch, Andreas: Johannes Paul II. – Das Geheimnis des Karol Wojtyla, München 2003.

Fischer, Werner: Mutter Teresa: Ein Heiligkeitsmodell kritisch betrachtet, München 1985.

Frauen und Kirche: Eine Repräsentativbefragung von Katholikinnen, hg. von der Deutschen Bischofskonferenz, Arbeitshilfe Nr. 108, Bonn 1993.

Gössmann, Elisabeth: Geburtsfehler weiblich – Lebenserinnerungen einer katholischen Theologin, München 2003.

Lehnert, Pascalina Sr. M.: Ich durfte ihm dienen: Erinnerungen an Papst Pius XII., Würzburg, 9. Auflage, 1990.

Mundakel, T. T.: Der Engel der Armen: Mutter Teresa – Die Biografie, München 2003.

Sammer, Marianne: Mutter Teresa begegnen, Augsburg 2003.

Spink, Kathryn: Mutter Teresa: Ein Leben für die Barmherzigkeit-Biographie, Bergisch-Gladbach 1997.

Straub, Veronika (Hg.): Auch wir sind Kirche: Frauen in der Kirche zwischen Tradition und Aufbruch, München 1991.

Bildnachweis

akg-images: S. 9, 17, 26, 116, 128, 133, 139.
Bildarchiv Foto Marburg: S. 157.
corbis: S. 253.
Ebner, Michael: S. 248.
KNA: S. 237.
Neumeister, Werner: S. 198.
Städtische Galerie im Lenbachhaus, München: S. 231.

Leider konnten nicht alle Rechteinhaber ausfindig gemacht werden. Berechtigte Ansprüche werden gern vom Verlag abgegolten.